GEORGES DAUMET

Archiviste honoraire aux Archives Nationales

MÉMOIRE

SUR LES

RELATIONS DE LA FRANCE

ET DE

LA CASTILLE

de 1255 à 1320

FONTEMOING & Cie

4, RUE LE GOFF, 4

PARIS

MÉMOIRE

SUR LES

RELATIONS DE LA FRANCE

ET DE

LA CASTILLE

de 1255 à 1320

GEORGES DAUMET

Archiviste honoraire aux Archives Nationales

MÉMOIRE

SUR LES

RELATIONS DE LA FRANCE

ET DE

LA CASTILLE

de 1255 à 1320

FONTEMOING ET Cie

4, RUE LE GOFF, 4

PARIS

A Monsieur ALFRED MOREL-FATIO,

MEMBRE DE L'INSTITUT,

PROFESSEUR AU COLLÈGE DE FRANCE.

EN TÉMOIGNAGE DE SINCÈRE GRATITUDE

AVANT-PROPOS

Le présent mémoire a pour objet d'exposer l'histoire des relations de la France et de la Castille depuis les règnes de saint Louis et d'Alphonse le Savant d'une part, jusqu'à ceux de Philippe le Long et d'Alphonse XI de l'autre, soit pendant soixante-cinq années environ.

Les dates qui marquent le commencement et la fin de cette étude n'ont pas été choisies arbitrairement : elles délimitent une période sur laquelle nous possédons des renseignements assez nombreux et assez précis pour qu'on puisse essayer d'en retracer les événements avec quelque suite. Il n'en va pas de même pour les âges précédents. En effet, si antérieurement à saint Louis l'influence française s'était fait sentir au delà des Pyrénées, si dès la fin du XIe siècle notamment, des moines de Cluny et de Cîteaux avaient pris à tâche, sous l'inspiration du Saint-Siège, de réformer l'Église castillane[1], si, venus à leur suite, nos architectes avaient

1. Cf. Marcel Robin, *Bernard de la Sauvetat, abbé de Sahagun et premier archevêque de Tolède* (Positions des thèses de l'Ecole des Chartes, année 1907).

édifié sur le sol de la péninsule Ibérique des monuments où l'empreinte de leur art est encore visible[1], les rapports des souverains capétiens avec les princes des divers États qui formèrent la Castille étaient demeurés fort espacés, se bornant à la conclusion d'alliances de famille. En 1152 ou 1153, Constance, fille d'Alphonse VII, était devenue la seconde femme de Louis VII[2]; le 23 mai 1200, une fille d'Alphonse VIII, celle qui devait être la grande Blanche de Castille, avait épousé le futur Louis VIII[3], et plus tard Ferdinand III qui réunit définitivement les royaumes de Castille et de Léon, le conquérant de Séville et de Cordoue, s'était marié à une princesse apparentée à la maison de France[4]. Mais les deux monarchies se développaient dans des sphères différentes sans entrer en contact sur le terrain politique ; les négociations elles-mêmes engagées à l'occasion de ces mariages n'ont point ou presque point laissé de traces dans les archives et l'on en connaît vraisemblablement à l'heure présente tout ce qu'on en pourra jamais savoir. Nous arrêterons notre exposé au règne de Philippe de Valois parce qu'alors les relations des deux couronnes

1. Cf. *Histoire de l'art*, publiée sous la direction d'André Michel (Paris 1906 in-4°), t. II, 1re partie pp. 105 et suiv.

2. Cf. Henrique Florez, *Memorias de las reynas catholicas* (Madrid, 1790, 2 vol in-4°), t. I, pp. 285 et 286.

3. Sur les négociations et la conclusion de ce mariage, cf. Élie Berger, *Histoire de Blanche de Castille* (Paris, 1895, in-8°), pp. 6 et suivantes.

4. Ferdinand III, veuf en 1235 de Béatrice de Souabe, épousa en 1237 Jeanne, fille de Simon, comte de Dammartin et de Boulogne, et de Marie, comtesse de Ponthieu. Celle-ci était par sa mère la petite-fille de Louis VII.

changent nettement de caractère : à une amitié banale en quelque sorte et sans grande portée, se substitue une véritable alliance offensive et défensive qui fait partie des traditions que les souverains de l'un et de l'autre pays se transmettent avec l'héritage royal durant près d'un siècle et demi. Une pareille continuité de vues chez les hommes qui dirigèrent pendant ce laps de temps la politique extérieure des deux États est un fait remarquable et il a déjà paru intéressant d'examiner dans le détail la série des traités d'alliance générale et des accords particuliers pour un but déterminé[1] qui furent conclus au cours d'une période dont l'avènement des Rois Catholiques marqua le terme. Le mariage de Ferdinand et d'Isabelle et la réunion de leurs royaumes rompirent en effet la bonne entente qui s'était jusqu'alors maintenue presque sans nuages : la Castille désormais allait confondre ses intérêts avec ceux de l'Aragon qui se heurtaient aux ambitions de Louis XI sur le Roussillon; bientôt après, l'ardente rivalité de la France et de l'Espagne en Italie devait effacer tout souvenir de l'ancienne amitié franco-castillane.

L'alliance dont nous parlons n'avait d'ailleurs pris naissance qu'après l'apaisement d'un grave conflit

1. Cf. notre *Étude sur l'alliance de la France et de la Castille au XIV*[e] *et au XV*[e] *siècles* (Paris, 1898, in-8°, fascicule CXVIII de la *Bibliothèque de l'École des Hautes-Études*).

soulevé par une question de succession, dans le dernier quart du XIIIe siècle, entre la dynastie capétienne et celle qui régnait en Castille. On essaiera d'exposer ici les causes de cette longue querelle, ses phases diverses et la solution qui lui fut donnée; avec le secours des documents qui nous sont parvenus, il sera également possible d'étudier les conventions passées par saint Louis et Alphonse le Savant en vue du mariage de leurs enfants avant cette période troublée, et de suivre les négociations qui, la concorde une fois rétablie, s'engagèrent entre leurs successeurs pour rapprocher par de nouveaux liens de famille les deux maisons royales. On atteindra ainsi l'époque où Philippe de Valois, au début de sa lutte contre l'Angleterre, chercha et trouva un allié en Castille.

Sceau d'Alphonse X

I

PROJET DE MARIAGE ENTRE LE PRINCE LOUIS ET L'INFANTE BÉRENGÈRE

La première négociation entre les couronnes de France et de Castille qui ait laissé une trace dans les archives, date de 1255 ; elle se rapporte à un projet qui ne tendait à rien moins qu'à placer sous un même sceptre les deux royaumes et à réaliser une union beaucoup plus complète que celle rêvée plus tard par Louis XIV et exprimée par le mot qu'on lui attribue : « Il n'y a plus de Pyrénées ».

Qui prit l'initiative de ces pourparlers, Alphonse X le Savant ou saint Louis? On ne saurait le dire avec certitude. Notons seulement avec Le Nain de Tillemont qu'ils suivirent de près la solution de certaines difficultés qui s'étaient élevées entre la Castille et l'Angleterre au sujet de la possession de la Gascogne, difficultés qui prirent fin par le mariage du fils et héritier présomptif de Henry III avec la sœur consanguine d'Alphonse X, l'infante Doña Leonor[1]. Le jeune prince anglais s'était

1. Fille de saint Ferdinand et de Jeanne de Ponthieu. — La contestation soulevée entre la Castille et l'Angleterre datait d'assez loin : elle avait pour origine le mariage, célébré en 1170, d'Alphonse VIII avec Aliénor, fille de Henry II Plantagenet qui apportait en dot la Gascogne (cf. Florez, *Reynas cathólicas*, t. I, pp. 398 à 400) ; de 1201 à 1208, le roi de Castille fit la guerre à Jean sans Terre pour revendiquer ses droits; un

rendu en Espagne; accueilli solennellement à Burgos, le 18 octobre 1254[1], le nouvel époux, après la cérémonie nuptiale, avait reçu de son beau-frère l'ordre de la Chevalerie, et en vertu d'un traité daté du 1er novembre, le différend relatif à la Gascogne avait été clos par une fiction diplomatique, la mariée étant censée apporter en dot les territoires contestés[2].

Saint Louis voulut-il, comme le prétend son historien, « ruiner les grandes espérances »[3] que le roi d'Angleterre fondait sur sa réconciliation avec la Castille, en resserrant à son tour les liens d'amitié et de parenté qui attachaient déjà sa maison à celle d'Alphonse X? C'est douteux, car ce que l'on connaît des sentiments du saint roi, doit faire écarter toute idée d'une jalousie ou d'une méfiance quelconque, même dans le domaine de la politique; on sait qu'il chercha constamment à rétablir la concorde parmi ses voisins, quelquefois même au détriment de ses propres intérêts[4]. Sans ressentir du dépit en apprenant l'arrangement conclu par deux

arrangement intervint entre eux (cf. Élie Berger, *Histoire de Blanche de Castille*, pp. 12 et 13), mais la querelle longtemps assoupie se réveilla en 1253 (cf. Mondéjar, *Memorias históricas del rei D. Alonso el Sabio*, Madrid, 1777, in-4°, pp. 103 et suivantes; Le Nain de Tillemont, *Histoire de saint Louis*, éd. de la Société d'Histoire de France, t. IV, pp. 1 et suivantes).

1. Florez, *Reynas catholicas*, t. I, pp. 478 et 479.

2. Rymer, *Fœdera, conventiones*... R. E., t. I, pars I, p. 310 (Carta Alfonsi regis Castellæ tam de conferendo cingulum militare Edwardo primogenito Henrici III, regis Angliæ, quam de relaxacione juris sui ad regnum Vasconiæ, sigillata cum sigillo de auro et signata et confirmata per omnes barones Castellæ nominatim).

3. Le Nain de Tillemont, *op. cit.*, t. IV, p. 68.

4. Cf. Élie Berger, Introduction du tome IV des *Layettes du Trésor des Chartes* (Paris, 1902 in-4°).

princes avec lesquels il entretenait de bons rapports[1], il voulut travailler pour son compte à la réalisation de la paix générale qu'il souhaitait passionnément, en formant des projets qui, même à très longue échéance, étaient susceptibles d'amener une union intime entre sa race et une autre famille royale de l'Europe chrétienne. Si par des mariages heureusement combinés, plusieurs royaumes devenaient l'héritage d'une même dynastie, on diminuerait d'autant les chances de conflits pour l'avenir. Or, en 1255, lorsque des pourparlers s'engagèrent entre saint Louis et Alphonse X dans le but de marier leurs enfants, une combinaison de ce genre n'avait rien de chimérique : le roi de France avait un fils, celui de Castille ne possédait que deux filles dont l'aînée devait lui succéder, s'il ne lui naissait point d'hoir mâle. Le prince capétien et l'infante espagnole une fois mariés, recueilleraient un jour chacun de leur côté ce que possédaient leurs pères, et leur descendance régnerait sur l'héritage ainsi doublé. Sans doute les royaumes réunis de la sorte sous une même main n'auraient aucune affinité de race, de langue, ni d'intérêts, pas même une frontière commune ni un point de contact quelconque; mais peu importait aux

1. Quoique la paix définitive n'ait pas été encore conclue avec l'Angleterre — elle le fut seulement par le traité de Paris en 1258 — Henry III, après avoir réprimé la révolte de la Gascogne, demanda à saint Louis et obtint la permission de traverser la France pour rentrer dans ses États. Le roi vint à sa rencontre jusqu'à Chartres, le conduisit à Paris et lui offrit l'hospitalité au château de Vincennes au mois de décembre 1254. Une nouvelle trêve fut établie l'année suivante. (Cf. Wallon, *Saint Louis et son temps*, Paris, 1876, in-8°, t. II, p. 348.)

hommes du moyen-âge auxquels les idées de nationalité et de centralisation territoriale qui nous sont familières restaient tout à fait étrangères. On voyait alors et l'on vit bien longtemps encore les populations les plus diverses, les pays les plus différents, séparés souvent par des espaces considérables, gouvernés par un même souverain, réunis ou divisés suivant le caprice des successions.

Cela dit pour qu'on ne taxe pas d'irréalisables et d'absurdes les idées qu'échangèrent Alphonse X et saint Louis par l'intermédiaire de leurs ambassadeurs en l'année 1255, constatons qu'avant tout engagement, le roi de France demanda et obtint qu'un acte solennel proclamât les droits de la princesse qu'il voulait fiancer à son fils aîné. Le 5 mai, alors qu'il résidait à Palencia[1], Alphonse déclara en effet que l'héritage royal, à la différence de ceux des particuliers, ne se divisait pas entre tous les enfants sans acception de sexe, mais qu'au contraire il passait intégralement suivant la coutume d'Espagne au premier né s'il existait des enfants mâles, ou à l'aînée des filles à défaut d'hoir masculin; au cas où le souverain laissait des enfants des deux sexes, le premier des fils par ordre de naissance obtenait le trône paternel. Le roi de Castille n'ayant à cette époque que des filles, Bérengère et Béatrice[2], de son union avec Yolande d'Aragon, il avait fait reconnaître l'aînée

1. Archives nationales, J. 601, n° 25, pièce justificative, n° 1.

2. La première était née avant le 6 décembre 1253 et la seconde en décembre 1254 (Florez, *op. cit.*, t. II, p. 518).

comme héritière de ses droits et de ses États : il avait à cet effet convoqué à Tolède les prélats de son royaume, les barons avec les délégués des cités et des villes et leur avait ordonné de jurer fidélité à l'infante Bérengère, comme à leur future reine, au cas où lui-même décéderait sans fils légitime. De plus, il avait voulu que l'acte qui contenait la mention du serment ainsi solennellement prêté à l'infante, muni du sceau de la reine Yolande[1], de ceux de son oncle D. Alfonso, comte de Molina[2], de ses frères D. Enrique[3], D. Felipe, archevêque élu de Séville[4], D. Sancho I, archevêque élu de Tolède[5], son chancelier, et D. Manuel[6], des évêques de Burgos, de Palencia et du « notario mayor » de Castille, fût remis à Louis, fiancé de Bérengère, comme garantie des droits éventuels qu'il pourrait recueillir un jour.

Les conditions du futur mariage furent débattues et arrêtées en France quelques mois après : Alphonse X avait accrédité auprès de saint Louis l'archevêque élu de Tolède, son frère, qui connaissait notre pays puisqu'il

---

1. Yolande, reine de Castille, fille de Jaime I, roi d'Aragon et d'Yolande de Hongrie.

2. D. Alfonso, comte de Molina, fils d'Alphonse IX, roi de Léon, et de Bérengère, reine de Castille, frère de saint Ferdinand. Il fut le père de Marie de Molina qui épousa Sanche IV, roi de Castille; il mourut en 1272.

3. D. Enrique, 4e fils de saint Ferdinand et de Béatrice de Souabe né avant 1230, mort en 1303 ou 1304.

4. D. Felipe, 5e fils de saint Ferdinand et de Béatrice de Souabe, renonça à l'état écclésiastique et se maria, mort en 1275.

5. D. Sancho, 6e fils de saint Ferdinand et de Béatrice de Souabe, mort en 1262.

6. D. Manuel, 7e fils de saint Ferdinand et de Béatrice de Souabe, mort en 1283.

avait étudié à l'Université de Paris. Ce haut personnage était accompagné de maître Vivian, archidiacre de la métropole de la Castille, et de deux chevaliers D. Garcia Martinez de Toledo et D. Rodrigo Fernandez de Cardeña. L'ambassade, outre la mission qui lui était spécialement assignée en France, devait se rendre en Angleterre pour y saluer Henry III; elle y passa en effet au mois de septembre et Mathieu de Paris consacre à son séjour à Londres quelques lignes extrêmement malveillantes[1]. D'après le chroniqueur, on ignorait le but de la visite de ces étrangers, mais le bruit courait qu'ils n'avaient accompli ce voyage que pour se faire donner des cadeaux par le roi qui avait d'ailleurs l'habitude de distribuer largement à des gens indignes les richesses qu'il obtenait en pressurant ses sujets. L'archevêque de Tolède était encore très jeune, il portait un anneau à l'index et bénissait le peuple massé sur son passage; il logea au Nouveau Temple dont il fit orner richement le pavé avec des tapis et des peaux; sa suite était sans ordre et d'une apparence vulgaire; il menait avec lui un petit nombre de palefrois, mais en revanche, beaucoup de mules. Le roi d'Angleterre, ajoute Mathieu, tout glorieux du mariage contracté naguère par son fils avec une princesse de Castille, avait expressément ordonné qu'on

1. *Mathæi Parisiensis chronica majora*, éd. Henry Richards Luard, t. v, p. 509. Le chroniqueur se trompe lorsqu'il dit que cette visite inspira des inquiétudes à saint Louis qui demanda aussitôt après pour son fils la main d'une infante. D'après Mathieu de Paris lui-même, l'ambassade ne vint en Angleterre que dans l'octave de la Nativité de la Sainte Vierge (8 septembre) ; les conditions du mariage de Louis et de Bérengère étaient arrêtées depuis le 20 août.

reçût avec honneur les envoyés espagnols[1], mais ceux-ci, bien loin de montrer les mêmes égards à leurs hôtes, insultèrent et raillèrent les citoyens de Londres, se livrant sans vergogne à l'ivrognerie et à la débauche.

On ne sait s'il faut prendre à la lettre cette diatribe d'un écrivain passionné et si les ambassadeurs d'Alphonse X avaient choqué les Parisiens comme ils offensèrent, dit-on, les Londoniens, mais le résultat de leur négociation demeure fixé dans un acte[2] qui fut dressé le vendredi qui suivit la fête de l'Assomption, c'est-à-dire le 20 août 1255, en présence du roi de Navarre Thibaut IV, de l'archevêque de Bourges, des évêques d'Évreux, et d'Auxerre, de l'abbé de Sainte-Geneviève et d'un certain nombre de chevaliers et d'ecclésiastiques.

Ce document énumérait les conditions que les parties s'engageaient à remplir dans le cas où le mariage projeté serait réellement célébré : il s'en fallait en effet que l'union pût se consommer prochainement, le fiancé n'ayant pas encore achevé sa douzième année (il était né le 21 septembre 1243) et Bérengère étant de dix ans plus jeune (elle était née avant le 6 décembre 1253)[3].

Le roi de France, outre l'acte de Palencia qui était déposé dans le Trésor des Chartes, recevait une nouvelle

1. Henry III avait, en effet, donné des ordres dès le 25 juillet pour que, les caves du Nouveau Temple fussent garnies de quatre tonneaux de bon vin et pour qu'on préparât du gibier à l'usage des ambassadeurs castillans ; il fit défense à tous d'offenser ou d'injurier ceux-ci sous peine d'emprisonnement et de confiscation (Rymer, *Fœdera, conventiones...* R. E., t. I, pars I, p. 325).

2. Arch. nat., J. 599, nº 4. *Layettes du Trésor des Chartes*, t. III, p. 253, col. 2, nº 4192.

3. Florez, *op. cit.*, t. II, p. 518.

assurance que sa future bru se trouvait actuellement en possession des droits les plus formels à la couronne de Castille, couronne qu'elle porterait avec son époux et qui passerait après sa mort à leurs descendants; ces droits s'étendaient sur l'héritage paternel dans son intégrité puisque Bérengère était l'aînée et que la coutume espagnole n'admettait point le partage de la succession royale. Mais ces avantages étaient suspendus à la condition que le roi de Castille n'eût pas de fils légitime, au moment de sa mort, l'infante devant recouvrer toutefois sa qualité d'héritière au cas où ce frère décéderait lui-même sans postérité. Elle apportait en dot un royaume, mais ce royaume pouvait lui échapper par le hasard des naissances, et alors, simple princesse, elle recevrait de son père une somme de 30.000 marcs d'argent dont le paiement devait être garanti par les plus puissants banquiers de l'époque, le maître du Temple et celui de Saint-Jean de Jérusalem, et serait effectué dans l'année même qui suivrait l'arrivée au monde du frère destiné à ceindre la couronne. On décidait en outre que Bérengère serait élevée à la cour de France : on l'y conduirait dans un délai de cinq ans qui commencerait à courir à la prochaine fête de la Toussaint. Saint Louis qui promettait par serment, ainsi que la reine Marguerite, d'engager son fils à épouser la jeune infante lorsqu'il aurait atteint l'âge légal, s'engageait de son côté à constituer à sa belle-fille un douaire comprenant la ville de Senlis et tout ce qui lui appartenait dans le comté de Beaumont-sur-

Oise, le revenu ne devant pas être inférieur à 5.000 livres tournois.

Le mariage ainsi préparé de longue main ne fut jamais célébré : en effet, le prince Louis mourut à Paris en 1259. D'ailleurs, quelques mois seulement après l'établissement du contrat qu'on vient d'analyser, la reine de Castille accoucha d'un fils, D. Fernando[1]; l'infante Bérengère perdit ainsi le droit à la couronne qu'elle avait jusqu'alors possédé. Elle vécut dans la retraite et fonda le monastère de Santa Clara à Toro[2] où elle fut inhumée; la date de sa mort n'est pas connue[3].

1. Le 23 octobre 1255.
2. Toro, chef-lieu de district judiciaire de la province de Zamora.
3. Florez, *op. cit.*, t. II, p. 518.

II

MARIAGE DE L'INFANT D. FERNANDO DE LA CERDA ET DE BLANCHE DE FRANCE

A ce premier projet d'union familiale entre les maisons de France et de Castille que la mort venait de rompre, un autre succéda quelques années plus tard. Mais il ne pouvait être question cette fois d'un mariage ayant pour effet de placer éventuellement une même dynastie à la tête des deux royaumes, puisque dans l'un comme dans l'autre la succession en ligne masculine était assurée. Il s'agissait de marier l'héritier d'Alphonse X à une des filles de saint Louis. Avant de donner le détail des négociations ouvertes à cette occasion, signalons la présence dans le Trésor des Chartes d'un acte[1] du roi de Castille, daté de Sigüenza le 5 mai 1256 : c'est une procuration générale donnée à Garcia Perez, archidiacre du Maroc, pour traiter toutes les questions relatives à la succession à l'Empire qui, on le sait, avait été offerte à Alphonse au début de cette même année. Il est permis de supposer que Garcia Perez, se rendant en Allemagne, traversa la France et qu'il entretint le roi du dessein qu'avait formé son maître de tenter d'obtenir

1. Arch. nat., J. 600, n° 18, pièce just. n° II.

la couronne impériale et que c'est pour cette raison qu'un exemplaire des pouvoirs conférés à ce personnage fut remis à la chancellerie où il demeura conservé.

L'infant D. Fernando à qui une particularité physique assez curieuse avait fait donner le surnom de La Cerda qui passa à ses descendants, premier enfant mâle d'Alphonse X et d'Yolande d'Aragon, était né à Valladolid le jour de saint Servand (23 octobre) 1255 et avait été baptisé la veille de la Toussaint (31 octobre)[1]. Blanche de France qu'on lui destinait pour femme, était plus âgée que lui de trois ans environ, puisqu'elle avait vu le jour à Jaffa en 1252.

Les souverains avaient sans doute échangé déjà des vues au sujet de ce mariage, lorsqu'en 1266 le projet prit définitivement corps. Le 10 mai, le roi de Castille désigna les personnages qui allaient se rendre en France afin de demander officiellement pour l'infant, la main de Blanche : c'étaient un religieux franciscain qui venait d'être élu évêque de Cadix, Juan Martinez, et un chevalier qui avait le titre de « portero mayor » de la cour impériale et qui était sans doute d'origine italienne puisqu'on l'appelait Henri le Toscan. Alphonse leur donnait les pouvoirs les plus étendus pour discuter et arrêter les conditions de la future union, fixer le chiffre de la dot de la princesse et celui du douaire ainsi que le mode de paiement de ces sommes ; ils étaient autorisés à prêter au nom de leur maître tous les serments néces-

1. Arch. nat., J. 599, n° 9. *Layettes du Trésor des Chartes*, t. II, p. 372, col. 1, n° 5559.

saires pour confirmer la sûreté des engagements que celui-ci contracterait à cette occasion[1]. De son côté, le même jour, l'infant D. Fernando, avec l'approbation de son père, confiait à l'évêque de Cadix et à son compagnon, le soin d'échanger à sa place les paroles du présent avec Blanche qu'il acceptait dès lors comme sa légitime épouse[2].

Ce fut à Saint-Germain-en-Laye que saint Louis reçut les ambassadeurs castillans. Le 28 septembre 1266[3], les parties étant tombées d'accord sur tous les points, les conditions du futur mariage furent mises par écrit en présence du légat pontifical Simon de Brie, le futur Martin IV, de l'archevêque de Rouen[4], des évêques d'Évreux[5] et d'Auxerre[6]. Juan Martinez et Henri le Toscan, en vertu des pouvoirs qui leur avaient été conférés, promettaient que l'infant D. Fernando épouserait Blanche dès qu'il aurait atteint l'âge légal ; le fiancé lui-même renouvellerait cette promesse devant les délégués du roi de France envoyés à cet effet en Espagne ; il commettrait ensuite un procureur spécial qui se rendrait auprès de la jeune princesse et recevrait son consentement au mariage; Blanche, accompagnée d'ambassadeurs d'Alphonse X et de son futur époux

1. Arch. nat , J. 599, n° 5. *Layettes du Trésor des Chartes,* t. IV, p. 172 col .2, n° 5153.
2. Arch. nat., J. 599, n° 5 *bis*, pièce just. n° III.
3. Achery, *Spicilegium*. édition in-fol., t. III, p. 662 et Arch. nat., J. 915, n° 6, pièce just., n° IV.
4. Eudes Rigaud.
5. Raoul IV de Chevry
6. Guy II de Mello

serait alors menée à Logroño où la cérémonie nuptiale aurait lieu dans un délai de huit jours. Cela devait s'accomplir dès que le prince serait pubère, le roi de Castille fournissant un acte authentique pour certifier l'âge de son fils. Le chiffre du douaire était fixé à 24.000 maravédis de rente assignés sur les revenus de Logroño, des châteaux de Navarrete[1], de Belorado[2] et de Nájera[3], de Santo Domingo de la Calzada[4] et de Burgos, ailleurs s'il le fallait pour parfaire cette somme. Quant à la dot, elle se monterait à 10.000 livres tournois et serait payée comptant aux personnages que le roi de Castille députerait à cet effet. On stipulait également qu'au cas où le mari décéderait avant l'épouse, celle-ci aurait toute liberté de retourner en France, en reprenant sa dot, mais en conservant son douaire. Enfin, Alphonse X se chargeait de solliciter du Saint-Siège la dispense qui était nécessaire pour la célébration du mariage, les fiancés étant parents au quatrième degré canonique, descendant l'un et l'autre d'Alphonse VIII, roi de Castille[5].

1. Navarrete, prov. et dist. jud. de Logroño.
2. Belorado, chef-lieu de dist. jud. de la prov. de Burgos.
3. Nájera, chef-lieu de dist. jud. de la prov. de Logroño.
4. Santo Domingo de la Calzada, chef-lieu de dist. jud. de la prov. de Logroño.

5.

Alphonse VIII	
Bérengère	Blanche de Castille
|	|
Saint Ferdinand	Saint-Louis
|	|
Alphonse X	Blanche.
|	
D. Fernando de la Cerda	

Cette dispense fut obtenue peu après : une bulle de Clément IV, datée de Viterbe le 10 janvier 1267, accorda la permission demandée[1], permission qui fut renouvelée le 9 août 1268[2], on ne sait pourquoi. Le 9 octobre suivant, le Souverain Pontife autorisa Blanche à faire célébrer son mariage avec l'infant lorsque celui-ci n'aurait plus que quatre mois à attendre pour parvenir à l'âge légal[3]. On n'usa point de cette dernière faveur et l'on attendit la majorité matrimoniale du fiancé pour faire la cérémonie; auparavant, les dernières formalités furent remplies. Le 3 juin 1269, un chanoine de Reims nommé Guillaume de Châtellerault reçut de la fille de saint Louis pleins pouvoirs pour contracter par procuration mariage par paroles du présent avec D. Fernando de la Cerda[4]. Les lettres qui l'accréditaient étaient munies des sceaux de l'évêque d'Albano[5], légat du Saint-Siège, de l'archevêque de Rouen, des évêques d'Auxerre et de Bayeux[6]. Il fut reçu à Tolède, et le 13 juillet on rédigea trois actes solennels pour constater l'échange des promesses : le premier au nom du roi Alphonse X[7], le second au nom de l'infant D. Fernando[8], le troisième aux noms des prélats pris pour témoins

1. *Layettes du Trésor des Chartes*, t. IV, p. 203, nº 5241.
2. *Ibidem*, p. 279, nº 5403.
3. *Ibidem*, p. 284, nº 5416.
4. Arch. nat., J. 599, nº 8 . *Layettes du Trésor des Chartes*, t. IV, p. 371, col. 1, nº 5556.
5. Raoul de Chevrières.
6. Eudes II de Lorris.
7. Arch. nat., J. 599, nº 7. *Layettes du Trésor des Chartes*, t. IV, p. 370, col .1, nº 5555.
8. Arch. nat., J. 599, nº 8 [1], pièce just. nº V.

qui étaient D. Sancho II, archevêque de Tolède, beau-frère du roi[1], et son chancelier, l'évêque de Léon, D. Martin Fernandez, l'évêque de Palencia, D. Alfonso et l'évêque de Calahorra, D. Vivian[2]. Le même jour, on rédigea le certificat qui devait être porté en France pour attester que l'infant aurait accompli sa quatorzième année le 23 octobre 1269[3].

Une cérémonie analogue à celle qui s'était passée à Tolède devait avoir lieu en France pour l'échange des paroles du présent ; le 23 juillet, avec l'autorisation de ses père et mère, en présence de témoins, D. Fernando désigna les mandataires qui le représenteraient : maître Fernando Garcia, archidiacre de Niebla et un chevalier, D. Garcia Jofré[4]. Quoique aucun document n'en fournisse la preuve certaine, ce fut sans doute à ces personnages qu'on confia la mission d'amener en Espagne la jeune princesse. La chronique d'Alphonse X qui indique d'une manière inexacte la date du mariage[5], rapporte que Blanche fut accompagnée par son frère Philippe, qui devait quelques mois plus tard monter sur le trône et par un nombreux cortège de prélats et de seigneurs. Lorsque le roi fut averti de leur approche, il quitta

---

1. D. Sancho II, 4e fils de Jaime I, roi d'Aragon ; il fut successivement archidiacre de Belchite (près de Saragosse), abbé de Valladolid et archevêque de Tolède; tué dans un combat contre les Maures en 1275. (Cf. Prospero de Bofarull, *Los condes de Barcelona*, Barcelone, 1836, in-8o, t II, p. 236.

2. Arch. nat., J. 599, no 6, pièce just. no VI.

3. Arch. nat., J. 599, no 9. *Layettes du Trésor des Chartes*, t. IV, p. 372, col. 1, no 5559.

4. Arch. nat., J. 599, no 8[2]. *Layettes*... t. IV, p. 373, col. 1, no 5561.

5. *Crónica de D. Alfonso X*, dans les *Crónicas de los reyes de Castilla* (coll. Rivadeneyra), t. I, p. 13.

Burgos et alla recevoir ses hôtes à Logroño, escorté de ses beaux-frères, le prince d'Angleterre Édouard, et l'infant D. Pedro d'Aragon, de ses frères et de ses fils. Les deux cortèges se fondirent en un seul et l'on revint à Burgos où la cérémonie fut célébrée le 30 novembre[1]. Le jour de son mariage, D. Fernando conféra la Chevalerie à ses frères cadets D. Juan et D. Pedro, tandis que celui qui le suivait immédiatement dans l'ordre de la naissance, D. Sancho, se dérobait à cet honneur en se retirant dans la maison de son oncle, l'infant d'Aragon. C'était la première manifestation publique du caractère de D. Sancho, caractère dont les traits devaient s'affirmer plus tard, et lui mériter le surnom de *farouche* « el bravo ».

La dot de Blanche n'avait point été payée au moment même de la célébration du mariage, malgré une stipulation formelle insérée dans le traité de 1266 ; elle fut comptée seulement en 1270. Deux actes du 31 mars de cette année, rédigés à Burgos au nom du roi de Castille et de son fils conférèrent à un notaire nommé Pedro Cabeçon les pouvoirs nécessaires pour toucher la somme de 10.000 livres promise par le contrat[2]. A Paris, le 9 juin 1270, ce personnage reconnut avoir touché l'argent et en donna quittance[3].

1. Une mention qui se trouve dans les *Memorias de Cardeña* (citée par Florez, *op. cit.* t. II, p. 522), fixe les dates suivantes d'une manière précise : entrée d'Alphonse X à Burgos, le mercredi 27 novembre ; entrée de la fiancée le 28 ; célébration du mariage le 30, fête de saint André.

2. Arch. nat., J. 599, n°s 10 et 10 *bis*. *Layettes*, t. IV, p. 426, col. 2, n° 5653.

3. Arch. nat., J. 599, n° 10 *ter*. *Layettes*, t. IV, p. 447, col. 2, n° 5704.

III

MORT DE D. FERNANDO DE LA CERDA

Quand saint Louis mourut à Tunis, le 25 août 1270, le sort de la seconde de ses filles, Blanche, semblait heureusement assuré puisqu'elle avait épousé l'héritier du royaume de Castille. De ce mariage, naquirent deux fils qui paraissaient destinés, l'un à défaut de l'autre, à continuer en Espagne sur un trône la lignée capétienne. Mais les événements ne devaient point réaliser les prévisions qu'on pouvait alors raisonnablement faire.

En effet, l'infant D. Fernando de la Cerda mourut inopinément au mois de juillet ou d'août 1275 à Ciudad Real qu'on appelait alors Villa Real, à la suite d'une maladie qui le terrassa dans sa vingtième année[1]. Il y attendait que des troupes assez nombreuses fussent rassemblées pour se mettre à leur tête et se diriger vers l'Andalousie, afin de repousser une attaque des Marocains qui avaient traversé le détroit de Gibraltar sous

1. Le mois d'août est indiqué par la *Crónica de D. Alfonso X* (éd. cit., p. 51, col. 1) ; d'après les *Anales Toledanos III,* l'infant mourut le 25 juillet ; Jofré de Loaisa fixe sa mort au 24 de ce mois, veille de la fête de l'apôtre saint Jacques (*Chronique des rois de Castille,* éd. Morel Fatio, § 13).

la conduite de leur roi Abou-Yousouf. Avant de mourir, D. Fernando qui connaissait sans doute l'ambition qui dévorait son frère cadet, avait recommandé à son ami D. Juan Nuñez de Lara, un des plus puissants vassaux de la couronne de Castille, de veiller sur les enfants qu'il allait laisser orphelins[1]; il lui avait confié spécialement l'éducation de l'aîné Alphonse, à qui la succession royale semblait devoir échoir un jour. D. Juan Nuñez avait promis de faire tous ses efforts pour que cet enfant ne fût point frustré de son héritage, et il aurait tenu parole si la mort ne l'avait frappé à son tour bientôt après.

La situation du royaume était alors des plus critiques : en effet, le roi avait quitté ses États pour s'en aller à Beaucaire conférer avec le pape Grégoire X et tâcher d'obtenir qu'il reconnût ses droits à l'Empire[2]; l'armée chrétienne de la frontière, vaincue une première fois dans une bataille où D. Nuño Gonzalez de Lara avait trouvé la mort[3], venait de subir à Écija un nouvel échec et l'archevêque de Tolède avait été tué[4]. Le second fils d'Alphonse le Savant, D. Sancho, ayant rassemblé à Burgos ce qu'il avait pu de troupes, se mit

---

1. *Crónica*, éd. cit., p. 51.

2. Pour rejoindre Grégoire X, le roi de Castille devait traverser des territoires appartenant à Philippe le Hardi et y séjourner ; il demanda l'autorisation de le faire et l'obtint, mais à la condition de n'être point accompagné d'hommes d'armes. Alphonse le Savant fut choqué par cette restriction et s'en plaignit au Pape qui intervint auprès du roi de France ; finalement on permit à Alphonse de se faire escorter de ses gardes (*Histoire du Languedoc*, nouvelle édition, t. IX, p. 47).

3. *Crónica*, éd. cit., p. 49.

4. *Ibidem*, p. 50.

en route lorsqu'il apprit les succès des Maures et la mort de son frère ; il se hâta de gagner Ciudad Real. Il y rencontra le chef d'une des plus hautes maisons de la noblesse castillane qui, par l'étendue de ses domaines, faisait figure de souverain indépendant quoique nominalement vassal du roi, D. Lope Diaz de Haro, et le prit, sans tarder, pour confident des projets ambitieux que le trépas inopiné de son frère lui permettait de former : profiter du danger public pour s'imposer, se faire proclamer héritier présomptif du trône, lui qui était en âge de combattre, en négligeant les droits de ses neveux, enfants à peine sortis du berceau, qui ne pourraient de longtemps rendre aucun service au royaume. D. Lope accueillit favorablement ces ouvertures : il lui parut que s'il aidait D. Sancho dans son entreprise, il acquerrait pour le prochain règne une influence prépondérante, sans compter les avantages matériels que ne manquerait pas de lui dispenser libéralement un prince à qui il aurait rendu un si éminent service ; il savait de plus que D. Juan Nuñez de Lara avait été chargé de l'éducation du jeune Alphonse de la Cerda et il prévoyait que si l'ordre de succession amenait celui-ci à régner un jour, la maison de Lara jouirait de toutes les faveurs royales au détriment des Haro relégués au second rang. Son intérêt et celui de sa famille le décidèrent à lier partie avec l'infant, il promit de seconder ses desseins, de lui jurer fidélité comme héritier la de couronne, d'exhorter ses vassaux et les conseils des villes à se déclarer pour lui ; en retour,

D. Sancho s'engagea, s'il arrivait à ses fins, à favoriser D. Lope de telle manière qu'il serait l'homme le plus considérable du royaume et le plus honoré.

Aussitôt que cette sorte de marché fut conclu, l'infant, sur l'avis de son principal conseiller, commença à se rendre populaire parmi les riches-hommes et les chevaliers qui s'étaient rassemblés à Ciudad Real et qui déconcertés par la mort de D. Fernando de la Cerda, attendaient un chef pour entrer en campagne. Avec une décision rare chez un homme si jeune, D. Sancho sut prendre l'autorité d'un maître ; s'intitulant dans les actes publics *fils aîné et héritier* du roi Alphonse, il suppléa effectivement son père absent en se portant à la frontière et en assurant la défense des places les plus menacées, Écija et Cordoue. Il se rendit ensuite à Séville et pressa l'armement d'une flotte destinée à croiser dans le détroit de Gibraltar et à empêcher que les envahisseurs marocains reçussent des secours d'Afrique. Ces mesures énergiques et opportunes ne tardèrent pas à amener pour les Castillans un résultat favorable. Abou-Yousouf voyant devant lui une armée nombreuse, devint plus craintif et fit prudemment retraite sur Algeciras.

Pendant ce temps, Alphonse X tentait vainement, dans les conférences de Beaucaire, d'obtenir l'appui du Saint-Siège pour ses prétentions à la couronne impériale ; découragé par le mauvais succès de ses efforts et apprenant d'ailleurs le péril où se trouvait son royaume, la mort de son beau-frère l'archevêque de Tolède et celle de son fils aîné, il se décida à retourner en Espagne. Les données chronologiques fournies par son historiographe officiel sont peu vraisemblables et ont été avec raison critiquées[1]. Quand il rentra en Castille, il sut enfin que tout péril imminent était conjuré, grâce à la décision et à l'énergie dont son fils cadet avait fait preuve ; toujours enclin à la paix, il se contenta de conclure avec les souverains du Maroc et de Grenade une trêve de deux ans.

---

1. *Crónica*, éd. cit., p. 52, col. 2. Mondéjar indique les raisons fort plausibles qui ne permettent pas d'ajouter foi au récit de cette chronique, suivant lequel Alphonse X aurait traversé une partie du royaume de Valence avant de rentrer dans ses États (*Memorias del rei D. Alonso el Sabio*, p. 328).

IV

LA SUCCESSION DE CASTILLE

C'est à Camarena, près de Tolède, que D. Sancho rejoignit son père[1]. Les riches hommes et les chevaliers qui avaient fait campagne contre les Maures, formaient autour de lui un imposant cortège ; à tous, D. Lope Diaz de Haro avait donné pour mot d'ordre de réclamer auprès d'Alphonse X la reconnaissance solennelle de l'infant comme héritier de la couronne. Lui-même se chargea de formuler cette requête et de vanter la conduite d'un prince qui malgré son jeune âge[2], avait montré toutes les qualités d'un chef ; il engagea donc le roi à profiter du grand concours de nobles qui se trouvaient assemblés pour faire prêter à son fils un hommage auquel seraient appelés à souscrire les députés des cités et des villes. Alphonse, tout en protestant de l'affection qu'il portait au prince et tout en rendant pleine justice à ses mérites, se refusa à donner une réponse immédiate.

1 *Crónica*, éd. cit., p. 52, col. 2. — Camarena, prov. de Tolède, distr. jud. de Torrijos.

2. L'infant D. Sancho était né le 12 août 1258 (Cf. Florez, *op. cit.*, t. II, p.524) : il avait donc 17 ans en 1275.

Il n'est pas douteux qu'il éprouva un très grand embarras en se voyant ainsi pressé de résoudre une question aussi grave que celle de sa propre succession. Si l'on ne peut penser avec Mariana[1] qu'il fut choqué de voir avec quelle hâte on prétendait régler ce qui se passerait après sa mort, puisque la reconnaissance solennelle de l'héritier présomptif de la couronne n'était point un fait inusité en Castille, il est permis de croire qu'il ne se méprit pas sur la gravité de l'acte qu'on réclamait de lui et qu'il voulut se donner au moins le temps de la réflexion.

En fait, il n'existait alors aucun texte de loi, aucun précédent même sur quoi l'on se put appuyer pour désigner dans un cas semblable l'héritier du trône. La législation wisigothique encore en vigueur à cette époque, ignorait ce qu'on appelle en droit la *représentation;* elle était donc favorable aux ambitions de l'infant D. Sancho. Mais cette législation s'appliquait-elle à la succession royale? Il faut croire qu'on en douta[2]; autrement, la question ne se serait point posée; Alphonse X n'aurait pas hésité à proclamer sans retard la légitimité des droits de son fils, et celui-ci, sachant ses droits assurés, n'aurait pas mis tant d'ardeur à les voir publiés.

1. Mariana, *De rebus hispanicis* (Mayence, 1605, p. 585) « ..quod initio Alfonsus ægre tulit se superstite de regni successione intempestive agi... »

2. Alphonse X lui-même, dans le recueil des lois qu'il rédigea sous le nom de *Las Siete Partidas*, avait inséré une disposition qui était défavorable aux prétentions de D. Sancho : « Que si el fijo mayor (del rey) muriesse antes que heredasse, si dejasse fijo o fija, que oviesse de su muger legitima, que aquel o aquella lo oviesse e non otro ningúno. » (Loi 2, tit. 15. part II).

Peut-être le roi de Castille se sentait-il implicitement lié par les actes souscrits lors du mariage de l'infant D. Fernando avec la fille de saint Louis. Nous disons implicitement, car pas un des documents qui furent rédigés alors ne contient à cet égard de stipulation expresse. Néanmoins, on peut considérer comme certain que le roi de France en donnant Blanche à l'héritier désigné du trône de Castille, avait entendu que les enfants à naître de cette union, ceindraient à leur tour la couronne. Un seul cas avait été prévu dans les traités : celui où Blanche survivrait à son époux et n'aurait point de postérité ; aucun lien ne l'attachant plus dès lors à l'Espagne, elle pourrait rentrer dans sa patrie en reprenant sa dot et en gardant son douaire ou une valeur équivalente. Les rédacteurs de la convention du 28 septembre 1266 avaient négligé de stipuler ce qui devrait se passer si D. Fernando mourait avant d'avoir règné et laissait un ou plusieurs enfants : ce qui paraissait si improbable qu'on n'avait pas songé à en tenir compte était, dix ans après, un fait accompli.

A ne considérer donc que la lettre des instruments diplomatiques, Alphonse X n'était point obligé de réserver les droits de ses petits-fils. Toutefois, s'il négligeait de le faire, il s'exposait à recevoir des réclamations fort sérieuses de la part de Philippe le Hardi qui n'accepterait vraisemblablement pas que ses neveux fussent dépouillés. En sacrifiant les infants de la Cerda, il courait donc à un danger presque certain, celui d'une rupture avec la France.

Mais il y avait un péril plus certain encore et à coup sûr plus imminent, celui de mécontenter l'infant D. Sancho et ses partisans. Le roi de Castille ne pouvait avoir de doutes à cet égard : il se sentait diminué lui-même par l'échec de ses prétentions impériales, il rentrait dans son royaume avec une autorité très affaiblie, il y trouvait une puissance nouvelle qui s'était constituée et avait grandi pendant son absence. Son fils dont il connaissait le caractère audacieux et indépendant s'était révélé dans le danger public comme un chef capable et assez habile pour se concilier la faveur de la noblesse qui était à cette époque la seule force organisée de la nation. En trompant les espérances d'un jeune homme ambitieux et de vassaux toujours prêts à la révolte, on déchaînerait inévitablement la guerre civile et Alphonse ne se croyait pas assez fort pour réprimer la rébellion[1].

Les conseillers qu'il réunit pour s'éclairer de leurs avis montrèrent d'abord une grande hésitation, mais l'infant D. Manuel son frère[2] s'étant formellement prononcé en faveur de D. Sancho, entraîna l'avis du plus grand nombre et finalement la décision du souve-

1. Mariana pense que c'est la crainte d'une révolte plus que toute autre raison, qui détermina Alphonse X à accéder aux demandes que D. Lope Diaz de Haro lui avait adressées en faveur de D. Sancho : « Vicit sane reipublicæ utilitatis respectus et tranquillitatis studium ; neque enim Sanctius si repulsam tulisset quieturus videbatur... » (*De rebus Hispanicis*, éd. cit., p. 585).

2. L'infant D. Manuel, dernier fils de saint Ferdinand et de Béatrice de Souabe, épousa successivement D[a] Constanza, fille de Jaime Ier, roi d'Aragon et Béatrice de Savoie ; il est le père de D. Juan Manuel, un des plus anciens prosateurs castillans, l'auteur du *Conde Lucanor*.

rain. Celui-ci se rendit alors à Ségovie et sur son ordre, les infants, les riches-hommes, les députés des cités et des villes du royaume y prêtèrent hommage à son fils en qualité d'héritier de la couronne.

Alphonse croyait assurer ainsi son repos et la tranquillité de ses États, mais il devait apprendre bientôt à ses dépens que D. Sancho n'était point d'humeur à attendre patiemment qu'il mourût pour exercer le pouvoir. Avant même de devenir la victime d'un fils ingrat, le roi de Castille allait éprouver que l'acte auquel il venait de consentir ne recevait même pas une approbation unanime parmi ses vassaux, causait de graves discordes dans sa propre famille et provoquait une guerre étrangère.

V

PHILIPPE III ET ALPHONSE X

La chronique officielle du règne d'Alphonse X rapporte la convocation des Cortès de Ségovie à l'année 1276, mais sans aucune indication de mois ; les annalistes français qui parlent des réclamations adressées par Philippe le Hardi au roi de Castille ne sont pas plus précis. En revanche, des documents dont la date est certaine prouvent que dès le mois de septembre 1276, plusieurs seigneurs castillans favorables à l'infant de la Cerda étaient venus se mettre à la disposition du roi de France[1] et qu'au milieu d'octobre les préparatifs militaires de celui-ci étaient assez avancés pour inquiéter le Saint-Siège, toujours soucieux de maintenir la paix entre deux princes chrétiens[2].

On doit donc placer dans les premiers mois de l'année 1276 la tenue des Cortès de Ségovie et la venue en Espagne d'une ambassade française chargée de protester contre l'exhérédation d'Alphonse de la Cerda. La *Crónica* ne mentionne pas ce dernier fait qui nous

---

1. Arch. nat. J. 600, n°s 13, 13 bis et 13 ter.
2. *Annales ecclesiastici*, éd. Theiner, t. XXII, p. 383.

est attesté par les historiographes français et dont la simple vraisemblance contraint d'admettre la réalité : Philippe le Hardi apprend officiellement ou officieusement que ses neveux sont écartés de la succession de leur aïeul ; il s'en montre surpris et offensé ; il est tout naturellement amené à faire porter au roi de Castille une plainte et une protestation avant d'en appeler aux armes.

Aussi est-ce à tort, croyons-nous, que le marquis de Mondéjar[1] a traité de fable le récit de Guillaume de Nangis relatant l'envoi à Alphonse X d'un ambassadeur français, le grand Bouteiller Jean de Brienne ou d'Acre, que des liens de parenté et de vassalité unissaient au roi de Castille[2]. Mondéjar se montre surtout scandalisé à la pensée que Jean d'Acre ait pu se charger de présenter des remontrances à un prince qui était son suzerain et son cousin. L'objection semble puérile. N'est-il pas raisonnable, au contraire, de croire que le roi de France choisit ce grand officier comme son porte-paroles précisément en raison de ses attaches avec la Castille, pensant que la personne même du messager assurerait meilleur accueil au message?

Mais s'il ne paraît pas possible de nier l'envoi d'une ambassade française chargée de protester contre l'acte

1. Mondéjar, *op. cit.*, p. 381.

2. Jean de Brienne dit d'Acre, était Bouteiller de France en 1258 ; il mourut en 1296. Son père était Jean de Brienne, roi de Jérusalem, et sa mère Bérengère était la sœur de saint Ferdinand, roi de Castille. (Cf. P. Anselme, *Histoire généalogique et chronologique de la maison de France*, t. VIII, p. 518).

de Ségovie et de tenter de faire revenir le roi de Castille sur sa décision, on n'est pas obligé d'accepter dans leur intégralité les récits de Guillaume de Nangis et des chroniqueurs qui se font ses échos[1]. Ils racontent que les demandes présentées par l'envoyé de Philippe III furent rejetées, qu'Alphonse le Savant refusa de reconnaître les droits des infants de la Cerda, ne voulut pas davantage les laisser aller en France, mais qu'il finit par permettre à Blanche d'accompagner le Bouteiller et de rejoindre son frère. Si l'on en croyait ces récits, à peine la princesse et l'ambassadeur se seraient-ils mis en route, qu'Alphonse X regrettant d'avoir cédé même sur ce point, les aurait fait poursuivre, ordonnant que sa belle-fille lui fût ramenée de gré ou de force ; mais Jean d'Acre et sa compagne auraient fait telle diligence qu'ils seraient parvenus à franchir la frontière de Navarre avant d'être rejoints.

Que la négociation dont le Bouteiller était chargé ait échoué, cela ne peut faire de doute ; son échec fut plus complet encore que ne le dit Guillaume de Nangis, car le roi de France n'obtint même pas la satisfaction de se voir rendre sa sœur. Outre qu'il n'est pas vraisemblable que celle-ci ait consenti à abandonner dans une cour hostile ses enfants en bas âge, nous avons la preuve qu'elle demeura encore en Castille et ne regagna sa patrie qu'après avoir séjourné quelque temps en Aragon. Il n'y a donc, semble-t-il, à retenir des renseignements

1. *Historiens de France*, t. xx, p. 499 et xxi, pp. 92 et 93.

donnés par ces chroniqueurs qu'un seul fait : la venue en Espagne d'un ambassadeur qui avait pour mission de réclamer l'héritage royal pour les neveux du roi de France, et, en cas de refus, de demander au moins que ceux-ci et leur mère fussent autorisés à quitter la Castille.

N'ayant rien obtenu, et voyant qu'on méconnaissait les droits de l'infant de la Cerda, droits qui lui paraissaient incontestables, Philippe III ne pouvait faire autre chose que se préparer à la lutte. Il devait s'y résoudre d'autant plus volontiers qu'il avait de bonnes raisons de penser que son action militaire trouverait en Castille même un appui chez les seigneurs que la désignation de l'infant D. Sancho comme héritier de la couronne avait mécontentés. Il savait que tout un parti voyait avec déplaisir et jalousie le crédit que s'était acquis D. Lope Diaz de Haro en prenant une si grande part au choix du successeur d'Alphonse X. Ce parti, dirigé par certains membres de la famille de Lara, la rivale de celle de Haro, paraissait disposé à soutenir par les armes les droits d'Alphonse de la Cerda et à seconder par conséquent les efforts de Philippe le Hardi.

On possède le texte des contrats en vertu desquels quatre de ces seigneurs se mirent au service du roi de France. Le plus considérable d'entre eux était D. Juan Nuñez de Lara, IIe du nom[1], qui s'intitulait fièrement vassal de Notre-Dame et outre de nombreux

1. Salazar y Castro, *Historia genealógica de la Casa de Lara* (Madrid, 1696-1697, in-4°), t. III, pp. 131 et suiv.

fiefs, tenait encore du chef de sa femme la ville d'Albarrazin[1], place forte située aux confins de l'Aragon et de la Castille et dont les deux royaumes se disputaient la suzeraineté. Il était fils de ce D. Juan Nuñez de Lara I à qui l'infant D. Fernando de la Cerda, sur le point de mourir, avait confié les intérêts de ses fils et qui était mort lui-même peu de temps après avoir rendu les derniers devoirs à ce prince[2]. Se rangeant au parti que son père aurait suivi, s'il eût vécu, le seigneur d'Albarrazin émigra, entraînant avec lui son oncle D. Nuño Gonzalez de Lara, IIIe du nom[3], et un personnage de moindre lignée appelé D. Fernando Yañez de Valverde[4]. Tous trois se trouvaient à Angoulême au mois de septembre 1276[5], et y rencontrèrent le roi capétien qui se dirigeait vers les Pyrénées ; ils se joignirent à son armée. Philippe assura à chacun d'eux un traitement proportionné à son rang. En échange de la prestation de l'hommage lige, ils devaient toucher d'abord l'équivalent des revenus dont ils jouissaient dans leur patrie et qui se montaient respectivement à 14.000 livres tournois pour D. Juan Nuñez, à 8.000 li-

1. Albarrazin, chef-lieu de dist. jud. de la province de Teruel.

2. Ce fut lui qui conduisit au monastère de las Huelgas, près de Burgos, le corps de l'infant D. Fernando (*Crónica de D. Alfonso X*, éd. cit., p. 51).

3. Salazar, *op. cit.*, t. III, pp. 112 et suiv.

4. D. Fernando Yañez de Valverde s'attacha à la fortune de D. Juan Nuñez de Lara, et fut tué au mois de mai 1299 dans un combat livré à Alfaro (J. de Loaisa, *éd. cit.*, p. 45).

5. Arch. nat., J. 600, nos 13, 13 bis, 13 ter, pièces just., nos VII et VIII. Le contrat par lequel D. Fernando Yañez de Valverde se mit au service du roi de France a été publié par Francisque Michel, *Histoire de la guerre de Navarre*, par Guillaume Anelier (Collection des documents inédits), p. 624, note 1.

vres pour D. Nuño Gonzalez et à 300 livres seulement pour D. Fernando Yañez de Valverde. Tous reçurent à Angoulême des acomptes se montant respectivement à 3.000, à 1.500 et à 100 livres[1].

Le premier s'engageait à conduire à l'armée 300 chevaliers, le second 106 et le troisième 10 ; les uns et les autres feraient la guerre à leurs frais en Castille, en Aragon, en Navarre, en Portugal, en Gascogne, dans le comté de Toulouse et les terres voisines, pendant une période déterminée, quarante jours ou trois mois ; ce laps de temps écoulé, le roi de France octroierait à chacun des chevaliers des gages de 7 sous 6 deniers par jour, mais les deux Lara seraient personnellement mieux pourvus, D. Juan Nuñez touchant 100 sous et son oncle 60. On ne saurait apprécier exactement l'importance du contingent espagnol qui vint ainsi se ranger sous les bannières françaises, car au moment où les conventions dont nous parlons furent rédigées, les émigrés déclaraient qu'ils serviraient provisoirement avec autant de compagnons qu'ils en pourraient recruter et nous ignorons s'ils parvinrent dans la suite à compléter les effectifs prévus. Nous savons seulement que D. Juan Nuñez et D. Fernando Yañez de Valverde

1. Arch. nat., J. 474, nos 42, 41 et 46. — G. de Nangis (*Historiens de France*, t. xx, p. 499) mentionne la venue en France de D. Juan Nuñez de Lara et l'accueil qui lui fut fait : il l'appelle Jean Monge. Un anonyme dont l'œuvre est publiée dans le même recueil (t. xxi, p.93) le nomme Jean Loigne et ajoute que chaque année le roi lui donnait une grosse somme d'argent qu'il touchait au Temple, à Paris. Enfin l'auteur de l'*Historia satirica regum, regnorum et summorum pontificum* (*ibid.*, t. xxii, p. 14), note que deux barons d'Espagne, partisans des infants de la Cerda recevaient du roi de France 15.000 livres tournois.

1 et 2. Autre sceau d'Alphonse X.
3. Sceau de D. Sancho, infant de Castille, archevêque-élu de Tolède.
4. Sceau de D. Fernando Perez Ponce.
5. Sceau de D. Juan Nuñez de Lara, seigneur d'Albarrazin.

furent employés en Navarre au commencement de l'année 1277, ainsi que D. Nuño Gonzalez, qui reçut à Estella, le 19 avril, une avance de 2.666 livres tournois 13 sols 6 deniers sur sa pension[1].

Un autre personnage castillan dont le nom paraît assez fréquemment dans les chroniques, D. Fernando Perez Ponce[2], devint aussi mais un peu plus tard seulement, le pensionnaire du roi de France : moyennant 3.000 livres tournois de rente qu'il toucherait à Paris au Temple, en trois termes égaux, il prêtait l'hommage lige et s'engageait à combattre pour son nouveau seigneur toute personne à l'exception des infants de la Cerda. Son service se limitait à une durée de quarante jours chaque année ; le nombre des chevaliers qu'il mènerait avec lui n'était point fixé. Passé ce terme de quarante jours, il recevrait une paye journalière de 25 sous tournois, tandis que les chevaliers de sa compagnie toucheraient 7 sous 6 deniers, sans que le roi fût tenu de remplacer les chevaux tués ou blessés[3].

1. Cf. Ch. V. Langlois, *Le règne de Philippe III le Hardi*, (Paris, 1887, in-8°), Catalogue des mandements, p. 398. — Arch. nat., J. 474, n° 43.

2. Ce personnage fut le premier de sa race à ajouter à son nom celui de Léon; sa mère, Doña Aldonza Alonso était fille naturelle d'Alphonse IX, roi de Léon. Rappelé en Castille par l'infant D. Sancho, lorsque celui-ci se révolta contre son père, il rompit bientôt avec cet infant et rentra en grâce auprès d'Alphonse X dont il fut un des exécuteurs testamentaires; sous le règne de Sanche IV, il exerça la charge d'« adelantado mayor » d'Andalousie (Salazar de Mendoza, *Origen de las dignidades seglares de Castilla y Leon*, Tolède 1618, in-4°, fol. 82 verso. — Florez, *op. cit.*, t. I, p. 389). — *Crónica*, éd. cit., p. 61, col. 1 et 63, col. 1.

3. Arch. nat., J. 624, n° 11 (juillet 1277), pièce just., n° x; D. Fernando Perez Ponce reçut à Nemours, le mardi 6 juillet 1277, un acompte de 700 livres tournois (*ibid.*, J., 474, n° 48); — le 1er février 1278, il toucha un des termes de sa pension, soit 1.000 livres (*ibid.*, J., 474, n° 49).

Les seigneurs de la maison de Lara dont nous venons de parler et ceux que leur exemple avait entraînés s'étaient mis au service du roi capétien parce qu'ils étaient mécontents de voir les fils de D. Fernando de la Cerda exclus de la succession royale ; mais il est singulier de voir le principal artisan de la désignation de D. Sancho comme héritier de la couronne accepter à à son tour, peu de temps après, les subsides de Philippe le Hardi, alors que ce prince avait entrepris la guerre contre le roi de Castille dans l'unique but de faire reconnaître les droits de ses neveux. Or, des documents dont l'interprétation ne peut donner lieu à aucun doute, prouvent que D. Lope Diaz de Haro, seigneur de Biscaye, devint au cours de l'année 1277 le pensionnaire du roi de France : il était présent à Estella[1] à l'époque de la Pentecôte et par trois quittances datées du jour de cette fête (16 mai), reconnaissait avoir reçu en prêt d'Eustache de Beaumarchais, gouverneur de Navarre, une somme de 750 livres tournois[2]; plus tard, un clerc attaché à son service, touchait à Pampelune en son nom 5.534 livres pour ses gages et ceux des chevaliers de sa suite; il laissait à la chancellerie royale deux reçus datés l'un du 11 juin, l'autre du 12 juillet de cette même année 1277[3]. De l'existence de ces pièces comptables

Avant de se rendre en France, ce personnage avait traversé la Navarre : à Pampelune, le 21 mai 1277, il avait obtenu du gouverneur Eustache de Beaumarchais un prêt de 100 livres tournois, sans doute pour continuer sa route (*ibid.*, J., 614 B, n° 320).

1. Estella, chef-lieu de dist. jud. de la prov. de Pampelune.

2. Arch. nat., J. 614 *B*, nos 319, 330 et 341.

3. *Ibidem*, J. 614 *B*, nos 318 et 322.

bien en règle, il faut conclure que le seigneur de Biscaye s'était brouillé avec Alphonse le Savant pour un motif qui nous demeure inconnu et qu'il avait, suivant une coutume très répandue dans l'Espagne du moyen-âge, transporté son hommage à un prince qui n'était pas son suzerain naturel, s'engageant à le servir moyennant une solde fixée pendant une période déterminée. Le contrat par lequel D. Lope Diaz se lia en 1277 avec Philippe III n'a pas été conservé, mais nous en possédons un autre d'une époque un peu postérieure qui ne doit pas être fort différent du premier et qui porte la date du 13 octobre 1281[1]. En présence de Jean de Néele[2], comte de Ponthieu et du connétable Imbert de Beaujeu, le seigneur de Haro s'avouait vassal du roi de France et promettait de faire campagne pour lui chaque année durant quarante jours, partout où l'on voudrait l'employer, à la tête de 300 chevaliers et cela pendant trois ans ; il toucherait au Temple, à Paris, une pension de 14.000 livres tournois ; s'il était retenu à l'armée au delà du terme convenu, on lui allouerait 100 sous par jour de solde et 7 sous 6 deniers à chacun des chevaliers de sa compagnie, tout cheval perdu devant être remboursé au prix de 500 sous. Et ce n'était pas seulement Philippe III en personne que D. Lope s'engageait ainsi à servir : c'était encore, selon les circonstances et avec la permission de son nouveau suzerain, le fils

1. Arch. nat., J. 613, n° 18, pièce just., n° XVII.

2. Jean de Néelle, seigneur de Falvy, était le second mari de Jeanne, comtesse de Ponthieu et d'Aumale, laquelle avait épousé en premières noces saint Ferdinand, roi de Castille.

aîné du roi capétien fiancé à la jeune reine de Navarre et même les princes de la Cerda s'ils venaient à recouvrer leur liberté. On voit que le seigneur de Biscaye ne se piquait pas d'une inébranlable fidélité au parti de l'infant D. Sancho qu'il avait si chaudement soutenu naguère. Il devait d'ailleurs opérer l'année suivante sans plus de scrupules un nouveau changement de front et se ranger aux côtés de ce même infant lorsque celui-ci se révolterait contre l'autorité paternelle[1]; dans la suite, il se montra l'opiniâtre adversaire de tout accord entre la France et la Castille et finit par payer d'une mort tragique le prix de ses multiples trahisons[2].

Le roi de France, on le voit, avait rencontré sans les chercher des alliés dans le camp de son adversaire : à la haute noblesse de Castille tout prétexte alors était bon pour se révolter contre l'autorité royale, sans compter l'attrait qu'exerçaient en l'espèce les livres tournois dont on savait Philippe le Hardi bien pourvu. Alphonse X ne pouvait lutter avec de pareilles armes ni espérer se former un parti parmi les grands feudataires de la monarchie capétienne déjà fortement constituée. Nous savons pourtant qu'il ne négligea pas l'occasion de gagner à sa cause l'un de ces seigneurs de la région méridionale qui subissaient à regret la domination française, ayant perdu leur indépendance à la suite de la guerre albigeoise et se voyant désormais tenus en tutelle par les représentants du pouvoir

1. *Crónica*, éd. cit., p. 61 ,col. 1.
2. Voy. plus bas, chap. XI.

royal. Aimeri IV, vicomte de Narbonne[1], issu d'une branche de la maison de Lara, appartenait à cette catégorie de mécontents ; le hasard voulut qu'il reçût dans ses domaines le roi de Castille en 1275 lorsque celui-ci revenait des conférences de Beaucaire ; des liens d'amitié se nouèrent entre eux et on décida que la sœur du vicomte, Marguerite, épouserait l'infant D. Pedro, troisième fils d'Alphonse. Il est probable qu'Aimeri ne cacha point à son hôte les sentiments d'amertume qu'il éprouvait ; celui-ci n'oublia point la confidence, et après sa rupture avec Philippe III, eut l'idée d'utiliser la rancune du seigneur de Narbonne, d'exciter ce dernier à la révolte, espérant que d'autres vassaux de la couronne de France dans le Midi suivraient cet exemple ; il se flattait de faire naître ainsi une diversion dont il tirerait profit.

Au cours de l'été de 1276, deux agents du roi de Castille qui passaient par Narbonne pour se rendre à la cour pontificale, s'abouchèrent avec le vicomte et lui offrirent l'alliance de leur maître contre le souverain capétien, lui faisant différentes promesses, notamment celle de l'archevêché de Tolède pour un frère d'Aimeri nommé Guillaume qui se destinait à l'Église. Le seigneur de Narbonne, sans doute très impressionné par les propositions qu'il recevait, n'eut pas la force de carac-

1. L'épisode de la trahison d'Aimeri de Narbonne et de ses frères a fait l'objet d'un très intéressant mémoire d'Auguste Molinier que nous résumerons ici; il forme la note XXXIX du tome X de la nouvelle édition de l'*Histoire du Languedoc* (pp. 409 et suiv. V. aussi *ibidem*, t. IX, pp. 83 et 94).

tère nécessaire pour les garder secrètes : il fut même assez imprudent et maladroit pour les découvrir à son frère cadet, Amauri, qui dépouillé par lui d'une portion notable de l'héritage paternel, nourrissait à l'égard de son aîné des sentiments de jalousie fort voisins de la haine. Malgré leurs désaccords familiaux, les trois frères s'entendirent pour entrer dans les vues d'Alphonse X : ils lui envoyèrent à Vitoria où il résidait alors (février 1277), un messager chargé de poursuivre la négociation. Le souverain espagnol demanda que le seigneur de Narbonne et ses frères s'engageassent par des lettres scellées de leurs sceaux à le soutenir envers et contre tous et particulièrement contre Philippe le Hardi ; il exigea en outre qu'ils confirmassent leur promesse par serment. A la fin de mars, un clerc attaché à la personne du roi de Castille arriva à Narbonne, apportant le texte du traité et muni des pouvoirs nécessaires pour recevoir le serment des conjurés. Ceux-ci commençaient à trembler en songeant aux conséquences possibles de leur action : ils jurèrent, mais en prenant maintes précautions et en choisissant pour accomplir cette cérémonie le jardin isolé d'un couvent situé sur les bords de l'Aude. Entre eux se glissaient déjà les sentiments d'une défiance réciproque qui éclatèrent lorsque vint le moment de mettre par écrit en forme authentique la teneur des promesses qu'ils faisaient à Alphonse le Savant. Pour rédiger l'acte, il fallut prendre pour confidents des subalternes qui demeurèrent effrayés de la complicité où on les entraînait ; ce fut bien autre chose quand il s'agit de désigner un messager qui porterait en Castille l'engagement scellé des trois frères. Plusieurs serviteurs se dérobèrent à une mission où ils sentaient qu'ils risquaient leur tête ; on finit par en trouver un qui se dévoua, mais trop de gens avaient été mis dans le secret pour qu'à la longue l'affaire ne s'ébruitât pas. Quoique les événements se soient déroulés de telle manière qu'Alphonse X ne jugea pas utile de faire appel au concours du vicomte de Narbonne, les conjurés et leurs complices inférieurs ne parvenaient pas à se rassurer. Amauri, frère cadet du vicomte, sans doute plus timoré que les autres, poussé aussi par sa rancune contre son aîné, se décida à dévoiler le complot au roi de France, espérant que son aveu spontané lui assurerait l'indulgence. Il vint donc à Paris à la fin de mars 1282 et raconta ce qui s'était passé. Philippe le Hardi fit garder à vue le délateur et envoya sans retard deux de ses chevaliers procéder à une enquête sur place. Aimeri fut arrêté : il nia tout et prétendit que ses négociations avec la Castille concernaient exclusivement le mariage de sa sœur avec l'infant D. Pedro[1]. Il avait eu le temps d'avertir son frère Guillaume qui prit soin de détruire l'acte émané d'Alphonse X. C'était la seule preuve matérielle de la trahison. L'enquête dura longtemps, car les témoins entendus par les délégués du roi de France n'apportaient que des renseignements assez vagues

1. Le mariage de l'infant D. Pedro et de Marguerite de Narbonne avait été célébré à Burgos en 1281 (Florez, *op. cit.*, t. II, p. 525).

et le principal accusé persistait dans ses dénégations. Comme en définitive le complot n'avait même pas eu un commencement d'exécution, Philippe crut sage de ne point exciter le mécontentement de ses vassaux du Midi en frappant un des leurs : il pardonna, et le 11 septembre 1284 fit élargir le vicomte de Narbonne à qui ses domaines confisqués furent restitués. Le roi n'eut pas d'ailleurs à se repentir de sa clémence car Aimeri se montra dans la suite dévoué à sa cause : pendant la désastreuse retraite qui termina en 1285 la campagne de Catalogne, ce seigneur sauva les débris de l'armée française en occupant au moment opportun et en gardant les défilés des Pyrénées.

On peut considérer comme certain qu'au mois de septembre 1276, Philippe III avait résolu de faire la guerre au roi de Castille et que son armée cheminait déjà vers la frontière. Suivant Guillaume de Nangis[1], seul guide qui s'offre à nous, il ne prit cette décision qu'après avoir, une fois encore, offert un accommodement à son adversaire. Sur l'avis de son conseil, il envoya à Alphonse X des messagers chargés de lui signifier un ultimatum : il exigeait qu'on lui remît les infants de la Cerda et qu'on assurât à Blanche le douaire auquel elle avait droit d'après les termes de la convention souscrite au moment de son mariage ; en cas de refus, il porterait la guerre en Castille. Ces demandes ayant été repoussées avec hauteur, les ambassadeurs

1. *Historiens de France*, t. xx, p. 500. — Langlois, *op. cit.*, pp. 104 et suiv.

français défièrent Alphonse le Savant et lui annoncèrent que ses États seraient sous peu envahis.

Toute solution pacifique du conflit paraissant dès lors écartée, Philippe III s'occupa de rassembler ses troupes : outre le duc de Bourgogne, des seigneurs dont les fiefs relevaient de l'Empire comme le duc de Brabant, les comtes de Bar, de Juliers et de Luxembourg vinrent se ranger sous ses bannières. Après avoir pris à Saint-Denis l'oriflamme royal, l'armée se dirigea sur Orléans, puis par le Berry et le Poitou gagna les terres de Gascogne et de Béarn[1]. En chemin, on rencontra des ambassadeurs d'Alphonse X qui n'étaient point chargés de paroles de paix, mais venaient au contraire répondre au défi porté à leur maître par un autre défi. Ils ne furent admis, auprès de Philippe, dit le chroniqueur, qu'au bout de sept jours et s'exprimèrent en termes menaçants auxquels le roi, sans s'émouvoir, répliqua qu'il entendait se rendre en Navarre et de là, pousser s'il le pouvait jusqu'en Castille[2].

L'armée avançant et grossissant toujours parvint aux premiers contreforts des Pyrénées et se concentra à Sauveterre de Béarn[3]. Elle était considérable, au dire de Guillaume de Nangis, à tel point qu'on éprouva

1. On peut, d'après les itinéraires des rois de France, publiés au tome xx des *Historiens de France* (p. 427), établir que Philippe III était à Paris le 19 juillet, qu'au mois d'août il passa à Montargis, Lorris, Orléans et Beaugency, en septembre à Tours, Mirebeau-en-Poitou et Angoulême; en novembre, il est à Mont-de-Marsan et regagne Paris en décembre.

2. Guill. de Nangis dans *Historiens de France*, t. xx, p. 505.

3. Sauveterre, Basses-Pyrénées, chef-lieu de canton de l'arrondissement d'Orthez.

bientôt les plus graves difficultés à pourvoir à la nourriture de tant d'hommes et de tant de chevaux. De plus, la saison déjà avancée et la température rigoureuse ne permettaient point qu'on s'engageât dans une région montagneuse. Le conseil du roi fut d'avis de ne pas pousser plus loin cette année-là les opérations militaires et l'on se décida à licencier les troupes[1].

Sans doute une campagne d'hiver eût été impossible, mais de plus, les nouvelles reçues de Navarre justifiaient un ajournement. Les événements dont ce pays était le théâtre devaient retenir l'attention de Philippe III beaucoup plus que l'affaire de la succession de Castille. La reine de Navarre encore mineure était une protégée de la France et on l'avait fiancée en 1275 à l'héritier de la couronne capétienne ; ses intérêts se confondaient donc avec les nôtres[2]. Le roi avait dû récemment envoyer des troupes et un de ses meilleurs officiers, Eustache de Beaumarchais, sénéchal de Toulouse, pour rétablir l'ordre en Navarre et restaurer l'autorité de la jeune princesse. Il est certain que l'armée conduite par Philippe le Hardi en personne jusqu'en Béarn était non seulement destinée à combattre Alphonse X, mais encore à dompter les Navarrais au cas où Beaumarchais malgré le secours de Robert d'Artois eût échoué. Or ceux-ci avaient pleinement réussi avec les seules forces mises à leur disposition[3]. C'était déjà un résul-

1. G. de Nangis, *loc. cit.*
2. Traité d'Orléans. Cf. ch. v. Langlois, *op. cit.*, p. 98.
3. *Ibidem*, pp. 99, 101 à 104.

tat important. En outre, on savait que le roi de Castille se montrait plus conciliant que précédemment.

Les événements de Navarre l'intéressaient aussi, car il méditait de s'agrandir de ce côté et avait même dans le pays un parti à sa dévotion[1]. Il s'était avancé jusqu'à Vitoria pour le soutenir, mais la promptitude de la répression l'avait déconcerté et il n'ignorait point que Philippe campait aux pieds des Pyrénées à la tête d'une puissante armée. Il crut donc bon de négocier, et fit demander une entrevue au comte d'Artois. Celui-ci ayant obtenu l'agrément de son souverain et les pouvoirs nécessaires pour traiter, des conférences s'ouvrirent à Vitoria dans le couvent des Frères Mineurs. Il en résulta deux traités qui furent rédigés le 7 novembre 1276.

Outre les dispositions établissant entre la Castille et la Navarre une trêve qui devait durer jusqu'à la majorité de Jeanne, héritière de ce royaume, et consacrait la restitution réciproque des châteaux dont les Navarrais et les Castillans s'étaient emparés, Alphonse X par le premier de ces traités[2] consentait à remettre en question le choix de son successeur. Quels étaient ses sentiments personnels sur cette question de son héritage qui devait troubler toute la fin de son règne? Il est impossible de le dire. Nous avons vu qu'il avait

1. Cf. Langlois, *op. cit.*, pp. 97 et 101. En 1274, l'infant D. Fernando avait assiégé Viana, (*ibidem*, p. 97 et Fr. Michel, *Histoire de la guerre de Navarre* dans la coll. des documents inédits, p. 381) et confirmé les privilèges de la ville de Mendavia comme si cette localité faisait partie du domaine castillan (Arch. nat., J. 915, nº 2).

2. Arch. nat., J. 599, nº 12, publié par Francisque Michel *op. cit.*, p. 651.

longuement hésité avant d'ordonner que les prélats, les grands et les représentants des villes reconnussent D. Sancho comme l'héritier de la couronne ; il semble bien qu'il ne l'ait fait qu'à regret, contraint et forcé, comme s'il eût senti qu'il y avait injustice à dépouiller entièrement ses petits-enfants. Mais il était déjà fasciné en quelque sorte par son fils qui dans la suite le domina complètement. Esprit supérieur, intelligence exceptionnellement ouverte et d'un savoir remarquable pour son époque, le roi de Castille était doué du caractère le plus faible. En présence de D. Sancho, impérieux et ne voulant rien céder, sa volonté fléchissait : ainsi s'explique la roideur de ses réponses aux demandes d'explications, aux propositions d'accommodement qui lui avaient été portées de la part du roi de France. Lorsqu'il se trouvait seul et qu'il échappait à l'influence de D. Sancho, il cherchait volontiers les moyens de terminer une querelle irritante qui n'était point seulement d'ordre intérieur, mais sur laquelle se greffaient encore des difficultés avec un autre pays. Nous le verrons dans la suite essayer de donner une compensation aux infants de la Cerda évincés, mais jamais son fils ne le lui permît; celui-ci voulait l'héritage et tout l'héritage paternel, il refusait d'en abandonner la moindre part à ses neveux. Quand Alphonse X fut las de céder et qu'il prétendit régler enfin ce conflit, D. Sancho se révolta et tenta de détrôner son père.

En 1276, les choses n'en étaient pas venues encore à cette extrémité et il s'agissait seulement de fournir une satisfaction à Philippe le Hardi en donnant une forme plus régulière à la désignation de l'héritier du trône. Le roi s'engageait à faire tous ses efforts pour que les serments de fidélité et d'hommage prêtés par les barons de Castille à l'infant D. Sancho fussent annulés et pour que D. Sancho lui-même renonçât aux promesses qui lui avaient été faites naguère à Ségovie ; dans un délai d'une année qui commencerait à courir à la prochaine fête de Noël, les Cortès seraient convoquées et devant elles on exposerait et on discuterait les droits respectifs de D. Sancho et des infants de la Cerda ; Philippe III pourrait se faire représenter dans cette assemblée par quelques hommes sages et instruits qui, à l'aide d'instruments diplomatiques et de tous arguments de droit, plaideraient la cause des jeunes princes ; le roi de Castille aurait soin de désigner des juristes espagnols capables d'éclairer ces avocats sur les lois et les coutumes du pays. Les Cortès prononceraient donc en pleine connaissance de cause : une fois la sentence rendue, Alphonse X la tiendrait pour exécutoire et prendrait comme héritier celui que la voix de l'élite de ses sujets aurait désigné, soit son petit-fils, soit son fils. De son côté, Philippe le Hardi promettait de respecter la décision prise, quelle qu'elle fût, et renonçait à rien réclamer ou à en appeler à une autorité supérieure, celle du Saint-Siège par exemple. Mais il fallait prévoir le cas où D. Sancho n'accepterait pas de se dépouiller des droits qu'il avait solennellement reçus à Ségovie et où les seigneurs qui lui avaient fait hommage comme futur roi ne consentiraient point à révoquer leurs serments : alors, les barons et les prélats de Castille qui n'avaient pas encore juré fidélité à l'infant, seraient appelés à prononcer entre lui et le fils de D. Fernando de la Cerda.

Un second traité[1] conclu comme le premier à Vitoria, le 7 novembre 1276, accordait une amnistie aux seigneurs navarrais qui s'étaient révoltés contre leur souveraine ; le roi de France s'engageait à les remettre en possession de leurs biens tandis que le roi de Castille, de son côté, pardonnerait à D. Juan Nuñez de Lara et à ceux qui l'avaient suivi dans son émigration ; ces derniers recevraient d'Alphonse X des revenus égaux à ceux qu'ils avaient perdus en attendant qu'on pût les gratifier de terres d'une valeur équivalente. Le lendemain 8 novembre, Enrique Perez de Harana, délégué à cet effet par le roi de Castille, jura sur les Évangiles que son maître observerait fidèlement les conventions passées avec les représentants de Philippe III et qu'il prêterait lui-même serment de s'y conformer[2].

Le comte d'Artois et ceux qui l'avaient assisté dans cette négociation ne pouvaient se flatter d'avoir remporté un succès diplomatique : si l'on considère le fond des choses, il est aisé de reconnaître qu'ils avaient cédé sur tous les points essentiels sans rien recevoir

1. Arch. nat., J. 600, n° 4, publié par F. Michel, *op. cit.*, p. 653.

2. Arch. nat., J. 599, n° 11, pièce just. n° IX. Enrique Perez de Harana, originaire de Biscaye, figure dans les diplômes d'Alphonse X, tantôt avec le titre de « portero mayor », tantôt avec celui de « repostero mayor » qui correspond à celui de maître d'hôtel (Salazar de Mendoza, *Origen de las dignidades seglares de Castilla y Leon*, Tolède, 1618, in-4°, fol. 76 verso).

en échange. Les articles de ces traités de Vitoria étaient sans exception à l'avantage du roi de Castille. Ils lui assuraient en effet un profit immédiat, à savoir la sécurité de sa frontière septentrionale puisqu'une trêve de longue durée était conclue avec la Navarre sous la garantie du roi de France. Quant à la succession de Castille, Alphonse le Savant gagnait tout, puisque Philippe s'engageait à respecter la décision des Cortès même défavorable à ses neveux ; or si la réunion de cette assemblée était plus que douteuse, car on la subordonnait à des conditions invraisemblables, on pouvait prévoir sans peine qu'au cas même où elle siégerait, elle ratifierait l'acte de Ségovie, faisant bon marché des discussions juridiques et des plaidoiries d'avocats. Et la sentence rendue par les prélats et les barons qui n'avaient point encore prêté serment au fils d'Alphonse X, ne prendrait aucune valeur pratique, car ces barons et ces prélats ne formaient qu'une minorité impuissante. Si le roi de Castille fut sincère en imaginant cette procédure et s'il n'eut pas seulement pour but de gagner du temps, il s'illusionnait singulièrement sur le pouvoir qu'il possédait ; il lui aurait fallu beaucoup d'énergie et d'autorité pour amener son fils à renoncer à des droits acquis et pour imposer à ses vassaux l'obligation de juger la cause pendante avec la sérénité d'un tribunal impartial.

En somme, les conventions de Vitoria restèrent lettre morte : Philippe III ne les ratifia point et l'état de guerre persista entre la France et la Castille.

VI

LA REINE YOLANDE EN ARAGON

Cependant, la désignation de l'infant D. Sancho comme héritier présomptif de la couronne de Castille ne laissait pas de troubler aussi les relations des membres de la famille royale.

La reine Yolande à qui son mari avait donné par sa conduite privée de nombreux sujets de plainte[1] ne put se résigner à voir ses petits-fils dépouillés de leur héritage ; craignant même que leur vie fût en danger, elle résolut de les soustraire aux mauvais desseins de D. Sancho qu'elle supposait capable de tout oser pour s'assurer la couronne. Sous prétexte de se rendre à Guadalajara, ville qui lui appartenait[2], elle quitta la cour, emmenant avec elle sa bru Blanche de France et les deux jeunes infants de la Cerda. Son intention secrète était de chercher un refuge auprès du roi d'Aragon son frère, qu'elle prévint de sa prochaine arrivée ; par Hita, Atienza et Sigüenza[3], elle gagna la frontière et la

1. Cf. Florez, *op. cit.*, t. II, pp. 537 et suiv.

2. Nous savons par la chronique de Jofré de Loaisa (*éd. cit.*, p. 23) qu'elle résida quelque temps au monastère bénédictin de Sopetran (prov. de Guadalajara).

3. Hita, prov. de Guadalajara, dist. jud. de Brihuega ; Atienza, chef-lieu de dist. jud. de la prov. de Guadalajara ; Sigüenza, *idem.*

franchit heureusement en dépit des ordres tardifs qu'Alphonse X avait donnés pour empêcher qu'elle ne sortît du royaume[1]. Ces événements se passaient dans les premiers jours de janvier 1277. Pierre III d'Aragon vint au-devant des fugitifs à Ariza et les conduisit à Calatayud[2]. Dans une lettre qu'il adressa alors à l'évêque de Ségovie[3], il expliqua qu'il avait voulu donner asile à sa sœur et aux petits-enfants de celle-ci qui ne se trouvaient plus en sûreté en Castille[4].

La fuite de la reine, suivant de près l'émigration des seigneurs de Lara et la rupture avec la France, porta à son comble l'irritation et l'inquiétude d'Alphonse X : il craignait en effet que sa femme ne poussât le roi d'Aragon à quelque acte d'hostilité contre lui. C'est pourquoi, après s'être vengé cruellement de deux personnages dont l'un était son propre frère, qu'il soupçonnait d'avoir conseillé ou favorisé la retraite d'Yolande[5], il mit tout en œuvre pour désarmer l'inimitié de son voisin. Celui-ci n'était au fond rien moins que disposé à prendre les armes en faveur des infants de la Cerda, mais il ne lui déplaisait pas que le royaume de Castille

1. *Crónica*, édit. cit., p. 53.

2. Ariza, prov. de Saragosse, dist. jud. d'Ateca ; Calatayud, chef-lieu de dist. jud. de la prov. de Saragosse.

3. Fernando Velasquez, évêque de Ségovie, mourut le 20 janvier 1277.

4. Zurita, *Anales de Aragon*, t. I, fol. 228 verso.

5. Zurita (*ibidem*) et Mondéjar (*op. cit.*, p. 345) pensent que l'infant D. Fadrique et Simon Ruiz de los Cameros qui périrent, l'un étouffé, l'autre brûlé, avaient conseillé à la reine de se retirer en Aragon, La *Crónica* (p. 53, col. 2), mentionne le supplice de ces deux personnages sans faire connaître les griefs d'Alphonse X : « ... é porque el rey sopo algunas cosas del infante D. Fadrique su hermano é de D. Ximon Ruiz... »

fût troublé par une querelle dynastique, et il se montra assez habile pour garder sous sa main ceux qui pouvaient prétendre au trône que D. Sancho se flattait d'occuper. Pierre III se servirait des fils de Blanche de France pour prendre ses avantages sur le roi de Castille ; lui-même et ses successeurs devaient, dans la suite, selon leurs intérêts du moment, tantôt retenir les infants de la Cerda dans une étroite captivité, tantôt les aider à soutenir leurs prétentions à la couronne.

Dès le mois de mars 1277, Alphonse X envoya donc des ambassadeurs en Aragon pour exposer ses griefs[1] : le départ de la reine avait eu lieu au mépris de sa volonté, et c'était un événement susceptible de causer de grands troubles dans le royaume. Pierre III s'empressa de dégager sa responsabilité : il ne pouvait fermer la frontière de ses États à aucun de ceux qui voulaient s'y réfugier, à sa sœur et à ses petits-neveux moins qu'à d'autres; tout d'ailleurs s'arrangerait aisément, attendu que la reine n'avait point eu le dessein de mécontenter son époux ; elle avait été égarée par le chagrin qu'elle ressentait de la mort de son fils D. Fernando et de celle de son frère l'archevêque de Tolède[2], survenues coup sur coup; il était naturel que pour la consoler, on laissât auprès d'elle ses petits-fils pendant qu'elle séjournerait en Aragon.

Les négociations qui commencèrent alors entre la

1. Zurita, *op. cit.*, t. I, fol. 230 recto.

2. D. Sancho II, archevêque de Tolède, avait été tué en 1275 dans un combat contre les Maures.

Castille et l'Aragon et qui traînèrent jusqu'aux derniers mois de 1278 sont entourées de mystère. Du côté castillan, elles furent conduites par l'infant D. Sancho, sinon à l'insu d'Alphonse X comme le prétend la *Crónica*[1] puisqu'on possède le texte d'une lettre adressée le 2 mars 1278[2] par Pierre III au souverain de Castille où il est fait allusion à ces négociations, du moins avec une très grande indépendance de la part de l'infant. Il était personnellement en termes affectueux avec son oncle. Que promit-il à celui-ci pour prix de ses bons offices? On ne le sait. Toujours est-il qu'ils finirent par s'entendre et que le roi d'Aragon qui ne tenait pas particulièrement à garder sa sœur auprès de lui, joignit ses instances à celles de son neveu pour engager la reine à retourner en Castille. Par contre, il tenait essentiellement à conserver en son pouvoir les infants de la Cerda : il refusa de les rendre, mais s'engagea sans doute à les mettre en sûreté afin qu'ils ne pussent passer en France, ce que D. Sancho redoutait par-dessus tout. Yolande, persuadée par son frère[3] et son fils, consentit à suivre ce dernier après que les frais de son séjour en Aragon eurent été soldés avec des fonds qui étaient destinés à un tout autre usage[4]; ses petits-fils qu'elle avait en vain réclamés furent gardés à vue en attendant qu'on les enfermât derrière

1. *Crónica*, éd. cit., p. 55, col. 1.
2. *Memorial histórico español*, t. I, p. 325.
3. Cf. une lettre de Pierre III à Yolande, datée du 12 juin 1279 (*Ibidem*, t II, p. 3).
4. *Crónica*, éd. cit., p. 55, col. 1 et 2

les solides murailles du château de Játiva[1]. La malheureuse Blanche de France abandonnée par sa belle-mère et séparée de ses enfants n'eut plus d'autre ressource que de se réfugier auprès de Philippe le Hardi ; elle recommanda ses fils au roi d'Aragon qui, par une lettre datée du 26 novembre 1278, s'engagea hypocritement à les tenir auprès de lui et à les traiter avec les égards qu'il leur devait comme parent et comme ami[2]. Sa sollicitude à leur endroit était telle qu'il ne voulut pas exposer leur santé aux fatigues d'un long voyage pendant l'hiver, lorsque le roi de France le pria, quelques années plus tard, de les amener à l'entrevue qu'il devait avoir avec lui[3]. Le pape Martin IV n'eut pas plus de succès en 1281 : Pierre III donna cette fois une raison tirée de la politique pour ne pas se rendre aux instances du Pontife qui le priait de laisser ces enfants rejoindre leur mère dont ils étaient la seule consolation[4].

---

1. Les infants de la Cerda furent enfermés à Játiva en 1281 (Zurita, *op. cit.*, t. I, fol. 236 recto).

2. *Memorial histórico*, t. I, p. 249.

3. *Ibidem*, t. II, p. 16 (Lettre du 13 janvier 1280).

4. *Ibidem*, t. II, p. 51. (Lettre du 6 décembre 1281). Le roi d'Aragon assurait au Pape qu'il prenait grand soin des deux jeunes princes; il prétendait que s'ils étaient remis au roi de France, celui-ci se montrerait plus exigeant pour faire la paix avec le roi de Castille; dans l'intérêt du rétablissement de la concorde entre les deux souverains auquel le Saint-Siège travaillait, il valait mieux, disait-il, que les infants de la Cerda demeurassent en Aragon. Ils étaient en réalité sequestrés et privés de communications directes avec leur mère. En 1285, un émissaire de Blanche fut surpris au moment où il essayait de s'approcher des princes. Pierre III écrivit à sa nièce pour se plaindre de ce que son envoyé se fût dissimulé et pour lui faire savoir sa ferme volonté que tous les messages qu'elle adresserait à ses fils, passassent par son intermédiaire (Lettre du 10 janvier 1285, dans Isidoro Carini, *Gli archivi e le biblioteche di Spagna*, Palerme, 1884, in 4°, II^a parte, pp. 58 et 59).

VII

INTERVENTION DU SAINT-SIÈGE

Philippe le Hardi avait, à l'automne de 1276, arrêté sa marche en avant et licencié ses troupes parce que la saison ne lui permettait pas de franchir les Pyrénées ; il avait même consenti à négocier avec son adversaire, mais le résultat de ces pourparlers ne lui sembla certainement pas satisfaisant ; il ne ratifia pas l'œuvre de ses mandataires à Vitoria et persista à soutenir par les armes les prétentions de ses neveux à l'héritage de Castille. Son dessein était si peu douteux que le pape Jean XXI le menaçait de prononcer contre lui une sentence d'excommunication et de mettre le royaume en interdit s'il attaquait Alphonse X : c'est par une lettre datée de Viterbe, le 3 mars 1277, que le Pontife chargeait son légat Simon de Brie, cardinal du titre de Sainte-Cécile, de notifier à Philippe le Hardi la résolution qu'il avait prise de le frapper aussi sévèrement s'il venait à négliger ses avertissements, la situation de la Terre sainte et l'urgente nécessité d'entreprendre une nouvelle croisade lui faisant un devoir d'user de pareille rigueur envers les princes chrétiens qui employaient leurs forces les uns contre les autres au lieu de les tourner contre les infidèles[1]. Dès l'automne de l'année précédente, informé de la marche du roi vers les Pyrénées, il avait, le 15 octobre 1276, envoyé à ce prince le maître des Frères Prêcheurs, Jean de Verceil, et le ministre général des Frères Mineurs, Jérôme Mascio, pour l'exhorter à la paix[2]. Ces deux religieux, qui depuis lors étaient sans doute restés en France, reçurent en même temps que le cardinal de Sainte-Cécile (mars 1277), la mission d'incliner Philippe III à la concorde, en le menaçant des censures ecclésiastiques[3]. Il est possible que celui-ci ait tenu compte des objurgations du Pape ; du moins constatons-nous que le printemps arriva et passa sans que l'armée ait été de nouveau rassemblée et mise en marche vers la frontière.

On trouve la preuve de l'activité diplomatique des légats pontificaux dans un projet[4] qu'ils rédigèrent d'accord avec quelques conseillers du roi de France, sans doute dans le cours de l'année 1277, pour amener un accommodement entre ce prince et son adversaire ;

---

1. *Annales ecclesiastici*, éd. Theiner, t. XXII, p. 385.
2. *Ibidem*, p. 383.
3. *Ibidem*, p. 385.
4. Arch. nat., J. 915, n° 12. Ce document est ainsi intitulé : « Hic est tractatus habitus inter quosdam consiliarios regis Francorum et discretos ac religiosos viros fratrem Johannem, magistrum ordinis Predicatorum, et Jeronimum, ministrum generalem Minorum, super forma treuge ineunde inter Francorum et Castelle illustres reges ineunde... » Il n'est point daté, mais il semble qu'on peut sans témérité le rapporter à l'année 1277 : en effet, il y est question de la trêve négociée en novembre 1276 entre Alphonse X et le comte d'Artois ; d'autre part, Jean de Verceil et Jérôme Mascio y sont qualifiés, l'un maître de de l'ordre des Frères Prêcheurs, l'autre de ministre général des Frères Mineurs, et nous savons que le premier devint en 1278 patriarche de Jérusalem tandis que le second fut créé cardinal la même année.

des termes de ce projet, il semble résulter que de nouvelles négociations étaient engagées avec la Castille. Avant tout, on conclurait une trêve pendant la durée de laquelle Alphonse X et Philippe III auraient une entrevue, le premier venant à Bayonne et le second dans la localité voisine qui lui conviendrait le mieux, accompagné d'une nombreuse suite comme c'était sa coutume, mais sans aucun appareil guerrier. La majeure partie des articles du projet étaient relatifs aux seigneurs navarrais qui, au mépris de la suspension d'armes établie au mois de novembre 1276, avaient persévéré dans leur révolte contre le gouvernement de la reine Jeanne et du roi de France son protecteur : Philippe leur ferait droit suivant les coutumes du pays ; c'était là du reste tout ce que le roi de Castille s'était engagé à obtenir pour eux ; l'entrée de la Navarre demeurait interdite à ces rebelles, mais on leur laisserait durant la nouvelle trêve les châteaux qu'ils occupaient et on leur permettrait de les ravitailler sous certaines conditions. On sait que ces propositions furent communiquées à Alphonse le Savant qui, plus tard, jugea bon de les utiliser comme bases de nouveaux pourparlers[1], mais il ne paraît pas qu'on soit parvenu en 1277 à mettre un terme à l'état de guerre officiellement déclaré entre la Castille et la France, ni à fixer la date d'une conférence personnelle des deux rois.

La paix était si peu assurée que Jean de Verceil

1. Cf., plus bas, p. 65.

et Jérôme Mascio demeurèrent auprès de Philippe le Hardi pour l'entretenir dans des sentiments pacifiques. Leur présence à la cour de France semblait assez utile pour que durant la vacance du Siège apostolique survenue par la mort de Jean XXI au mois de mai 1277, le collège des cardinaux ne voulût point que leur mission fût interrompue et confirmât leurs pouvoirs en les félicitant du résultat qu'avaient déjà obtenu leurs efforts[1]. Quelques jours à peine après son élection, le 2 décembre, le nouveau pape, Nicolas III, écrivit aux rois de France et de Castille pour les presser de mettre un terme à leur querelle et d'accepter à cette fin les bons offices des légats désignés par son prédecesseur; de plus, il leur faisait porter des conseils d'accommodement par la bouche de deux autres personnages le F. Jean de Viterbe, procureur des Dominicains, envoyé à Philippe le Hardi[2], et le Franciscain Benvenuto, dépêché à Alphonse X[3]. Le cardinal de Sainte-Cécile, Jean de Verceil et Jérôme Mascio étaient invités à redoubler d'instances pour que le roi de France renonçât à faire la guerre[4]. Bientôt après, voulant récompenser le zèle de ses mandataires et donner à leur parole plus d'autorité, le nouveau Pontife appelait le ministre général des Frères Mineurs à faire partie du Sacré Collège et nommait le maître des Frères Prêcheurs au patriarcat de Jérusalem.

1. *Annales ecclesiastici*, éd. cit., t. XXII, p. 402,
2. Jules Gay, *Registres de Nicolas III*, p. 79, n° 222.
3. *Ibidem*, n° 223.
4. *Ibidem*, p. 80, n°s 224 et 225.

Au printemps de 1278, les craintes d'un conflit armé se réveillèrent et le Pape crut devoir mander à ses légats, le 4 avril, de redoubler d'efforts et de publier les censures ecclésiastiques contre quiconque engagerait les hostilités[1]. Cependant Jean de Viterbe, revenu à la cour de Rome rendit compte au Pontife de l'état des affaires en France et même en Castille, car Jérôme Mascio et Jean de Verceil avaient reçu de ce pays des renseignements : Philippe III avait consenti à proroger d'un mois la réunion de son armée, fixée d'abord au 1er avril, et Alphonse X avait paru de son côté, prêter l'oreille aux conseils pacifiques du F. Benvenuto; celui-ci de son côté annonça que le souverain espagnol, pour se mieux expliquer avec le Pape, avait décidé de lui envoyer l'évêque d'Oviedo. Le 24 avril, Nicolas III se félicita de la bonne volonté dont les deux adversaires faisaient preuve; il enjoignait à Jérôme Mascio et à son compagnon de poursuivre leur tâche pour obtenir un résultat plus satisfaisant encore ; il les autorisait à regagner la cour pontificale si tout danger était écarté et si leur absence ne devait pas compromettre la paix[2].

Quoique la guerre ne commençât pas, les deux légats jugèrent prudent de rester en France et la situation demeurant la même, le Pape adressa aux deux rois, le 15 juillet, un solennel appel en faveur de la concorde[3]; pour les rapprocher, il proposa que leurs

1. Gay, *op. cit.*, p. 90, nos 239 et 240.
2. *Ibidem*, p. 91, n° 241.
3. Arch. nat., J. 600, n° 15, pièce just. n° xi; — Gay, *op. cit.*, p. 98, n° 261.

plénipotentiaires se rencontrassent sous la médiation de Jérôme Mascio et de Jean de Verceil. A ceux-ci, il adjoignait un troisième personnage, le cardinal Gerardo Bianchi, du titre des Douze-Apôtres, qui se rendrait avec eux à Toulouse vers la fête de saint Luc (18 octobre) : cette ville, située non loin des frontières d'Espagne, lui paraissait convenir parfaitement à la tenue des conférences. Nicolas III conjurait Philippe le Hardi d'y déléguer des ambassadeurs munis de pleins pouvoirs pour conclure avant toutes choses une trêve et pour fixer ensuite avec les représentants du roi de Castille le lieu et la date d'une entrevue où les souverains régleraient à l'amiable toutes les difficultés élevées entre eux. Il annonçait à son correspondant qu'il faisait une démarche analogue auprès d'Alphonse et ajoutait qu'ayant appris que celui-ci était gravement malade, il lui demandait de consentir à ce qu'en cas d'empêchement de sa part, l'infant D. Sancho fût autorisé à désigner les mandataires qui prendraient part aux conférences de Toulouse. Il terminait en priant le roi de France de donner les ordres nécessaires pour que les envoyés de Castille jouissent d'un sauf-conduit tant à l'aller qu'au retour.

A la même date et dans des termes presque identiques, Alphonse X était sollicité par le pontife de consentir à cette réunion destinée à préparer une paix définitive[1]. Jérôme Mascio et Jean de Verceil recevaient également

1. Gay, *op. cit.*, p. 98, n° 262.

avis de l'époque et du lieu fixés pour la rencontre des plénipotentiaires; on leur mandait de remplir le rôle de médiateurs d'accord avec le cardinal Gerardo Bianchi [1]. Enfin, le 3 août, Nicolas III enjoignait au cardinal de Sainte-Cécile qui résidait le plus ordinairement auprès du roi de France, de ne rien négliger pour entretenir ce prince dans des sentiments pacifiques et lui persuader d'envoyer à Toulouse ses mandataires munis de pouvoirs suffisants [2].

Philippe le Hardi ne se montra point rebelle aux suggestions pontificales, et ses délégués se trouvèrent, en compagnie des légats, exacts au rendez-vous assigné, (octobre 1278). On n'attendait plus que les plénipotentiaires d'Alphonse X pour ouvrir les négociations. A leur place, on vit arriver un certain Jean de Galice qui était uniquement chargé d'avertir les cardinaux et le patriarche de Jérusalem que le roi de Castille ne jugeait pas conforme à sa dignité de traiter dans une ville qui appartenait à son adversaire et d'ailleurs trop éloignée de l'endroit où il se trouvait lui-même pour être à même de se tenir constamment au courant des questions qui se discuteraient : il proposait que les conférences fussent tenues en territoire neutre, soit à Perpignan, soit à Bayonne. Il était impossible de faire droit à cette réclamation tardive : les légats du Pape ni les mandataires du roi de France n'avaient les pouvoirs nécessaires pour changer ainsi le lieu de

1. Gay, *op. cit.*, p. 98, n° 263 ; p. 101, n° 273.
2. *Ibidem*, p. 99, n° 264.

l'assemblée sans prendre les ordres de leurs souverains respectifs ; il ne leur restait qu'à se séparer, ce qu'ils firent.

La susceptibilité montrée par Alphonse X sur un point secondaire faisait donc ajourner les pourparlers indispensables pour amener la paix ou même conclure une trêve. La question de dignité mise ainsi en avant n'était autre chose qu'un prétexte pour se dérober à ces conversations. On ne s'éloignera sans doute pas de la vérité en reconnaissant là l'influence de D. Sancho, influence qui s'exerçait alors avec d'autant plus de force que le roi était, comme on l'a vu, malade. L'infant savait que son père désirait un accommodement ; il sentait que pour traiter, on serait contraint de céder quelque chose, et comme il répugnait à la pensée de laisser amoindrir l'héritage qu'il considérait comme sien, il s'employait à faire échouer toute négociation et tout projet d'entrevue entre Alphonse X et le roi de France.

Lorsque Nicolas III apprit ce qui venait de se passer, il se montra extrêmement mécontent et adressa le 29 novembre au roi de Castille une lettre pleine de reproches[1]: il refusait d'accepter comme valable le prétexte invoqué et soutenait qu'il avait eu de bonnes raisons pour désigner Toulouse comme siège des conférences ; n'était-ce pas à lui d'ailleurs, médiateur accepté par les deux parties, qu'il appartenait de choisir le

1. Gay, *op. cit.*, p. 139, n° 387.

lieu où l'on traiterait? Et quant à la prétention émise par Alphonse X de se trouver à portée des négociateurs, il la raillait. Aurait-il fallu que les légats et les envoyés du roi de France entrassent en Espagne et suivissent le monarque castillan jusqu'aux frontières du pays des Maures pour lui complaire? Il reprochait à son correspondant la contradiction de son attitude présente avec les sentiments qu'il avait exprimés naguère au F. Benvenuto. Le Pape cependant ne renonçait pas à l'espoir de rapprocher les deux rois, et sans perdre de temps, fixait dès lors un rendez-vous nouveau à leurs mandataires : ceux-ci se rencontreraient en Gascogne dans les États du roi d'Angleterre, Édouard Ier, qui entretenait les meilleures relations avec Philippe le Hardi aussi bien qu'avec Alphonse X son beau-frère. Ces nouvelles conférences se tiendraient aux environs du 1er mars 1279, dans la ville que choisiraient les légats.

Tandis que le roi de Castille était ainsi blâmé, le roi de France recevait les félicitations de Nicolas III pour la déférence filiale dont il avait donné la preuve à l'égard du Saint-Siège ; on l'avisait de la prochaine réunion et on l'invitait à y déléguer ses réprésentants[1]. En même temps, le Pape écrivait aux deux cardinaux et au patriarche de Jérusalem pour leur enjoindre de suivre les négociations dans leur nouvelle phase et d'aider à leur heureuse issue[2].

Sur ce congrès qui se tint à Bordeaux, probablement

1. Gay, *op. cit.*, p. 137, n° 386 (29 novembre 1278).
2. *Ibidem*, p. 137, n° 385.

à l'époque indiquée par le Pape, on ne possède point de renseignement ; nous savons seulement par une lettre pontificale qu'il n'aboutit à aucun résultat. Non seulement la paix n'en sortit point, mais il fut même impossible d'établir une trêve : Nicolas III déplora cet échec dans une bulle adressée le 9 juin 1279 à Alphonse X ; il y rappelait tous les efforts que son prédécesseur et lui-même avaient faits pour rétablir la concorde[1].

Il semble que le Pontife ait été quelque peu découragé par le mauvais succès de ses tentatives et qu'il se soit effacé pour laisser le champ libre à un autre médiateur. Nous le voyons cependant, au début de 1280, plaider encore la cause de la paix, d'une paix d'autant plus nécessaire que les nouvelles reçues de Terre sainte étaient plus inquiétantes ; les infidèles y faisant chaque jour des progrès et les chrétiens de Palestine réclamant avec instance un prompt secours. Nicolas III, comme les autres Papes, rêvait toujours d'unir les souverains d'Europe pour un suprême effort en Orient. Aussi communiqua-t-il à Philippe le Hardi et à Alphonse X les renseignements qu'on lui avait envoyés, espérant que leur piété serait émue et qu'ils auraient à cœur de terminer au plus tôt leurs querelles particulières pour se consacrer à la grande œuvre de la Croisade. Afin d'agir plus fortement sur l'esprit du roi de Castille, il lui envoya, avec sa lettre datée du 20 février 1280, un

1. *Annales ecclesiastici* éd. cit., t. XXII, p. 455

Templier qui arrivait de Syrie, pensant que la parole de ce témoin oculaire de la détresse des chrétiens d'outre-mer serait plus éloquente et persuasive que toutes les objurgations écrites[1]. En même temps, le Saint-Père ordonnait à l'archevêque de Tours et sans doute aux autres prélats de France de faire réciter des oraisons spéciales pour la paix et accordait une indulgence partielle aux fidèles qui prieraient à la même intention[2].

1. *Annales ecclesiastici*, éd. cit., t. XXII, p. 475.
2. *Ibidem*. Cf. Langlois, *op. cit.*, p. 117.

VIII

MÉDIATION D'ÉDOUARD Ier ET DU PRINCE DE SALERNE

Peu de temps après l'échec des conférences de Bordeaux, de nouveaux pourparlers furent entamés entre Philippe le Hardi et Alphonse le Savant. C'est par une dépêche d'un agent que le roi d'Angleterre entretenait à la cour de France que nous connaissons l'existence de ces négociations. Au début de juillet 1279, des ambassadeurs castillans vinrent à Paris : ils proposèrent que les souverains eussent une entrevue et demandèrent certaines rectifications de la frontière de Navarre. Philippe accepta de se rencontrer avec son adversaire à Beaucaire à la mi-carême de la prochaine année. Ce premier pas dans la voie de la concorde amena l'abandon des préparatifs militaires qu'on faisait alors en France pour une campagne qui aurait commencé l'hiver[1].

A peu près à la même époque, Édouard Ier reprit la

1. Rymer, *Fœdera, conventiones*, etc... R. E., vol. I, ps. II, p. 575. (6 juillet 1279). « Item super via Ispaniæ, barones Franciæ ad mensem post festum Omnium Sanctorum se congregare debebant ; et propter vistam dictorum regum, est illud dilatum, ut intelleximus, et specialiter donec audierint quid vestri nuncii quos in Ispaniam mittitis expedierint de treuga vel de pace. » — Cf. Langlois, *op. cit.*, pp. 117 à 122.

III

1, 2, 3. Sceaux de l'infant D. Fernando de La Cerda.
4. Sceau de Blanche de France.

tâche où le Pape avait échoué. On ne sait si sa médiation fut sollicitée ou s'il l'offrit spontanément : le 26 novembre 1279, deux ambassadeurs qu'il avait envoyés en Castille obtinrent d'Alphonse X une suspension d'armes d'un an, comprenant la France et la Navarre et qui devait commencer à la prochaine fête de Noël[1]. Quoique aucun document n'en fournisse la preuve, on peut considérer comme certain que Philippe, de son côté, accepta cette trêve. Quant à l'entrevue projetée des deux princes à Beaucaire, elle n'eut pas lieu, nous ne savons pour quelles raisons. Mais, en 1280, le 23 mai, le roi de Castille, toujours à la suggestion d'Édouard Ier, consentit à proroger pour une année et même pour une durée plus longue l'armistice précédemment conclu ; il demanda seulement que les conditions, en ce qui regardait la Navarre, fussent les mêmes que celles qui avaient été fixées jadis en une circonstance semblable par les légats pontificaux Jérôme Mascio et Jean de Verceil[2]; il envoya copie de ce document au roi d'Angleterre[3]. Le 1er juin, on détermina la durée de cette nouvelle trêve : elle commencerait à la prochaine Nativité de saint Jean-Baptiste (24 juin 1280) et durerait jusqu'à la Saint-Martin d'hiver 1282[4].

Tous ces actes qui ont laissé des traces dans les archives prouvent à l'évidence qu'Alphonse le Savant avait accepté dès 1279 les bons offices d'Édouard Ier

1. Rymer, *éd. cit.*, vol. I, ps. II, p. 576.
2. *Ibidem*, p. 576.
3. *Ibidem*, p. 581.
4. *Ibidem*, p. 581. — Cf. Langlois, *op. cit.*, pp. 117-122.

pour apaiser son différend avec le roi de France. Aussi est-il impossible d'expliquer pourquoi il eut simultanément l'idée de s'adresser pour le même objet à un prince avec lequel il n'avait jusqu'alors, semble-t-il, entretenu aucunes relations. C'était Charles de Salerne, fils du duc d'Anjou et cousin germain par conséquent de Philippe le Hardi. Crut-il que ce personnage aurait à la cour de France plus de crédit que le roi d'Angleterre? Eut-il quelque raison cachée de se défier d'Édouard Ier? ou bien l'infant D. Sancho voyant le progrès des négociations conduites par ce prince voulut-il en interrompre le cours et persuada-t-il à son père d'abandonner la besogne déjà faite pour recommencer sur de nouveaux frais? On l'ignore. Le seul fait certain c'est que dans le moment même où Alphonse X laissait les ambassadeurs anglais s'employer à établir des trêves en attendant la paix définitive, trêves auxquelles il donnait son approbation, il demandait à Charles de Salerne de servir de médiateur entre le roi de France et lui.

L'archidiacre d'Astorga, Pelayo Perez, un chevalier qui avait la charge de « portero » de la chambre du roi de Castille, nommé « Bellus de Arculis » et un protonotaire, Pedro de Regio, étaient à Aix-en-Provence le 20 mai 1280, et exposaient au fils de Charles d'Anjou que leur maître le priait de fixer d'accord avec le roi de France le lieu et la date de l'entrevue depuis si longtemps projetée, en l'invitant à prendre part aux négociations qui précéderaient le rétablissement de la paix[1]. Alphonse le sollicitait d'accepter cette mission comme la personne en qui il avait plus de confiance, comme celle que son adversaire verrait aussi avec le plus de plaisir s'entremettre dans une telle affaire.

Le prince de Salerne fut peut-être étonné de recevoir ce témoignage inattendu d'estime et d'amitié, mais il ne se déroba point ; quittant la ville d'Aix, il partit pour Paris avec les ambassadeurs castillans afin d'obtenir l'agrément de son cousin à l'ouverture de nouvelles négociations qu'il dirigerait. Philippe ayant accepté, on prit les arrangements préparatoires aux conférences qui devaient se tenir dans la quinzaine qui suivrait la prochaine fête de Saint-Michel (29 septembre) : le roi de France se rendrait à Mont-de-Marsan, celui de Castille à Bayonne, tandis que le médiateur établi à Dax, irait de l'un à l'autre porter les propositions d'accord et transmettre les réponses ; lorsqu'on serait parvenu à s'entendre, le prince de Salerne choisirait le lieu où les deux souverains se rencontreraient.

Alphonse X accepta ces dispositions préliminaires par un acte daté de Séville le 15 août 1280[2] et promit de s'y conformer en ce qui le regardait. C'étaient deux messagers du prince angevin qui les lui avaient communiquées. Le même jour, il ratifia aussi la trêve que Charles de Salerne avait établie entre les deux royaumes ; elle devait durer jusqu'à la prochaine Saint-Michel et

---

1. Arch. nat., J. 600, n° 16, pièce just., n° XII.
2. Arch nat., J. 600, n° 17 bis, pièce just., n° XIII.

depuis cette époque pendant une année[1]. L'infant D. Juan[2] prêta serment de l'observer. L'abstention de D. Sancho mérite d'être signalée : on peut en conclure que l'héritier de la couronne désapprouvait les négociations en cours et n'attendait que l'occasion de les faire échouer. Du bénéfice de cette suspension d'armes se trouvaient exclus d'une part les émigrés castillans et nommément D. Juan Nuñez de Lara et D. Lope Diaz de Haro ; de l'autre, les barons de Navarre qui s'étaient soustraits à l'autorité de leur souveraine et du roi de France, tuteur de cette princesse, l'un et l'autre monarque s'engageant à ne donner à ces rebelles ni asile ni secours.

Il ne semble pas que Philippe le Hardi ait fait d'objection en voyant son cousin d'Anjou prendre en mains la direction des négociations qui se poursuivaient depuis plusieurs années déjà entre Alphonse X et lui-même ; il dut être surpris du choix que son adversaire avait fait, plus surpris encore de voir celui-ci recourir à un médiateur nouveau alors qu'un autre avait déjà été agréé par les deux parties et n'était point resté inactif. Il est constant, en effet, qu'Édouard 1er s'était employé avec zèle à chercher un terrain d'entente entre la France et la Castille et à faire suspendre les hostilités. Le roi d'Angleterre n'avait point échoué dans la tâche qu'il avait assumée : en lui retirant brusquement sa confiance, Alphonse le Savant commettait à son égard une injure caractérisée. Philippe III ne voulut pas se

1. Arch. nat., J. 600, n° 17, pièce just. n° xiv.
2 D. Juan, 3e fils d'Alphonse X et d'Yolande d'Aragon.

rendre complice d'une telle discourtoisie. Le 2 juillet 1280, il annonça à Édouard Ier, sans y ajouter de commentaires, la venue du prince de Salerne et des ambassadeurs castillans, le mit au courant des arrangements convenus et le pria d'autoriser le souverain de Castille à se rendre à Bayonne et à séjourner dans ses domaines[1]. Informé ainsi officiellement, le roi d'Angleterre le fut également par les rapports de ses agents en France, rapports où perce le dépit que ceux-ci éprouvèrent en constatant l'extraordinaire sans-gêne avec lequel en usait Alphonse X envers leur maître[2].

Quelques jours après, pour atténuer encore l'effet de ce manque d'égards, Philippe III invitait le roi d'Angleterre à venir à Mont-de-Marsan et à se tenir auprès de lui pendant le cours des négociations[3]; il chargeait en outre le porteur de sa lettre, un exilé espagnol nommé Alexandre de Loaisa, de certaines communications verbales qui avaient sans doute pour but de dissiper chez le souverain anglais tout soupçon que le roi de France dédaignât ses bons offices pour la conclusion de la paix.

Édouard Ier supporta son humiliation d'une âme sereine et, comme on le lui demandait, donna des ordres au maire et aux jurats de Bayonne ainsi qu'au sénéchal de Gascogne pour que le roi de Castille fût accueilli sur ses terres en ami et avec les honneurs dus

1. Rymer, *éd. cit.*, vol. I, ps II, p. 582.
2. *Ibidem*, p. 583 (3 et 5 juillet 1280).
3. *Ibidem*.

à son rang[1]. Il ne manqua pas d'en informer le prince de Salerne et Philippe le Hardi, non sans faire, dans la lettre qu'il adressa à ce dernier, une discrète allusion aux efforts qu'il avait tentés pour ramener la concorde entre la France et la Castille ; Alphonse, disait-il, avait dû le trouver négligent et endormi puisqu'il s'était adressé à une autre personne et l'avait relevé de sa tâche[2]. Il s'excusa d'ailleurs de ne point venir à Mont-de-Marsan, sur les devoirs qui exigeaient sa présence en Angleterre. Que faisaient pendant ce temps les messagers qu'il avait envoyés à Alphonse X[3]? On ne saurait le dire ; mais ceux-ci rejoignirent leur maître au mois d'août, rapportant une réponse et des renseignements dont nous ignorons la teneur : le 19 de ce mois, Édouard Ier s'empressa d'en donner connaissance à Philippe le Hardi[4].

Fidèle aux engagements pris, le roi de France se mit en route dans les premiers jours de septembre pour gagner la Gascogne ; moins exact, Alphonse le Savant ne se trouva au rendez-vous qu'au mois de décembre[5].

---

1. Rymer, *éd. cit.*, vol. I, ps. II, p. 584.
2. *Ibidem.*
3. *Ibidem*, p. 585 (21 juillet 1280).
4. *Ibidem*, p. 586.
5. La *Cronica* (éd. cit.), p. 58, indique à tort le mois de décembre comme date de l'entrevue projetée. Les documents que nous avons cités prouvent qu'Alphonse lui-même avait accepté de se rendre à Bayonne dans la quinzaine qui suivait la fête de saint Michel, c'est-à-dire pendant la première moitié d'octobre. La même chronique et Zurita se trompent également en disant que le roi de France était à Sauveterre. Enfin, Guillaume de Nangis fait erreur en plaçant à cette date l'intervention du Pape et l'envoi des deux légats, Jean de Verceil et Jérôme Mascio (*Historiens de France*, t. XX, p. 514).

Les conférences entre les plénipotentiaires des deux rois se tinrent à Dax, résidence du prince de Salerne ; au bout d'une semaine environ, celui-ci vint à Bayonne et demanda au roi de la Castille d'indiquer quelles concessions il était disposé à faire. Alphonse offrit de donner aux infants de la Cerda le royaume de Jaen sous sa suzeraineté et celle de ses successeurs. Philippe, de l'avis de son conseil, repoussa cette proposition comme insuffisante : il n'aurait accepté pour ses neveux que le royaume de Castille ou celui de Léon avec d'autres avantages encore[1]. Tout accord étant impossible sur ces bases, les négociations furent rompues. Notons que l'infant D. Sancho avait suivi son père à Bayonne ; son influence ne s'exerça certainement pas dans un sens favorable à l'entente et il dut empêcher le roi de faire des offres plus généreuses.

Quittant Mont-de-Marsan le 20 décembre, le roi de France célébra la Noël à Moissac et vint à Toulouse où il devait rencontrer les souverains d'Aragon et de Majorque : il y eut des fêtes, des échanges de cadeaux, mais la véritable cordialité manqua : d'une part la rivalité entre Angevins et Aragonais en Sicile perçait déjà et d'autre part la question des infants de la Cerda était une cause de dissentiment entre les deux princes. Philippe désirait qu'ils lui fussent remis et Pierre III, qui n'entendait pas les livrer, avait refusé de les amener

1. Rymer, *éd. cit.*, vol. I, pars II, p. 588 (dépêche de Jean de Grailly à Edouard Ier, 23 décembre 1280). Ce document est daté dans le recueil de l'année 1281, par suite d'une faute d'impression sans doute.

à Toulouse sous prétexte de ne pas exposer leur santé à un voyage d'hiver. Il promit seulement de s'entremettre pour réconcilier la France avec la Castille; sa bonne volonté et sa bonne foi étaient plus que douteuses, car deux mois après il ne laissait pas de conclure avec Alphonse X à Campillo, le 27 mars 1281, un traité[1] qui ne tendait à rien moins qu'au partage de la Navarre et à une action commune contre Philippe le Hardi qui avait la garde de ce royaume.

Le Saint-Siège cependant avait suivi la marche des négociations de Bayonne ; leur échec réveilla à la cour de Rome les craintes d'un conflit armé. On se souvient que les deux souverains avaient, sous les auspices du prince de Salerne, consenti à une trêve qui devait expirer le 29 septembre 1281. Au mois d'août de cette année, le 22, Martin IV adressa à Philippe le Hardi, une bulle datée d'Orvieto[2] dans laquelle il déplorait les dangers que les querelles des rois faisaient courir à la chrétienté ; il le priait de proroger la trêve pour une durée de dix ans ou un terme plus long encore : on aurait ainsi le loisir de résoudre pacifiquement toutes les questions

1. Arch. nat., J. 600, n° 30, pièce just. n° xv, Campillo de Aragon, prov. de Saragosse, dist. jud. d'Ateca. — Il paraît que l'infant D. Sancho qui assista à cette entrevue de Campillo, afin de se mieux concilier l'amitié du roi d'Aragon, promit secrètement à celui-ci de lui abandonner la portion de la Navarre dévolue à la Castille au cas où la conquête ne serait effectuée qu'après la mort d'Alphonse X (Modesto Lafuente, *Historia general de España*, t. vi, p. 88, d'après un document des archives de la couronne d'Aragon).

2. Arch. nat., J. 600, n° 19, pièce just. n° xvi.

pendantes. Il rappelait les efforts infructueux déjà faits par ses prédécesseurs et offrait encore ses bons offices pour travailler à rétablir la concorde. Cette bulle devait être remise à son destinataire par un chapelain du Pape nommé Simon, qui était archidiacre de Chartres ; ce personnage avait la mission d'entretenir le roi de ce sujet auquel Martin IV attachait tant d'importance ; il était chargé de rapporter une réponse qu'on espérait devoir être favorable. Nous ne connaissons point cette réponse et nous ne savons si la trêve fut officiellement prolongée.

Le roi d'Angleterre que le mauvais succès de sa tentative de l'année précédente n'avait ni découragé ni aigri était prêt lui aussi à s'employer pour que les négociations fussent renouées. Le 3 juillet 1281, il écrivit à Alphonse X, afin de lui proposer une fois encore sa médiation ; il ajoutait qu'il comptait se rendre en Gascogne au mois de septembre et que si le roi voulait se rapprocher de la frontière, il aurait volontiers une entrevue avec lui[1]. Le même jour, il offrait à Philippe III ses services et lui demandait l'autorisation de prolonger la trêve[2]. Le roi de France ne répondit pas immédiatement et dans l'intervalle, la lettre de Martin IV étant arrivée, la médiation du Pape fut préférée à celle d'Édouard Ier. Philippe eut soin toutefois de remercier celui-ci et de le prévenir que l'affaire avait été confiée

1. Rymer, *éd. cit.*, vol. I, ps. II, p. 594.
2. *Ibidem.*

au Saint-Siège[1]; le 20 décembre 1281, le roi d'Angleterre souhaita bon succès à l'intervention pontificale, augurant qu'en de telles mains « la chose vendra a grant bien »[2].

---

1. Bibliothèque nationale, Moreau 689, fol. 148 (6 novembre 1281).

2. Rymer, *éd. cit.*, vol. I, ps. II, p. 600.

IX

RUPTURE ENTRE ALPHONSE X ET L'INFANT D. SANCHO

Alphonse le Savant, de son côté, ne refusait pas de reprendre avec le roi de France la conversation interrompue à Bayonne ; il y fut sans doute invité par le Saint-Siège. Mais son désir d'obtenir la paix en attribuant aux infants de la Cerda une compensation raisonnable, était entravé et combattu par D. Sancho qui refusait obstinément de céder une partie si petite qu'elle fût de l'héritage qui lui serait dévolu un jour. Le roi, dominé par une volonté si ferme et si impérieuse, n'osait la contrarier ouvertement ; il imagina alors d'avoir recours à un moyen détourné pour communiquer avec le Pape. Chargeant officiellement l'évêque d'Oviedo, Frédol[1], de se rendre à Rome afin de solliciter l'autori-

1. Suivant la *Crónica* (éd. cit., p. 60, col. 1), cet évêque d'Oviedo qu'elle nomme D. Fredulo était toscan d'origine. C'est une erreur, il était français et s'appelait Frédol de Saint-Bonnet; avant de devenir évêque d'Oviedo, il avait été chanoine de Maguelonne et prieur de Lunel. Le pape Grégoire X l'avait chargé en 1275 de dissuader Alphonse le Savant de venir à Beaucaire soutenir ses prétentions à l'Empire (*Histoire du Languedoc*, nouvelle édition, t. IX, p. 47). Les auteurs de cette histoire se trompent en disant qu'il fut depuis évêque d'Orvieto : c'est *Oviedo* qu'il faut lire Du siège d'Oviedo, Frédol fut transféré à celui du Puy (cf. Eubel, *Hierarchia catholica*).

sation de lever une taxe sur les biens du clergé pour faire face aux dépenses de la guerre contre les Maures, le roi de Castille confia à ce prélat une mission secrète qui avait trait à des pourparlers nouveaux avec Philippe le Hardi. Mais D. Sancho que ses soupçons tenaient toujours en éveil, ne fut pas dupe de cette feinte et s'opposa au départ de Frédol[1].

Alphonse X, lassé de sa propre faiblesse et du joug humiliant que son fils faisait peser sur lui, eut un mouvement d'énergie et résolut de déclarer ses véritables intentions. Mais l'infant était si redouté et son intransigeance si connue que le souverain eut grand'peine à trouver parmi ses conseillers celui qui accepterait de notifier à D. Sancho la volonté royale. Un seul consentit à remplir une si dangereuse commission : c'était un religieux dominicain nommé Aimar qui venait de recevoir l'évêché d'Avila. L'accueil qu'il reçut justifia les craintes, car l'héritier du trône traita l'infortuné messager d'audacieux et de fou, ajoutant que seul son caractère sacré lui épargnait un châtiment capable de servir d'exemple à ceux qui se permettraient de lui porter de semblables communications. Alphonse, furieux de l'attitude de son fils, déclara qu'il se chargeait de lui faire entendre raison. L'entrevue fut orageuse, et le roi n'ayant rien obtenu par la persuasion finit par menacer D. Sancho de le déshériter ; celui-ci lui répliqua alors : « Seigneur, ce n'est pas vous qui

1. *Crónica,* éd. cit., p. 60, col 1.

m'avez fait ce que je suis, c'est Dieu, car il a permis la mort de mon frère aîné qui aurait dû règner après vous, et s'il a permis sa mort, c'est afin que je règne ; vous devriez vous excuser de la parole que vous venez de prononcer, car un jour viendra où vous regretterez de l'avoir dite »[1].

Une scène aussi grave et où des paroles d'une telle violence avaient été échangées devait précipiter une rupture entre le père et le fils, rupture inévitable du moment qu'Alphonse X persistait à se vouloir affranchir d'une tutelle qu'il avait pendant plusieurs années subie plus ou moins docilement. Mais son autorité royale aussi bien que son autorité paternelle allait être méconnue. D. Sancho groupa facilement autour de lui les mécontents et les turbulents qui étaient nombreux, rappela les exilés et entre autres D. Lope Diaz de Haro, seigneur de Biscaye[2]; il trouva des complices jusque dans la famille royale, des alliés en Portugal et en Aragon ; il n'osa pas prendre le titre de roi, mais son pouvoir fut pendant quelque temps reconnu à peu près sur tous les points du territoire castillan dans les provinces du Nord comme dans celles du Midi, tandis que Alphonse X se voyait presque réduit à la possession de Séville. Cependant le succès de l'infant ne fut ni solide ni durable : ceux qui l'avaient soutenu d'abord,

---

1. *Crónica*, éd. cit., p. 60, col. 1 et 2.
2. Par mesure de réparation et pour infliger en quelque sorte un blâme public à la conduite de son père, il fit donner une sépulture honorable dans le monastère des Trinitaires de Burgos à l'infant D. Fadrique son oncle, assassiné en 1276 par ordre d'Alphonse X (*Crónica*, éd. cit., p. 61).

ne cherchaient que leurs intérêts et n'hésitaient point à abandonner sa cause dès qu'ils apercevaient un avantage personnel à traiter avec le vieux roi. D. Sancho fut bientôt obligé de parcourir le royaume en tous sens pour maintenir dans l'obéissance les places fortes et les châteaux dont les gouverneurs changeaient à chaque instant de parti[1].

Le récit de cette guerre civile et de ses multiples épisodes appartient exclusivement à l'histoire d'Espagne et ne saurait trouver sa place ici. Ce qu'il faut noter, c'est que ces événements offraient au roi de France une excellente occasion d'intervenir dans la péninsule Ibérique ; il aurait pu appuyer énergiquement le parti d'Alphonse X, le faire triompher et imposer à ce prince pour prix d'un si grand service la reconnaissance d'Alphonse de la Cerda comme héritier de la couronne, atteindre par conséquent le but qu'il poursuivait depuis 1276. Il aurait fallu pour cela que Philippe III eût les mains libres : or dans le même moment, il se laissait entraîner par des conseillers imprudents à une entreprise grandiose mais pleine de difficultés. Cédant aux suggestions de Charles d'Anjou, il ne se contentait pas de soutenir en Italie la dynastie angevine et de venger les Vêpres siciliennes, il formait encore le projet d'abattre la maison d'Aragon et d'installer à sa place une royauté capétienne qui dominerait à Saragosse, à Barcelone et à Valence. On sait quel fut

1. Cf. *Crónica*, éd. cit. ch. LXXVI et LXXVII, pp. 60 et suiv.

l'échec total de ce vaste dessein. Sa préparation empêcha le roi de France de se mêler activement aux affaires de Castille.

Il est certain cependant qu'il fut invité par Alphonse X à intervenir : si nous ne rencontrons pas dans les archives la trace de ces négociations, celles-ci sont attestées par le témoignage du roi de Castille lui-même. Dans le premier testament qu'il rédigea à Séville, le 8 novembre 1282[1], Alphonse rapporte longuement ses griefs contre D. Sancho, se plaint de l'ingratitude de ses fils et énumère les démarches qu'il fit pour intéresser à sa cause les autres souverains : c'est ainsi qu'il s'est adressé d'abord à ses plus proches parents, le roi de Portugal son petit-fils[2] et le roi d'Aragon son beau-frère, de qui il n'a reçu que des réponses évasives. Il n'a pas eu immédiatement recours au roi de France qui était alors son ennemi ; lorsque pressé par la nécessité, il s'y est enfin résolu, Philippe le Hardi ne lui fit porter autre chose que de bonnes paroles, mettant pour condition à un secours efficace, qu'il désignerait l'infant de la Cerda comme son successeur ; à cette condition, Alphonse dut souscrire et envoya en France l'évêque de Cadix, D. Suero[3], avec pleins pouvoirs

1. Cf. *Les testaments d'Alphonse X le Savant* dans la *Bibliothèque de l'École des Chartes*, t. LXVII, année 1906.

2. Denis était fils d'Alphonse III et de Béatrice de Guzman, fille naturelle d'Alphonse le Savant.

3. Cet évêque paya de l'exil et de la confiscation sous le règne de Sanche IV la mission qu'Alphonse lui avait confiée ; une bulle pontificale datée du 10 novembre 1286, nous apprend que D. Suero s'était compromis pour obtenir la délivrance des infants de la Corda. Demeuré en

pour prendre des engagements à ce sujet. Nous dirons plus loin, que le roi de Castille les tint, mais il ne paraît pas que Philippe l'ait aidé en hommes ni en argent.

D'autres documents prouvent encore qu'Alphonse chercha un appui de l'autre côté des Pyrénées : ce sont deux lettres du sultan du Maroc, Abou-Yousouf, datées du 24 octobre 1282 et qui sont conservées aux Archives nationales. La première est adressée au roi de Castille ; le prince musulman y promet un secours armé, et approuve d'avance toutes les conventions qu'Alphonse pourra faire avec le roi de France. La seconde est un appel direct à Philippe le Hardi en faveur d'un souverain et d'un père malheureux[1]. Abou-Yousouf y expose que la rébellion de D. Sancho lui ayant paru « une action abominable dans toutes les religions et une honte telle qu'on n'a jamais entendu parler de rien de semblable », il a cru devoir assumer la défense du roi de Castille quoique séparé de lui par les dogmes et les croyances. Il proteste aussi de son désintéressement : ce n'est point par espoir de conquête qu'il est accouru de l'extrémité de ses États, c'est « uniquement par zèle pour les intérêts de ce roi et eu égard à cette action honteuse

France et privé de ressources, Honorius IV, sur la recommandation de Philippe le Bel et de la veuve de l'infant D. Fernando, lui assigna des revenus à percevoir sur certains monastères de notre pays (M. Prou, *Registres d'Honorius* IV, col. 461).

1. Archives nationales, A E III, 200. Ces deux pièces ont été publiées et traduites par S. de Sacy, dans *Histoire et Mémoires de l'Institut royal de France, Académie des Inscriptions et Belles-lettres*, t. IX (1831), pp. 478 et suiv.

qui est arrivée afin qu'une pareille tache ne reste pas imprimée sur les chrétiens dans toute la suite des siècles ». Il annonce ensuite qu'il s'est « porté vers le lieu d'où était sorti l'acte de déposition dudit roi Alphonse » et l'a fait rentrer sous son obéissance. Il ajoute qu'il a évité de pénétrer dans la partie des États de Philippe qui est limitrophe de la Castille et, dit-il, « nous n'avons pas souffert qu'aucun de nos soldats y mît le pied et y bût même de l'eau, chose que nulle part on ne refuse à qui que ce soit ». Cette dernière phrase exprime une politesse de pure forme, car il est constant que les troupes d'Abou-Yousouf qui vinrent effectivement au secours d'Alphonse et combattirent du reste très mollement[1], n'opérèrent pas ailleurs qu'en Andalousie, fort loin par conséquent des frontières de la Navarre où les Français tenaient garnison. Le sultan du Maroc a été informé que le roi de France « prenant en considération... les liens de parenté, d'amitié et d'affection » qui l'unissaient au souverain de Castille, a fait le projet de venir au secours de celui-ci : aussi le remercie-t-il de ses bonnes dispositions et le prie-t-il d'exécuter sans retard un si louable dessein.

Les instances d'Alphonse X, même appuyées de promesses formelles en faveur des infants de la Cerda pas plus que la recommandation d'Abou-Yousouf ne

1. Cf. Lafuente, *Hist. gen. de España*, t. VI, p. 99. Les sujets restés fidèles à Alphonse le Savant montrèrent en outre une extrême répugnance à se battre côte à côte avec les Marocains *(Ibidem*, p. 98*)*.

décidèrent Philippe III à agir énergiquement en Castille. Circonvenu par les princes de la maison d'Anjou, séduit par les promesses du Pape qui offrait le royaume d'Aragon à Charles de Valois, il se donnait tout entier à ce brillant projet ; la situation malheureuse du roi de Castille duquel d'ailleurs il n'avait jamais eu à se louer le touchait médiocrement et les intérêts de ses neveux n'avaient plus pour lui qu'une importance très relative. Si après le duel de Bordeaux, au cours de l'année 1283, il envoya des troupes en Navarre[1], ce fut moins pour soutenir Alphonse le Savant que pour inquiéter le roi d'Aragon. Celui-ci voulut unir son armée à celle de l'infant D. Sancho pour repousser l'invasion dont les menaçait leur commun ennemi, mais les Aragonais refusèrent d'entrer en campagne si leur souverain ne faisait droit à certaines réclamations qu'ils lui adressèrent. Pierre III ayant refusé de les examiner, se vit bientôt abandonné. Heureusement pour lui que D. Juan Nuñez de Lara et les Castillans qui servaient dans l'armée française refusèrent également d'attaquer l'infant D. Sancho : ils voulaient bien faire le dégât sur ses terres, mais non point combattre sa personne. Force fut donc à ceux qui commandaient ces singuliers soldats de se retirer à Pampelune ; le roi d'Aragon rassuré put gagner la Catalogne.

1. D'après la *Crónica* (éd. cit. p. 64, col. 1), le roi de France aurait envoyé en Navarre 7.000 hommes sous la conduite du connétable. Suivant Guillaume de Nangis, il confia le commandement de cette expédition à D. Juan Nuñez de Lara qui ravagea effectivement les terres du roi d'Aragon (*Historiens de France*, t. xx, p. 524).

Cependant Alphonse X se préoccupait de sa future succession et voulait en exclure un fils ingrât : il maudit et déshérita solennellement D. Sancho le 8 octobre 1282[1]; un mois plus tard il consigna sa volonté dans un testament rédigé à Séville[2]. Suivant les promesses qu'il venait de faire à Philippe le Hardi, il instituait comme héritier de ses royaumes l'aîné des infants de la Cerda, recommandant toutefois à ce dernier de donner des domaines à son cadet, selon la coutume d'Espagne, et de pourvoir aussi ceux de ses oncles qui abandonneraient le parti du rebelle. Il engageait son successeur à demeurer toujours uni au roi de France; et il disposait en outre que si les infants de la Cerda décédaient sans postérité, ce serait ce souverain qui recevrait le royaume de Castille et le gouvernerait en même temps que ses États héréditaires. L'union des deux pays sous un même chef semblait à Alphonse X ce qu'il y avait de plus souhaitable pour le service de Dieu et le bien de la chrétienté; les qualités particulières des deux peuples se compléteraient de la manière la plus heureuse, l'un étant courageux et guerrier, l'autre riche, pacifique et sage; ainsi serait-il possible de reconquérir toutes les terres que les infidèles occupaient, non seulement dans la péninsule Ibérique, mais encore dans les pays d'outremer.

1. Mondéjar, *op. cit.*, p. 397. Le texte de la sentence est publié par Du Mont, *Corps universel et diplomatique*, t. Ier, p. 250.

2. Cf. *Les testaments d'Alphonse X* dans la *Bibliothèque de l'École des Chartes*, année 1906, t. LXVII.

Dans un second testament dont la confection précéda de peu sa mort, le roi de Castille prit des dispositions pour assurer le repos de son âme, le paiement de ses dettes, pour récompenser ceux qui lui étaient demeurés fidèles et partager entre eux les objets qui lui paraissaient les plus précieux[1]. Deux de ses fils, D. Juan[2] et D. Jaime[3], s'étaient réconciliés avec lui : aussi leur fit-il des legs importants, à l'un les royaumes de Séville et de Badajoz, à l'autre le royaume de Murcie, sans modifier toutefois ce qu'il avait précédemment ordonné au sujet de l'ensemble de l'héritage royal. A D. Juan comme à D. Jaime, il recommanda en termes exprès de ne conclure aucun accord avec D. Sancho, de servir fidèlement celui qui occupera le trône après lui et d'agir toujours de concert avec le roi de France.

On a la preuve qu'Alphonse le Savant voulut faire connaître ses dispositions testamentaires à Philippe le Hardi qu'elles intéressaient au premier chef puisqu'il était appelé à remplir à l'égard des infants de la Cerda le rôle d'un conseiller et d'un protecteur et qu'il était même désigné comme héritier éventuel. Les deux documents où le roi de Castille avait consigné ses der-

1. Il lègue notamment à la cathédrale de Séville un manuscrit intitulé *Speculum storiacum*, exécuté par les ordres de saint Louis, et à son successeur deux bibles dont une enluminée, dons du même souverain.

2. Sur l'infant D. Juan, voy. la note biographique qui accompagne la pièce justificative n° XIV.

3. D. Jaime, cinquième fils d'Alphonse le Savant, né en 1268, marié à une fille du marquis de Montferrat, mort le 9 août 1284 (Florez, *op. cit.*, t. II, p. 528).

nières volontés furent traduits en latin [1] et expédiés en France : ils se trouvent encore parmi les pièces conservées dans le Trésor des Chartes [2].

1. Ces traductions furent faites le 20 avril 1284.

2. Arch. nat., J. 601, nº 31 et nº 32. — Notons que plus d'un siècle après, les testaments d'Alphonse X ne se retrouvaient plus dans les archives de Castille, conservées sans doute avec moins de soin que les nôtres. On en a la preuve dans une lettre de Charles VI datée de Beauvais le 20 mai [1287], par laquelle ce prince mande au cardinal évêque de Laon, Pierre Aycelin de Montaigu et à Pierre de Giac, son chancelier, de faire rechercher dans le Trésor des Chartes les testaments d'Alphonse X dont le roi de Castille Jean Ier désirait connaître le texte : un ambassadeur castillan, nommé Ruy Bernard, venu en France pour traiter diverses affaires « nous a relaté, écrit Charles VI, comment mestier lui est pour nostredit frère qu'il ait copie d'un testament que un roy d'Espaigne appelé Alfons fist, et que ledit testament ou la copie doit estre par devers nous. Si voulons et vous mandons que ledit testament faciez quérir soit par devers maistre Girart de Montagu en la Chambre des Comptes, au Trésor ou autre part, et que l'on face diligence que l'en le treuve et que d'icelui qui trouver se pourra vous lui faites bailler copie soubz seel autentique... » (Arch. nat. J. 916, nº 13).

X

PHILIPPE III ET SANCHE IV

Alphonse X mourut au mois d'avril 1284 et ses testaments restèrent lettre morte, du moins en ce qui concernait la désignation de son successeur : quoique déshérité de la manière la plus formelle, l'infant D. Sancho se fit couronner à Tolède et son autorité fut reconnue à peu près dans toute l'étendue de la Castille. De fait, nul compétiteur n'était en situation de lui disputer la couronne, les fils de D. Fernando de la Cerda se trouvant toujours au pouvoir de Pierre III d'Aragon, allié et ami du nouveau roi. Seul, D. Juan Nuñez de Lara, fortement établi dans Albarrazin, bravait Sanche IV, et ses bandes ne cessaient d'exercer des ravages sur les terres qui faisaient partie de la Castille comme sur celles qui appartenaient à l'Aragon [1]. Les deux rois avaient donc un intérêt égal à réduire le partisan : ils se rencontrèrent à Uclés et décidèrent d'unir leurs forces pour assiéger Albarrazin [2]. D. Juan

1. Zurita, *op. cit.*, t. I, fol. 271 verso.
2. *Ibidem*, t. I, fol. 275 recto et *Crónica*, éd cit., p. 69, col. 1. — Uclés prov. de Cuenca, dist. jud. de Tarancon.

Nuñez ainsi ménacé, n'osa rester dans la ville de crainte d'y être pris ; il la quitta en y laissant des forces qui lui paraissaient suffisantes pour la défendre et partit pour la Navarre afin d'y chercher des secours. Le roi d'Aragon pressa le siège et la place tomba entre ses mains vers la fête de saint Michel, (29 septembre). Tranquille de ce côté, il put consacrer toute son attention et toutes ses forces à la défense de la Catalogne où Philippe le Hardi allait bientôt entrer à la tête d'une puissante armée.

Le roi de France, nous l'avons déjà dit, semblait ne plus attacher autant d'importance que jadis à soutenir les prétentions de ses neveux à la couronne de Castille : l'expédition d'Aragon et cette sorte de croisade dont le Pape l'avait institué le chef, absorbaient toutes ses préoccupations. Aussi, bien loin de considérer le nouveau roi de Castille comme un intrus, le mit-il au courant de ses projets guerriers : des ambassadeurs français vinrent à Tolède au mois d'avril 1285 et exposèrent à Sanche IV les raisons pour lesquelles leur maître allait entrer en Espagne [1]. Pierre III s'était emparé indument du royaume de Sicile, fief relevant du Saint-Siège, et admonesté par le Pape, avait refusé de se soumettre; le Souverain Pontife l'avait alors déclaré déchu de sa dignité et avait donné l'investiture de l'Aragon à Charles de Valois. L'expédition qui se préparait était donc entreprise

1. *Crónica de D. Sancho IV*, dans les *Crónicas de los reyes de Castilla* (coll. Rivadeneyra), t. I, pp. 70 et 71.

par ordre de l'Église, c'était une véritable croisade.

Quoique la chronique ne le dise pas, il est probable que les envoyés du roi de France ne se bornèrent pas à mettre Sanche IV au courant des projets de leur souverain ; ils avaient certainement aussi la mission d'obtenir sinon le concours, du moins la neutralité du nouveau roi de Castille et ils offrirent quelque chose en échange, soit une compensation territoriale du côté de l'Aragon, soit une promesse que leur maître se désintéresserait désormais des prétentions des infants de la Cerda. Sanche fut à coup sûr fort embarrassé, car avant et depuis son avènement il avait lié partie avec Pierre III ; récemment, après la prise d'Albarrazin, les deux rois s'étaient rencontrés à Ciria[1] et avaient renouvelé leur alliance ; le souverain de Castille avait même promis à son oncle de l'aider de sa personne si Philippe le Hardi envahissait ses États[2]. Néanmoins, il ne demeura point insensible aux ouvertures qui lui furent faites de la part du roi de France et ne les repoussa pas. Il voulut sans doute voir venir les événements avant de se décider et remit à plus tard sa réponse, annonçant qu'il enverrait des messagers pour la porter. Et de fait, lorsque les Français furent entrés en Catalogne, l'évêque de Calahorra D. Nuño et l'abbé de Valladolid D. Gomez Garcia de Toledo se rendirent sur le théâtre de la guerre ; ils avaient pour principale mission d'observer l'armée d'invasion et de peser ses chances de réussite. Les deux

1. Ciria, prov. de Soria, dist. jud. d'Agreda.
2. Zurita, *op. cit.*, t. I, fol. 278 verso.

prélats abordèrent Philippe au moment où il assiégeait Girone. Enorgueilli par les succès déjà obtenus qui semblaient présager une rapide conquête de tout le royaume d'Aragon, le roi leur fit un accueil des plus froids : nous ne savons sur quelles questions l'évêque et l'abbé portèrent la conversation, mais la chronique relate qu'ils se retirèrent fort mal satisfaits [1].

De son côté, le roi d'Aragon s'était efforcé d'obtenir le concours de Sanche IV pour repousser l'agression qui le menaçait : au nom de leur ancienne amitié, resserrée naguère à Ciria, il réclama de son neveu l'exécution des promesses qui lui avaient été faites. Mais le roi de Castille fort hésitant et ne voulant pas s'engager à fond en faveur de l'un ou de l'autre des belligérants, se déroba à la demande pressante de Pierre III ; comme excuse à son abstention, il allégua la nécessité où il se trouvait lui-même de repousser l'envahisseur musulman et de secourir la ville de Jerez qu'Abou-Yousouf tenait assiégée [2]. D'après Zurita, le souverain aragonais n'aurait pas été dupe de ce prétexte, d'autant plus qu'il n'ignorait rien de l'échange d'ambassadeurs qui venait d'avoir lieu entre la France et la Castille. Cependant le fait d'une invasion arabe en Andalousie à cette époque n'est pas douteux et la chronique officielle de Sanche IV rapporte que lors de l'entrevue de Ciria, le roi de Castille, averti de l'attaque des Maures, avait fait des réserves et n'avait promis son concours au roi d'Aragon que dans

1. *Cronica*, éd. cit., p. 71, col. 1.
2. Zurita, *op. cit.*, t. I, fol. 285 verso.

le cas où Abou-Yousouf ne passerait point la mer pour le combattre[1]. Nous ne saurions dire quelle version, l'aragonaise ou la castillane, est conforme à la vérité; un fait est certain, c'est que pendant l'année 1285, chacun des deux souverains fit la guerre séparément, l'un pour repousser les Français, l'autre pour se défendre des Marocains. Mais il n'est pas douteux que Pierre III ressentit un amer dépit en voyant son neveu et allié négocier avec son ennemi au moment même où cet ennemi avait pris pied en Catalogne et assiégeait une des principales places fortes de ses États. Il n'eut pas besoin d'ailleurs d'un secours étranger pour vaincre la brillante armée française, car le climat meurtrier et les épidémies furent ses plus utiles auxiliaires. On sait la fin lamentable de l'expédition et comment Philippe III mourut pendant la retraite.

1. *Crónica*, éd. cit., p. 70, col. 2.

XI

PHILIPPE IV ET SANCHE IV

Le successeur du prince défunt ne devait pas s'obstiner à poursuivre la conquête chimérique du royaume d'Aragon ; il ne se désintéresserait pas des affaires de Castille, mais acceptant le fait accompli et reconnaissant Sanche IV comme souverain légitime, il chercherait à conclure avec celui-ci une paix définitive sur les bases d'une compensation raisonnable accordée aux infants de la Cerda. De son côté, le roi de Castille devenu moins intransigeant depuis qu'il portait la couronne, consentirait à un arrangement susceptible de le débarrasser de ses compétiteurs. Mais avant d'arriver à cette conclusion, les négociations allaient encore une fois s'égarer. Elles s'ouvrirent peu de temps après l'avènement de Philippe le Bel et ce fut Sanche IV qui en prit l'initiative.

Deux raisons poussaient en effet le roi de Castille à désirer une entente avec la France : il voulait obtenir d'une part que le prince capétien s'abstînt de favoriser les entreprises de ses cousins et de leurs partisans, et user d'autre part du crédit que Philippe possédait en cour de Rome pour que le Pape accordât la dispense de parenté qui seule rendrait valide son mariage avec Marie de Molina. Avant de monter sur le trône, Sanche avait épousé cette princesse qui, comme lui, descendait en ligne paternelle d'Alphonse IX, roi de Léon [1]; il n'avait point obtenu du Saint-Siège l'autorisation préalable nécessaire en pareil cas et n'avait fait depuis aucun cas des objurgations de Martin IV qui lui enjoignait de rompre des liens incestueux [2]. Un fils était né de son union et avait été proclamé héritier de la couronne [3]; mais pour rendre inattaquables les droits de cet enfant, il fallait que le mariage des parents ne fût point entaché d'une cause de nullité. Aussi, le roi de Castille qui ne jouissait pas dans ses États d'une autorité incontestée, était-il très désireux d'affermir sa dynastie en faisant disparaître le prétexte que ses ennemis pourraient invoquer un jour sinon contre lui-même, du moins contre son fils.

A une époque que l'on ne saurait fixer avec précision, mais probablement dans les premiers mois de 1286, le nouvel évêque de Calahorra D. Martin et cet abbé de Valladolid, Gomez Garcia de Toledo, « notario mayor » du royaume de Léon, qui avait déjà l'année précédente rempli auprès de Philippe III une mission infructueuse, vinrent en France [4] et exposèrent à Philippe

1. Le mariage avait été célébré à Tolède au mois de juillet 1281. Marie était fille de l'infant D. Alfonso de Molina et de Doña Mayor Alfonso de Meneses, 3e femme de celui-ci (cf. Florez, *op. cit.*, t. II, pp. 547 et 548).

2. *Annales ecclesiastici*, éd. Theiner, t. XXII, p. 527.

3. L'infant D. Fernando, depuis Ferdinand IV, né le 6 décembre 1285.

4. *Crónica*, éd. cit., pp. 72, col 2, et 73, col. 1.

le Bel, les vues de leur maître au sujet des infants de la Cerda, lui demandant en outre de s'entremettre pour que le Pape accordât la dispense qui rendrait légitime le mariage de Sanche IV. Il semble que seule, la première de ces questions ait été traitée officiellement ; encore ne fut-elle point résolue et se borna-t-on à décider que les deux souverains la régleraient dans une entrevue qui fut acceptée en principe de part et d'autre. Quant à la seconde, Philippe éluda toute promesse, mais découvrit sa pensée à l'abbé de Valladolid qui passait pour être un conseiller fort écouté du roi de Castille. Il proposait que Sanche IV, laissant Marie de Molina, épousât une de ses sœurs ; à cette condition, il ne donnerait aucun secours à ses cousins et les combattrait même au besoin s'ils essayaient de faire valoir leurs prétentions les armes à la main. Pour mieux gagner le concours de Gomez Garcia de Toledo, le roi de France se faisait fort d'obtenir pour lui du Pape l'archevêché de Santiago qui se trouvait vacant. L'abbé de Valladolid protesta qu'il n'oserait transmettre à son maître une pareille proposition ; ses instructions se bornaient à renouer l'amitié qui avait existé jadis entre les deux couronnes ; mais, puisque les souverains devaient avoir bientôt une conférence personnelle, rien n'empêcherait alors Philippe d'entretenir le roi de Castille de ce projet matrimonial. Les ambassadeurs rentrèrent en Espagne après avoir pris date pour une prochaine réunion qui précéderait la rencontre des princes.

Ces conférences se tinrent à Bayonne : Sanche IV y était représenté par l'archevêque de Tolède D. Gonzalo, l'évêque de Burgos fray Alonso, l'évêque de Calahorra et l'abbé de Valladolid. Ce dernier avait gardé un complet silence sur les propos que le roi de France lui avait tenus, tandis que Philippe le Bel demeurait persuadé que sa conversation serait rapportée ; il y comptait et pensait que Sanche, si on le pressait un peu, accepterait son offre. Aussi ordonna-t-il à ses mandataires de demander comme condition préalable à tout accord la conclusion du mariage du roi de Castille avec une de ses sœurs. Les plénipotentiaires espagnols, à l'exception de Gomez Garcia de Toledo furent stupéfiés de cette exigence et se hâtèrent d'en référer à leur maître qui s'était établi dans les provinces basques pour être mieux à portée de suivre les pourparlers engagés. Sanche IV, surpris et indigné de la proposition qu'on osait lui faire, répondit qu'il se considérait comme bien marié ; souvent les Papes avaient accordé des dispenses à des rois et à des princes qui se trouvaient dans un cas analogue au sien ; si on lui refusait cette faveur, cela venait uniquement des intrigues de ses ennemis. Là-dessus les conférences furent rompues, les plénipotentiaires français s'en tenant à leurs instructions et le duc de Bourgogne qui était l'un d'eux s'opposant à ce que l'on abandonnât la cause des infants de la Cerda. On sut en Castille que l'abbé de Valladolid avait reçu la confidence des projets du roi de France ;

ses ennemis en profitèrent pour le faire disgracier [1].

Sanche IV ayant échoué du côté de la France, se tourna du côté de l'Aragon : aussi bien ses compétiteurs étaient-ils toujours prisonniers dans ce pays et ne deviendraient-ils dangereux que si la liberté leur était rendue. Il avait donc un intérêt majeur à s'entendre avec son voisin et à tâcher de se faire livrer les infants de la Cerda. A vrai dire, Pierre III s'y était toujours refusé, et l'attitude ambiguë du roi de Castille pendant l'invasion française en Catalogne ne devait pas l'engager à montrer plus de complaisance. Mais un nouveau souverain étant monté sur le trône d'Aragon, Sanche en profita en 1286 pour essayer de renouer les relations amicales et obtenir le renouvellement des anciennes alliances. Alphonse III accueillit froidement ces avances ; pressé par deux fois de conclure un accord, il répondit évasivement, se défiant d'un prince qui s'était révélé comme un ami peu sûr à l'égard du feu roi d'Aragon et qui naguère encore négociait avec la France [2].

Ainsi le roi de Castille restait-il isolé, sans alliance et sans amitié entre ses deux puissants voisins, Philippe le Bel qui par sa femme était devenu souverain direct de la Navarre et Alphonse III qui tenait en son pouvoir les infants de la Cerda. La paix n'étant pas rétablie entre la France et l'Aragon, Sanche ne pouvait espérer vivre en bons termes avec l'une et l'autre de ces puissances et se voyait contraint de prendre parti.

1. *Crónica*, éd. cit., p. 74, col. 1.
2. Zurita, *op. cit.*, t. I, fol. 305 recto et verso.

Le choix ne laissait pas d'être embarrassant et le conseil du roi était divisé sur la conduite à tenir. L'infant D. Juan, frère de Sanche et le comte D. Lope Diaz de Haro voulaient un accord avec l'Aragon, tandis que l'archevêque de Tolède et la reine désiraient un accommodement avec la France [1]. Marie de Molina n'avait sans doute point ignoré la cause de la rupture des conférences de Bayonne, mais elle pensait que Philippe le Bel ne s'obstinerait pas à exiger sa répudiation et elle espérait que l'influence française en cour de Rome lui ferait obtenir la dispense pour cause de parenté grâce à laquelle son union serait régularisée. Elle savait en outre que D. Lope travaillait sous main à marier le roi à une de ses cousines Guillerma de Moncada, fille de Gaston, vicomte de Béarn [2] : elle était donc l'ennemie du seigneur de Biscaye et ne négligeait rien pour ruiner le crédit dont celui-ci jouissait auprès de Sanche IV. Elle y réussit d'autant mieux que ce prince commençait à se lasser des exigences d'un vassal qui prétendait jouer au maître. Après avoir une fois encore fait une tentative de rapprochement avec l'Aragon par l'envoi d'un ambassadeur qui était D. Lope Diaz de Haro lui-même et ayant essuyé un nouvel échec, le roi de Castille ne cacha plus son dessein de renouer les pourparlers avec la France [3]. L'infant D. Juan et D. Lope, mécontents, quittèrent la cour, manifestant des intentions

1. *Crónica*, éd. cit., p. 77, col. 1 et 2.
2. Zurita, *op. cit.*, t. I, p. 311 recto.
3. *Crónica*, p. 78, col. 2.

Sceau de D. Lope Diaz de Haro, seigneur de Biscaye

hostiles sans oser pourtant entrer en rébellion ouverte. On les convoqua peu après à assister à un conseil qui se tiendrait à Alfaro [1] et où l'on pèserait de nouveau les avantages et les inconvénients de l'amitié française et de l'amitié aragonaise. Ils y vinrent ; le roi ayant réuni ses conseillers, leur enjoignit de se mettre d'accord, puis les laissa délibérer. En sortant, Sanche IV remarqua que son escorte était beaucoup plus nombreuse que celle de D. Lope, et il pensa qu'il ne trouverait jamais une meilleure occasion de se venger de lui. Rentrant bientôt dans la salle du conseil, il demanda si l'on avait pris une décision. — « Oui, seigneur, répondit le comte, nous allons vous la dire. — Bien, répartit le roi, et moi je viens avec une autre résolution, c'est que vous resterez avec moi jusqu'à ce que vous m'ayiez restitué ceux de mes châteaux que vous détenez. » D. Lope comprit qu'il était prisonnier, mais ne voulut pas s'avouer vaincu et appelant à l'aide ses gens qui l'attendaient dehors, il se dirigea en brandissant un poignard vers la porte devant laquelle se tenait le roi. Alors, les hommes de la suite de Sanche se précipitèrent sur lui et l'un d'eux trancha de son épée le bras qui tenait le poignard ; le comte tomba à terre et fut achevé à coups de masse d'armes. Son ami l'infant D. Juan fut épargné mais on l'enchaîna [2].

Nous avons dit qu'avant même la tenue du conseil qui se termina de si dramatique manière, Sanche rebuté

1. Alfaro, chef-lieu de dist. jud. de la province de Logroño
2. *Crónica*, éd. cit., p. 79, col. 1.

par le roi d'Aragon, s'était décidé à traiter avec Phlippe le Bel. Il avait sans doute appris que ce prince ne persistait pas à le vouloir marier contre son gré, et l'obstacle qui avait fait échouer les précédentes négociations se trouvant écarté, un arrangement semblait possible. Avant que les mandataires des deux rois se réunissent pour régler les détails de l'accord, il y eut sans aucun doute des pourparlers préliminaires qui n'ont laissé de souvenirs ni dans les archives ni dans les chroniques, pourparlers auxquels la curie romaine fut mêlée, car on constate qu'un légat du Saint-Siège, le cardinal Jean Cholet, présida les conférences. Elles se tinrent à Lyon. Le 9 mai 1288, Sanche IV avait désigné les personnages qui devaient le représenter [1] : c'étaient l'évêque d'Astorga, D. Martin, protonotaire du royaume de Léon [2] et un chanoine de Santiago et de Lugo, nommé Rodrigo Velasquez. Il leur donnait pour mission de rétablir la paix et de contracter amitié avec le roi de France, son frère Charles de Valois, prétendant à la couronne d'Aragon, et les fils de D. Fernando de la Cerda ; l'évêque d'Astorga et son compagnon recevaient aussi le pouvoir de préparer des mariages entre les membres des deux familles royales afin de rendre l'union plus intime. Philippe le Bel avait choisi pour défendre

1. Arch. nat., J. 600, n° 20, pièce just. n° XVIII, acte donné à Berlanga del Duero (prov. de Soria, dist. jud. de Almazan).

2. Ce prélat avait été transféré en 1286 du siège de Calahorra à celui d'Astorga; c'est lui qui avait déjà traité avec Philippe IV la même année et avait été un des représentants du roi de Castille aux conférences de Bayonne.

ses intérêts maître Pierre de Mornay, archidiacre de Sologne et Gilles Lambert, prévôt de Leré [1] auxquels il avait adjoint un grand officier de la couronne, le Bouteiller Jean d'Acre dont le sceau fut apposé à côté de celui du légat sur l'acte qui contient les différentes clauses du traité.

1. Leré (Cher, chef-lieu de canton de l'arrondissement de Sancerre) était une des quinze prévôtés qui dépendaient de la célèbre collégiale Saint-Martin de Tours. — Pierre de Mornay et Gilles Lambert devaient également défendre les intérêts de Charles de Valois qui prenait le titre de roi d'Aragon et conclure un accord au nom de ce prince avec Sanche IV. Les pouvoirs qu'ils reçurent de Charles de Valois sont datés de Nemours le 9 juin 1288 (Arch. nat., J. 587, nº 15.) — Cf. Joseph Petit, *Charles de Valois* (Paris, 1900, in-8º), p. 15.

XII

LE TRAITÉ DE LYON ET L'ENTREVUE DE BAYONNE

Le texte de ce traité[1] rédigé à Lyon le 13 juillet 1288, est fort long et il paraîtra sans doute inutile de l'analyser dans tous ses détails car une partie des stipulations qu'il contient resta lettre morte ; il marque pourtant une date importante dans l'histoire des relations de la France et de la Castille puisqu'il consacre le rétablissement d'une paix troublée depuis douze ans et la reprise de rapports amicaux qui devaient se resserrer au XIVe siècle au point de se transformer en une alliance permanente et traditionnelle qu'on renouvelait à chaque changement de règne.

La principale question qu'il s'agissait de régler était celle de la compensation qu'on attribuerait aux infants de la Cerda, privés de l'héritage royal et supplantés par leur oncle Sanche IV. Accessoirement et dans le même ordre d'idées, il fallait pourvoir aux intérêts de la veuve de l'infant D. Fernando, frustrée depuis des années des revenus de son douaire, dépouillée

1. Arch. nat., J. 601, n° 22, pièce just., n° XIX.

aussi des biens que son mari avait acquis et qu'il possédait à l'époque de sa mort. Le roi de France tenait encore à ce que les seigneurs et les ecclésiastiques castillans qui s'étaient compromis pour la cause des infants, avaient souffert l'exil et la confiscation, fussent réintégrés dans leurs dignités et remis en possession de leurs biens.

Tels étaient les points essentiels sur lesquels devait porter la discussion ouverte à Lyon entre les représentants des rois de France et de Castille ; on y traiterait aussi de l'appui mutuel que les deux princes se prêteraient contre le roi d'Aragon, leur commun adversaire. Ces questions avaient toutes un intérêt actuel et furent résolues de la manière que nous allons dire. Afin, sans doute, de liquider le passé ou plutôt afin de ne laisser subsister pour l'avenir aucun germe de querelle, on inséra dans le traité une disposition par laquelle Philippe IV renonçait purement et simplement pour lui-même et ses successeurs aux droits qu'il prétendait avoir à la possession du royaume de Castille comme héritier de sa bisaïeule Blanche, femme de Louis VIII [1]. Ces droits étaient d'ailleurs imaginaires et, semble-t-il, totalement ignorés de ceux qui auraient pu les faire valoir avec le plus de raison : saint Louis avait toujours considéré Ferdinand III et son successeur comme des souverains légitimes, avait traité avec eux

---

1. On oublia dans cette renonciation de mentionner les droits que le roi de France aurait possédés en vertu du testament d'Alphonse X (V. plus haut chapitre IX).

en cette qualité, et Philippe le Hardi, au plus fort de sa querelle avec Alphonse X, n'avait fait autre chose que soutenir les intérêts des infants de la Cerda sans revendiquer quoi que ce fût pour lui-même. Il est certain toutefois qu'en 1288, l'idée que le roi de France possédait des titres à règner en Espagne avait pris consistance [1] ; elle paraissait assez sérieuse pour que la renonciation à ces droits fît l'objet d'une clause formelle dans un traité et pour qu'on stipulât expressément que Philippe le Bel remettrait à Sanche IV les documents écrits sur lesquels il fondait ses prétentions.

Ce fut le royaume de Murcie avec toutes ses appartenances et dépendances c'est-à-dire la plus récente conquête faite par les Castillans sur les Maures que Sanche IV consentit à aliéner en faveur de ses neveux ;

---

1. Il est probable que les légistes de l'entourage de Philippe le Bel avaient retrouvé dans le Trésor des Chartes où elles sont encore (Arch. nat., J. 599, nos 1 1-9) neuf lettres adressées à Louis VIII par des seigneurs castillans qui attestaient qu'Alphonse VIII avant de mourir avait ordonné que si son fils Henri décédait sans postérité, le royaume de Castille serait dévolu à sa fille Blanche et à ses héritiers au détriment de Bérengère qui avait épousé le roi de Léon (Ces lettres ont été publiées dans les *Layettes du Trésor des Chartes*, t. II, pp. 97 et 98, nos 1813 et 1814). Les seigneurs dont il s'agit se déclaraient vassaux du roi de France et le priaient d'envoyer son fils régner en Castille. C'étaient des mécontents qui ne voulaient pas se soumettre à l'autorité de saint Ferdinand, fils de Bérengère. M. Élie Berger a parfaitement montré que l'affirmation de ces révoltés était contraire à toute vraisemblance et que si Louis VIII avait conservé la preuve matérielle des propositions qu'il avait reçues, il n'avait point eu la volonté de revendiquer les prétendus droits de sa femme, et que celle-ci « clairvoyante et pratique en même temps que parente très dévouée n'avait jamais brigué pour elle ni pour ses enfants la couronne de Castille. » Il convient de noter que la croyance aux titres que possédait le roi de France à ceindre cette couronne s'était répandue sous le règne de saint Louis, car un poète nommé Sordel y fait allusion dans une satire (É. Berger, *Histoire de Blanche de Castille*, pp. 35 et 36).

il y joignit la ville de Ciudad Real. L'ensemble devait former un État indépendant qui ne serait rattaché à la Castille par aucun lien de vassalité. Alphonse et Ferdinand de la Cerda jouiraient en outre de certains revenus assis en dehors de leur domaine direct, pour lesquels ils rendraient à leur oncle et à ses successeurs le service féodal dans des conditions qui seraient ultérieurement déterminées. Ils posséderaient conjointement Murcie et Ciudad Real, et lorsque l'un deux décéderait, le survivant recueillerait la totalité de l'héritage. S'ils mouraient l'un et l'autre sans postérité avant leur mère Blanche de France, celle-ci serait appelée à leur succéder, mais à titre viager ; quand elle passerait de vie à trépas, la principauté constituée pour ses enfants ferait retour au roi de Castille ; il en serait de même le jour où la lignée de la Cerda s'éteindrait. De plus, si Sanche IV n'avait au moment de sa mort aucun enfant légitime, l'aîné des fils de l'infant D. Fernando ceindrait la couronne de Castille ; comme gage de cette promesse, il recevrait des lettres patentes du roi qui devait s'efforcer d'obtenir sur ce point le consentement de son frère D. Juan, de ses sœurs, des prélats, des seigneurs et des délégués des cités et des villes. Enfin, pour mieux sceller la réconciliation entre les deux branches de la maison royale, on décidait qu'Alphonse de la Cerda épouserait Doña Isabel, fille de Sanche [1].

En échange de tous ces avantages, actuels et éventuels,

1. C'était le premier enfant de Sanche et de Marie de Molina : elle naquit en 1283 (Florez, *op. cit.*, t. II, p. 550).

les infants de la Cerda étaient tenus de renoncer expressément aux droits qu'ils prétendaient posséder sur l'héritage d'Alphonse le Savant ; ils cesseraient de se parer du titre royal et ajouteraient à leurs armoiries une *différence* qui les distinguât du véritable souverain ; sitôt libérés des prisons aragonaises, ils devaient prêter le serment d'observer fidèlement toutes les clauses du traité. Philippe le Bel s'engageait à remettre à Sanche les titres sur lesquels ses neveux appuyaient leurs revendications ; il fournirait même un certain nombre de soldats pour les combattre si, dans un délai de dix ans, ces princes attaquaient sans motif légitime le roi de Castille ; en aucun temps d'ailleurs il ne les aiderait dans une agression injuste, et ne leur donnerait asile sur ses domaines qu'à condition d'y demeurer pacifiquement.

Quant à Blanche de France, on la remettrait en possession de son douaire, on lui restituerait les propriétés acquises par son époux et on lui compterait les arrérages qu'elle n'avait point touchés. Le paiement de ces sommes s'échelonnerait sur quatre années. Comme ses fils, elle devait s'abstenir de tout acte d'hostilité contre le roi de Castille ; au cas où Alphonse et Ferdinand de la Cerda n'obtiendraient pas leur liberté, ce serait elle qui aurait la jouissance du royaume de Murcie et de Ciudad Real.

Sanche IV recevait aussi en sa grâce les bannis et les exilés volontaires et nommément les évêques de Cadix et de Ségovie, l'archidiacre de Briviesca, D. Juan

Nuñez de Lara, D. Nuño Gonzalez de Lara, Alexandre de Loaisa et Gil de Teba ; il promettait de leur rendre leurs biens et de les indemniser des pertes qu'ils avaient subies. En ce qui concernait spécialement D. Juan Nuñez de Lara, la ville d'Albarrazin serait remise à celui-ci dès qu'on en aurait délogé le roi d'Aragon qui l'occupait.

Outre ces articles destinés à pacifier la Castille et à effacer toutes traces des discordes civiles, le traité de Lyon en contenait d'autres qui avaient pour objet de lier Sanche IV et Philippe le Bel contre l'Aragon. Tant que durerait la guerre, Sanche mettrait à la disposition de son allié 1.000 cavaliers qui serviraient trois mois chaque année ; de plus, il autorisait le roi de France et ses troupes à traverser son territoire, à s'y fournir de vivres moyennant indemnité raisonnable, à acheter des chevaux et des mules dont le nombre serait fixé lors de l'entrevue que les souverains devaient avoir. En outre, Sanche défendrait à ses sujets de favoriser en aucune manière Alphonse d'Aragon et ses partisans. De son côté, Philippe le Bel donnerait au roi de Castille un secours de 1.000 cavaliers, s'il était attaqué et que lui-même n'eût pas de guerre à soutenir ; au cas où tous deux auraient à se défendre en même temps, chacun garderait pour soi ses soldats et les emploierait de son mieux contre l'ennemi commun. Le roi de France s'engageait aussi à ne donner asile dans ses domaines à aucun adversaire de son nouvel allié. Il promettait enfin d'user de son influence pour que le Pape accordât la dispense qui validerait le mariage de Sanche et de Marie de Molina.

Toutes les dispositions qui, dans le traité que nous venons d'analyser sommairement, concernaient les infants de la Cerda restèrent lettre morte. Loin d'accepter les compensations qu'on leur offrait, ces princes à peine maîtres de leurs actions, se mirent en devoir de revendiquer par les armes la totalité de l'héritage dont ils s'estimaient injustement dépouillés. Ils y étaient encouragés par leur mère qui avait déjà elle-même mis tout en œuvre pour faire échouer l'accord entre la France et la Castille : mal satisfaite de Philippe le Bel qui depuis le commencement de son règne ne cachait point l'intention de terminer la querelle en reconnaissant le fait accompli en Castille, Blanche de France s'était retirée à la cour de Portugal et ne perdait pas de vue les événements [1]. Apprenant les pourparlers engagés entre Philippe et Sanche, et prévoyant que s'ils aboutissaient, ils consacreraient définitivement l'abandon par la France de la cause de ses fils, elle obtint que Denis de Portugal envoyât un ambassadeur au roi d'Aragon pour l'engager à mettre en liberté le plus jeune des infants de la Cerda, Ferdinand; celui-ci se rendrait auprès de Philippe le Bel et tâcherait de faire rompre les négociations franco-castillanes. Quoique Alphonse III ait eu lui-même un intérêt majeur à empêcher l'union de ses deux adversaires, il ne jugea pas à propos d'élargir

1. Zurita, *op. cit.*, t. I, fol. 327 recto.

à cette occasion Ferdinand de la Cerda, pensant probablement et non sans raison que ce jeune prince n'exercerait aucune influence sur les résolutions du roi de France. Il était d'ailleurs trop tard pour agir.

La nouvelle de l'accord conclu à Lyon parvint au roi de Castille peu de temps après le meurtre de D. Lope Diaz de Haro [1] ; il la reçut avec une satisfaction d'autant plus grande que le fils du comte et ses partisans s'étaient réfugiés auprès du roi d'Aragon et que celui-ci, pour créer des embarras à Sanche IV, s'était décidé à mettre en liberté les infants de la Cerda, et paraissait même disposé à favoriser leurs prétentions [2]. L'évêque d'Astorga arriva bientôt lui-même et put donner à son maître l'assurance que Philippe le Bel ne prêterait aucun appui à ses cousins. Le négociateur de la paix fut suivi de près par les ambassadeurs français qui venaient pour fixer l'époque de l'entrevue des deux souverains décidée en principe lors des conférences de Lyon. A en croire la chronique [3], ces envoyés furent très favorablement impressionnés par l'appareil militaire qui entourait Sanche IV et par le nombre de ses troupes ; ils se hâtèrent de prendre date pour la rencontre projetée qui aurait lieu à Bayonne dans les premiers jours du mois de mai de l'année suivante (1289).

Avant de s'y rendre, Sanche vit personnellement le roi de Portugal Denis et obtint la promesse de son

1. *Crónica*, éd. cit., p. 79, col. 2.
2. Les infants de la Cerda, transférés de Játiva à Morella, furent délivrés dans l'été de 1288 (Zurita, *op. cit.*, fol. 329 recto, col. 2).
3. *Crónica*, éd. cit., p. 80, col. 1.

concours contre le souverain d'Aragon et contre Alphonse de la Cerda qui lui avaient adressé un défi solennel. Il pourvut aussi à la sécurité de la frontière, laissant le commandement de l'armée à son beau-frère D. Alfonso de Molina et à Fernando Perez Ponce. Il s'était avancé jusqu'à Saint-Sébastien lorsque lui parvint un message de Philippe le Bel qui s'excusait sur certaines affaires urgentes de ne point se trouver au rendez-vous assigné et le priait de remettre leur rencontre à une époque ultérieure. Le chroniqueur insinue [1] que ce n'était autre chose de la part du roi de France qu'un prétexte imaginé pour gagner du temps et voir quelle serait l'issue de la guerre engagée entre la Castille et l'Aragon. Sanche n'aurait pas été la dupe de l'excuse ainsi invoquée, mais n'en laissant rien paraître, aurait accepté que l'entrevue fût ajournée au mois de mai de la prochaine année. Les soupçons du roi de Castille, s'il en conçut réellement, n'étaient point fondés et nous avons la preuve que Philippe le Bel ne renonçait pas à la conférence projetée : le 26 août 1289, il donnait à un chevalier Pierre de Sargines et à deux de ses clercs Jean Le Duc et Pierre La Rene la mission de se rendre en Espagne avec pleins pouvoirs pour fixer la date de la rencontre et proposer la mi-carême de 1290. Les envoyés français furent reçus par Sanche à Guadalajara le 14 octobre, et d'un commun accord il fut décidé que les rois se verraient à Bayonne l'avant-dernier dimanche du Carême [2].

1. *Crónica*, éd. cit., p. 80, col. 2, et 81, col. 1.
2. Arch. nat., J. 601, n° 21, pièce just. n° xx.

Cette fois, aucun empêchement ne vint retarder l'entrevue ; du moins le retard ne fut-il que de quelques jours. Le dimanche de Quasimodo 9 avril 1290, les deux souverains qui étaient arrivés le même jour à Bayonne [1] ratifièrent dans ses grandes lignes l'accord scellé à Lyon deux ans auparavant; ils y ajoutèrent un détail, à savoir le nombre de chevaux et de mules que le roi de France pourrait acheter en Espagne ; ils y apportèrent aussi quelques modifications exigées par l'état présent des affaires [2]. Les stipulations relatives aux infants de la Cerda étaient en effet devenues caduques, puisque ces princes, refusant d'accepter la compensation qu'on leur offrait, revendiquaient par les armes, avec l'appui du roi d'Aragon, la totalité de l'héritage d'Alphonse X. Aussi, Sanche IV, énumérant dans l'acte où était enregistré le résultat des conventions de Bayonne les personnes à l'égard de qui il avait des engagements à tenir, le roi de France, Charles de Valois, les évêques de Cadix et de Ségovie, d'autres de ses sujets qu'il devait indemniser, omettait-il ses neveux, devenus ses ennemis déclarés. Il semble que la veuve de l'infant D. Fernando

1. Suivant les *Anales Toledanos III* (dans *España sagrada*, t. XXIII, p. 417), l'entrevue des deux rois eut lieu le mercredi 5 avril.

2. Arch. nat., J. 601, n° 23, pièce just. n° XXI. — *Crónica*, éd. cit., p. 82, col. 2. — L'entrevue des deux rois et le rétablissement de la paix parurent des événements assez considérables pour être mentionnés dans des actes de cette époque. Il existe au musée archéologique de Madrid un privilège de Sanche IV, dans lequel, à la suite de la date, on lit ces mots: «...en el año que el sobredicho rey Don Sancho se vio en la çibdad de Bayona con el rey Don Felippe de Francia su primo cormano e pusieron su amor en uno e sacaron todas las estrañeças que eran entre ellos. »

de la Cerda qui avait, elle aussi, fait preuve d'intransigeance en 1288, ait compris, sur les conseils de Philippe le Bel son neveu, qu'il fallait se résigner[1] ; en raison de l'attitude hostile de ses fils envers le roi de Castille, elle serait privée des possessions territoriales que le traité de Lyon lui avait assurées et devrait se contenter d'une pension viagère. On convint, en effet, que Sanche IV verserait à sa belle-sœur, chaque année, en deux termes, à la Nativité de Saint Jean-Baptiste et à Noël, une somme de 6.600 livres de tournois noirs, payable à Logroño, somme égale à la valeur de son douaire fixé par son contrat de mariage à 24.000 maravedis de rente. De plus, pour rembourser à Blanche de France les revenus de ce douaire qu'elle n'avait point perçus depuis qu'elle avait quitté la Castille, on lui compterait annuellement, aux mêmes dates que sa pension viagère, 12.075 livres, 14 sous 3 deniers de tournois noirs, jusqu'à ce que ce fût atteint le chiffre de 84.530 livres correspondant au total des arrérages dont elle avait été privée. Enfin, conformément à un article du traité de Lyon, la princesse devait être mise en possession des domaines qui appartenaient à son mari au moment où il mourut ; mais, sur le nombre et le revenu de ces biens, dispersés dans toutes les parties du royaume de Castille, les représentants de Sanche IV ne tombèrent pas d'accord avec les mandataires de Blanche ; on décida

1. Les mandataires spéciaux de Blanche, chargés de défendre ses intérêts aux conférences de Bayonne, étaient Alexandre de Loaisa, Lorenzo Martinez, archidiacre de Tarazona et un clerc nommé Domingo Martin (*Anales Toledanos III*, loc. cit., p. 417).

d'ouvrir à ce sujet une enquête approfondie, mais en attendant ses résultats, on transigea pour une rente annuelle de 960 livres tournois [1].

La guerre entre la Castille et l'Aragon languit quelque temps encore, puis Alphonse III étant mort (18 juin 1291), Jaime son frère et successeur arriva de Sicile avec des intentions pacifiques. Il entama aussitôt des négociations avec Sanche IV qui s'y prêta d'autant plus volontiers que les Maures assiégeaient la ville de Vejer et qu'il désirait pour cette raison avoir la liberté de tourner contre eux toutes ses forces [2]. Le nouveau roi d'Aragon accepta de prendre pour femme l'infante Doña Isabel, celle-là même qu'on avait projeté en 1288 de faire épouser à Alphonse de la Cerda, et la paix fut rétablie entre les deux royaumes voisins. Sanche IV, en concluant cet accord, ne pensait point violer le traité qui le liait au roi de France, traité dirigé contre le feu roi d'Aragon

1. Nous ne savons si cette enquête fut réellement ouverte, mais un document conservé aux Archives nationales (J. 915, n° 10) nous renseigne sur la manière dont le roi de Castille remplit les engagements qu'il avait pris à Bayonne à l'égard de sa belle-sœur. Les paiements effectués à Logroño à la Nativité de Saint Jean-Baptiste et à Noël comprenaient : 1° la pension servie à Blanche de France pour son douaire ; 2° les arrérages qu'elle n'avait point touchés depuis 1276 jusqu'à 1290; 3° les revenus des domaines que possédait son mari. Or, sur ces trois chapitres, elle ne reçût que les trois premières échéances. A partir de juin 1291, Sanche IV ne versa plus rien, de sorte qu'en 1306, le trésor castillan se trouvait débiteur de sommes considérables, tant à la veuve de l'infant D. Fernando qu'au roi de France qui avait fourni à sa tante les moyens de vivre conformément à son rang. Il est probable que le relevé de comptes où nous puisons ces indications fut rédigé en 1306 dans le but d'adresser une réclamation à la cour de Castille, mais aucun des documents de cette époque parvenus jusqu'à nous ne permet d'affirmer que cette réclamation fut réellement transmise au successeur de Sanche, le roi Ferdinand IV.

2. *Crónica*, éd. cit., p. 86, col. 1. — Vejer de la Frontera, prov. de Cadix, dist. jud. de Chiclana.

Alphonse III et non contre son successeur. Il crut pourtant devoir envoyer à Philippe le Bel en 1292 une ambassade dont le chef était l'archevêque de Tolède D. Gonzalo, afin de lui exposer les raisons qui l'avaient amené à traiter, et l'assurer que son amitié n'était en rien diminuée [1]. Sanche ne se borna pas à justifier sa conduite, il voulut encore s'employer à réconcilier ses deux nouveaux amis : on a la preuve qu'il écrivit au roi de France afin de l'engager à s'accommoder avec Jaime II et à conclure une paix où seraient compris le Saint-Siège et Charles de Valois [2]. Ce conseil fut bien accueilli et on négocia des trêves avant l'accord définitif que scella le traité d'Anagni (1295).

D'autres questions furent traitées entre la France et la Castille dans les années qui suivirent l'entrevue de Bayonne. Philippe désirait que Sanche lui prêtât l'appui de ses troupes et secondât l'effort qu'il se préparait à tenter pour déloger les Anglais de la Gascogne ; afin de le décider, il lui envoya un chevalier nommé Guillaume de Fiennes et maître Jean Le Duc. Le roi de Castille commença par promettre un contingent armé, puis se déroba en alléguant la guerre qu'il avait à soutenir contre les Sarrazins : il chargea le préchantre de l'église

1. *Crónica*, éd. cit. p. 86, col. 1 et 87, col. 1.

2 Ces renseignements et ceux qui suivent sont tirés d'un rouleau de de parchemin conservé aux Archives nationales (J. 915 n° 6a) : il contient les instructions données à maître Jean, archidiacre de Bruges et à Hue de Bouville que Philippe le Bel envoyait en Castille. Ce document n'est point daté, mais il semble, d'après son texte, qu'on puisse en fixer la rédaction à l'année 1292 ; au dos du rouleau, l'un des envoyés a mis par écrit les réponses que le roi et la reine de Castille avaient faites aux demandes qui leur étaient adressées de la part du roi de France.

Sceau de Sanche IV

de Palencia, Juan Fernandez, d'exposer le motif de son abstention et de solliciter un délai d'un an pour effectuer le paiement de la pension qu'il devait compter à Blanche de France. Deux délégués de Philippe le Bel, maître Jean, archidiacre de Bruges et Hue de Bouville reçurent à une date qui n'est pas fixée, mais qui paraît être voisine de 1292, la mission de porter en Castille les réponses de leur maître [1]. Ils insisteraient pour obtenir un secours militaire, car des trêves ayant été conclues avec les Musulmans, la raison donnée par Sanche n'avait plus de valeur. Philippe acceptait que le versement des sommes dont sa tante était créancière fût ajourné ; il se faisait fort d'entraîner sur ce point le consentement de la principale intéressée et se chargeait de lui avancer au besoin l'argent qui lui serait nécessaire ; il lui avait déjà adressé des représentations au sujet des intrigues qu'elle menait en Castille contre le pouvoir royal. Les deux messagers étaient aussi autorisés à déclarer que leur souverain ne refusait pas de traiter avec le roi d'Aragon et souhaitait que ce dernier rentrât en grâce auprès du Saint-Siège ; ils donneraient l'assurance que les seigneurs bannis de Castille ne seraient point accueillis en Navarre ; quant aux sujets castillans qui avaient suivi dans son exil Alphonse de la Cerda [2], Philippe se disait prêt à les expulser de ses États à l'excep-

---

1. Arch. nat., J. 915, n° 6ª. — Hue de Bouville, seigneur de Milly-en-Gatinais, chevalier et chambrier du roi. (Cf. A. Coulon, *Inventaire des sceaux de la Bourgogne*, Paris, 1912, in-4°, n° 33).

2. Après que la paix eût été rétablie entre la Castille et l'Aragon, Alphonse de la Cerda s'était retiré en France.

tion de trois ou quatre personnes qui faisaient partie de l'entourage intime du prétendant. Enfin le roi annonçait qu'il sollicitait officiellement du Pape la dispense de parenté nécessaire pour régulariser le mariage de Sanche IV et de Marie de Molina.

Cette dernière communication dut être particulièrement agréable à la reine de Castille, d'autant plus que les ambassadeurs ajoutèrent que leur souveraine prenait grand intérêt à la réussite de l'affaire. Aussi Marie chargea-t-elle l'archidiacre de Bruges et son compagnon de ses remerciements, affirmant qu'elle usait de son influence sur son époux pour que celui-ci demeurât fidèle à ses engagements. Sanche de son côté ne se montra pas avare de protestations d'amitié : il exposa derechef les raisons qui l'avaient poussé à fiancer sa fille à Jaime II et manifesta le ferme désir de travailler au rétablissement de la paix générale ; il démentit formellement le projet que des gens malintentionnés lui attribuaient de vouloir conquérir la Navarre de concert avec son futur gendre avec qui il partagerait ce royaume. Quant à la veuve de D. Fernando de la Cerda, il s'estimait dans une certaine mesure délié de tout engagement à son égard, car il possédait des preuves que cette princesse cherchait à fomenter une révolte contre son autorité, preuves écrites qu'il montra aux envoyés français. Au sujet du secours militaire demandé par Philippe le Bel, il ajournait sa réponse ; il la ferait connaître par des ambassadeurs qu'il se proposait de déléguer auprès du roi de France.

XIII

PROJETS DE MARIAGES ENTRE LES MAISONS DE FRANCE ET DE CASTILLE

Bientôt après, on chercha du côté castillan comme du côté français à donner plus de force à l'accord en rapprochant par des liens de famille les deux maisons royales. Dans les derniers mois de 1293, selon toute vraisemblance, Sanche IV fit des ouvertures à ce sujet et demanda à Philippe le Bel la main d'une de ses filles pour son héritier, l'infant D. Fernando. L'offre fut acceptée en principe et le roi de France se disposa à envoyer en Espagne un négociateur chargé de régler les conditions du futur mariage. Mais l'archidiacre de Bruges, maître Jean, qu'il avait choisi à cet effet et qui avait déjà rempli une mission à la même cour, tomba malade et mourut au moment de se mettre en route : le 30 janvier 1294, un chevalier, Guillaume de Grancey [1] et Gérard archidiacre de Brabant au diocèse de Cambrai, furent désignés pour le remplacer [2]. Ils partirent, mais

1. Guillaume, seigneur de Grancey, mourut avant le 12 novembre 1300 (cf., Dom Plancher, *Histoire générale et particulière de Bourgogne*, Dijon, in-fol. 1739-1781, t. II, p. 334).

2. Arch. nat., J. 601, n° 27. V. aussi dans J. 915, n° 11, le résumé des instructions données par le roi de France à ses ambassadeurs. Ce dernier

entre temps, on apprit qu'une fille nommée Béatrice était née au roi de Castille [1], et Philippe songea aussitôt à la marier à son fils aîné Louis ; dépêchant un courrier qui rejoignit ses deux représentants déjà en chemin vers l'Espagne, il leur donna les instructions pour conclure, s'il se pouvait, un double mariage.

Guillaume de Grancey et son compagnon furent reçus à Valladolid où se trouvait alors Sanche IV et s'abouchèrent avec les délégués de ce prince. Le 7 avril, ils rédigèrent les articles sur lesquels l'entente s'était faite ; ils indiquèrent les points qui restaient en discussion et seraient repris par de nouveaux négociateurs que le roi de Castille se proposait d'envoyer en France [2].

Il s'en fallait en effet de beaucoup que toutes les questions traitées eussent été résolues dans ces premières conférences. Seul, le mariage de l'infant D. Fernando avec Blanche, fille de Philippe le Bel était en principe décidé et l'on avait fixé le douaire de la princesse à 24.000 maravédis de rente ; quant au chiffre de la dot offerte, 10.000 livres tournois, il avait été jugé maigre par le roi de Castille. Guillaume de Grancey et l'archidiacre de Brabant, liés par leurs instructions, n'avaient pu promettre davantage, mais avaient laissé entendre que leur maître consentirait peut-être à se montrer

---

texte n'est pas daté, mais son contenu se réfère exactement aux questions que Guillaume de Grancey et son compagnon traitèrent effectivement avec le roi de Castille.

1. Doña Beatriz naquit en 1293 ; elle épousa en 1309 Alphonse II, roi de Portugal. (Florez, *op. cit.*, t. II, p. 555).

2. Arch. nat., J. 601, n° 27, pièce just. n° XXII.

plus généreux. Le second projet matrimonial qui consistait à unir l'infante Doña Beatriz à l'héritier de la couronne capétienne soulevait une difficulté plus sérieuse, car Philippe avait prescrit à ses mandataires de demander que la dot de sa future bru fût constituée non pas en argent, mais en territoires dont il convoitait la possession et ce n'était rien moins que Fontarabie, Saint-Sébastien, Logroño et Vitoria ainsi que certains passages de montagnes qui commandaient sur le versant castillan l'entrée de la Navarre. Le seigneur de Grancey et son collègue avaient dû se faire indiquer ces points stratégiques par le gouverneur de ce royaume qui formait alors partie intégrante de la France. Mais sur ce chapitre, ils n'obtinrent rien, pas même Saint-Sébastien et Fontarabie qu'on leur avait assigné comme un minimum[1], Sanche s'étant absolument refusé à aliéner une partie quelconque de son domaine ; il offrait seulement de doter sa fille en argent. Ayant de son côté demandé que la jeune princesse destinée à l'infant D. Fernando fût amenée dès à présent en Castille pour être familiarisée avec la langue et les coutumes de sa nouvelle patrie, il essuya un refus, les négociateurs français ne croyant pas devoir accéder à ce désir tant que le Saint-Siège n'aurait pas accordé la dispense de parenté nécessaire aux futurs époux.

Ainsi, même sur des questions secondaires, on ne s'était point mis d'accord ; pour l'un des mariages il y

1. Arch. nat., J. 915, n° 11.

avait un écart considérable entre les demandes du roi de France et les concessions que Sanche était disposé à faire, et si l'autre projet semblait être en meilleure voie de réalisation, il restait encore à discuter sur le chiffre de la dot.

Conformément aux instructions qu'ils avaient reçues, Guillaume de Grancey et l'archidiacre de Brabant abordèrent d'autres sujets. Ils proposèrent notamment qu'une alliance en bonne et due forme fût conclue entre les deux royaumes, alliance qui engagerait non seulement Philippe le Bel et Sanche IV, mais encore leurs successeurs et serait dirigée contre les ennemis de ces princes quels qu'ils fussent, y compris les infants de la Cerda au cas où ils prendraient de nouveau les armes pour soutenir leurs prétentions. Cette offre ne fut pas immédiatement acceptée et l'on décida d'en ajourner la discussion approfondie. Les négociateurs français furent plus heureux lorsqu'ils demandèrent au nom de leur maître que le secours militaire promis antérieurement par le roi de Castille pour combattre l'Aragon pût être employé contre les rebelles de Gascogne et l'Angleterre [1], mais ils échouèrent lorsqu'ils tâchèrent d'obtenir que ces troupes auxiliaires fussent entretenues aux frais de Sanche ; celui-ci allégua en effet les dépenses considérables qu'il était contraint de faire pour nourrir sur une terre inféconde des soldats en nom-

1. On sait que la guerre avait éclaté entre la France et l'Angleterre à la suite des rixes et des pilleries auxquelles se livraient les marins des deux nations et que Philippe IV fit procéder en 1294 à la saisie du duché de Guyenne.

bre suffisant afin d'être constamment prêt à repousser une invasion musulmane toujours menaçante. Par voie de réciprocité, le souverain espagnol désirait que Philippe lui promît son aide contre tous les princes qui lui feraient la guerre ; mais les ambassadeurs ne purent prendre à cet égard aucun engagement ferme ; ils lui laissèrent pourtant espérer que leur maître mettrait à son service pour combattre le roi de Portugal un contingent égal à celui qu'il recevrait lui-même contre l'Angleterre. Sanche aurait voulu également que le roi de France interdît à ses sujets tout commerce maritime avec les Portugais : sur ce point encore, la réponse fut ajournée. Cependant, l'entente se fit sur le nombre de chevaux et de mules que Philippe serait autorisé à acheter en Espagne et l'on s'en tint au chiffre qui avait été fixé à Bayonne ; l'on décida que les navires français seraient reçus dans les ports castillans et pourraient s'y ravitailler ; enfin on convint que le roi capétien aurait la faculté de louer des vaisseaux et de recruter des équipages dans les États de son allié pourvu que ce prince ne se trouvât pas lui-même aux prises avec une guerre nécessitant l'emploi d'une force navale.

En résumé, Guillaume de Grancey et son compagnon n'avaient fait autre chose, le 7 avril 1294, que poser les bases d'une entente dont beaucoup de conditions restaient à discuter : les deux parties s'efforceraient en toute bonne volonté de faire cesser les divergences de vues qui subsistaient ; mais, s'il demeurait impossible d'aplanir toutes les difficultés, aucun des engagements pris sur des questions particulières ne conserverait de valeur.

Malgré l'insertion dans l'acte du 7 avril de cette dernière clause qui paraissait lier indissolublement les uns aux autres tous les objets de la négociation entamée entre les deux couronnes, il semble que les trois ambassadeurs castillans qui vinrent en France au cours de l'été de 1294, se soient bornés à traiter des mariages projetés. Le 1er mai, Sanche avait donné pleins pouvoirs pour négocier en son nom à D. Nuño, évêque de Palencia, à maître Nicolas, son conseiller et son médecin, et à un juge de sa cour, Pascasio Martinez. Ceux-ci, revenus à Valladolid, présentèrent à leur maître les résultats de leur mission et soumirent à sa ratification les articles sur lesquels l'entente était acquise. Le 31 octobre, le roi de Castille approuva la teneur de ces conventions et promit de les observer [1]. A vrai dire, les choses n'étaient guère plus avancées à cette date qu'au mois d'avril précédent. On avait seulement changé la fille de Philippe le Bel qu'épouserait l'infant D. Fernando. Au lieu de Blanche ce serait Marguerite ; elle aurait un douaire de 24.000 maravédis ; de sa dot, il n'était point question, ce qui laisse supposer ou que le roi de Castille avait accepté le chiffre de 10.000 livres tournois qui avait été proposé ou que la discussion restait encore ouverte à ce sujet. Si elle ou son fiancé venait à mourir avant les noces ou bien était inapte au mariage, on

1. Arch. nat., J. 601, n° 26, pièce just. n° XXIII.

remplacerait suivant le cas Marguerite par une de ses sœurs et D. Fernando par son frère cadet. Quant à la seconde union, celle du fils aîné de Philippe le Bel et de l'infante Doña Beatriz, la difficulté soulevée au mois d'avril restait entière, le roi de France ayant persisté à demander que la dot de sa future belle-fille fût constituée par des territoires et les envoyés castillans n'étant pas autorisés à faire une promesse de cette nature; Philippe annonçait d'ailleurs l'intention de déléguer bientôt en Castille de nouveaux ambassadeurs chargés de négocier sur ce point ; il désirait aussi qu'on assurât des domaines aux enfants qui naîtraient de sa fille Marguerite et de D. Fernando, au cas où celui-ci décéderait avant d'avoir régné, sage précaution destinée à éviter les embarras qui avaient surgi à propos des infants de la Cerda. Les souverains s'engageaient à solliciter du Saint-Siège les dispenses nécessaires et à user de leur influence pour que leurs enfants acceptassent les mariages qu'ils leur préparaient ainsi. Si l'on parvenait à conclure définitivement les deux unions dont il avait été parlé ou si l'une d'elles seulement se réalisait, le roi de France et le roi de Castille promettaient mutuellement de s'aider en toutes circonstances comme de fidèles amis, et cette alliance générale s'étendrait à leurs successeurs.

Pressé d'en finir, Philippe le Bel, dès le 9 août, confia à deux de ses clercs la mission de résoudre les difficultés encore pendantes. Gilles Lambert, doyen de Saint-Martin de Tours et Jean, chantre de l'Église d'Orléans[1] partirent pour l'Espagne où Sanche IV les aboucha avec l'évêque de Palencia, maître Nicolas et Pascasio Martinez qui étaient bien au courant de toutes les questions à discuter pour les avoir traitées récemment à Paris. Les envoyés français obtinrent sans difficultés que le douaire de Marguerite fût constitué en terres et que des domaines fussent affectés aux enfants à naître de cette princesse et de l'héritier de Castille dans le cas où celui-ci mourrait avant son père ; ils étaient donc disposés à conclure définitivement le mariage, lorsque l'examen approfondi de leurs lettres de créance fit découvrir qu'ils n'étaient pas autorisés à engager d'une manière irrévocable la parole de leur maître. On dut donc surseoir encore. Et pour la seconde union, comme ils réclamaient de nouveau des territoires pour former la dot de la future épouse de l'héritier capétien et que le roi de Castille ne consentait pas plus que précédemment à démembrer ses États, il leur fallut se contenter d'une somme d'argent. L'on se mit à marchander, et finalement, Sanche IV offrit 100.000 livres tournois. Mais il restait encore à régler les termes du paiement et à fixer le montant du douaire de l'infante Doña Beatriz : or, les négociateurs français n'étaient pas munis de pouvoirs suffisants pour conclure sur ces points.

---

1. Le pouvoir de ces négociateurs est inséré dans un acte du 3 novembre 1294 (Arch. nat., J. 915, n° I, pièce just. n° XXIV). Gilles Lambert, alors qu'il n'était encore que prévôt de Leré (une des prévôtés dépendant de Saint-Martin de Tours) avait été en 1288 un des négociateurs du traité de Lyon. D'après la *Gallia Christiana*, on le trouve comme doyen de Saint-Martin en 1290 ; il mourut après 1315.

On convint donc que le roi de Castille accréditerait de nouveaux ambassadeurs auprès de Philippe le Bel, afin de faire aboutir, s'il se pouvait, les pourparlers qui duraient déjà depuis si longtemps [1].

1. Le doyen de Saint-Martin de Tours et son compagnon rapportèrent en France une lettre de Sanche IV scellée sur lacs de soie, datée du 3 novembre 1294 qui contient le récit abrégé de ces négociations. Ce document (Arch. nat., J. 915, n° 1) est en très mauvais état et en partie détruit.

XIV

PHILIPPE IV ET FERDINAND IV

La mort de Sanche, survenue le 25 avril 1295, mit fin à cette laborieuse négociation. Il laissait le trône à un enfant, Ferdinand IV, celui-là même qu'on avait eu le dessein de marier à une fille de Phillippe le Bel ; le règne de ce jeune prince est une des périodes les plus confuses et les plus troublées de l'histoire de la Castille. Les oncles du roi et les grands vassaux s'unissent ou se combattent suivant leurs intérêts du moment, tous préoccupés de satisfaire leur ambition et leur cupidité, tandis que le pays est livré aux pillards et aux brigands, que le trafic cesse, que la culture du sol est abandonnée, que les villes se révoltent et s'organisent en confraternités[1] : tel est le tableau que présente la Castille durant la minorité de Ferdinand IV, tableau qui serait incomplet si l'on n'y ajoutait la guerre étrangère, le roi d'Aragon conquérant Murcie et favorisant les menées du prétendant Alphonse de la Cerda. Le pouvoir royal se serait complétement effondré sans

1. Cf. Jofré de Loaisa, *Chronique des rois de Castille*, éd. cit.. § 67.

l'énergie et l'intelligence d'une femme, Marie de Molina, veuve de Sanche IV, la tutrice du jeune roi.

L'état d'arnachie où se trouvait la Castille ne pouvait manquer d'encourager Alphonse de la Cerda à faire valoir ses prétentions à la couronne. Il ne semble pas qu'il ait rencontré auprès de Philippe le Bel un appui sérieux. Ce prince, fort occupé par d'autres soucis, n'intervint pas d'une manière directe dans la querelle dynastique qui se poursuivait et qu'entretenaient des seigneurs turbulents, encouragés par le roi d'Aragon Jaime II ; mais ses agents en Navarre ne se firent pas faute de profiter des embarras où se débattait Marie de Molina pour essayer d'obtenir des avantages. Sur une frontière imparfaitement délimitée, Navarrais et Castillans ne cessaient de se quereller et d'entreprendre les uns sur les autres. En 1298, le gouverneur de la Navarre, envoyant à la reine un chevalier chargé de se plaindre des empiétements de ses sujets, la menaça de faire cause commune avec ses ennemis s'il n'obtenait satisfaction. Marie répondit qu'elle ne croyait pas que le roi de France voulût prendre parti contre son fils et rompre l'amitié scellée jadis à Bayonne, mais que si l'événement se produisait, on la trouverait prête à résister de son mieux à d'injustes prétentions. Mécontent de cette fière réponse, le gouverneur de la Navarre se mit alors à négocier avec le prétendant Alphonse de la Cerda, lui promettant le secours des troupes françaises en échange de la possession des territoires contestés ; il n'osa pourtant pas agir sans avoir obtenu l'agrément de Philippe IV à qui l'on envoya D. Juan Nuñez de Lara[1] pour le décider à attaquer la Castille. D. Juan Nuñez conféra en effet avec le roi, et si l'on ignore le résultat de leur entretien, on sait du moins que le partisan leva des soldats en Navarre et ravagea les terres de Ferdinand IV[2]. Il ne devait pas tarder du reste à être fait prisonnier[3]. Mais rien ne prouve que Philippe ait encouragé Alphonse de la Cerda autrement qu'en ne s'opposant point aux menées de D. Juan Nuñez de Lara.

Le roi d'Aragon, au contraire, favorisait ouvertement le prétendant et tâchait d'incliner Philippe le Bel à prendre le même parti. Il lui écrivait en ce sens le 23 août 1300[4]; et à la fin d'avril 1301, redoublant ses instances, il lui fit représenter par deux ambassadeurs, le Templier D. Ximeno de Lienda et Pedro de Valsenis, archiprêtre de Saragosse, l'avantage qu'il retirerait du succès de l'infant de la Cerda; il lui rappelait que Sanche IV n'avait jamais été pour lui qu'un ami peu sûr ; rien ne serait plus aisé au roi de France que de mettre en ligne les troupes qu'il avait en Navarre ; cela déciderait tout, et si l'on obtenait l'assentiment du Pape, la nouvelle dynastie s'implanterait facilement en

1. Il s'agit de D. Juan Nuñez de Lara, IIIe du nom, fils de celui qui s'était mis en septembre 1276 au service du roi de France et qui était mort en 1294. (Cf. Salazar y Castro, *op. cit.*, t. III, pp. 153 et suiv.).

2. *Crónica de D. Fernando IV* dans les *Crónicas de los reyes de Castilla* (coll. Rivadeneyra) t. I, pp. 114, col. 2 et 115, col 1.

3. D. Juan Nuñez de Lara III fut vaincu et fait prisonnier près d'Alfaro le 7 mai 1299 (cf. *Chronique de Jofré de Loaisa*, éd. cit., p. 45).

4. Finke, *Acta aragonensia* (Berlin 1908, in-8°), t. I, p. 451.

Castille, d'autant plus que les riches-hommes de ce royaume se laisseraient sans peine acheter [1].

Ces ouvertures n'eurent aucun succès : Philippe, dont l'attention était concentrée sur les affaires de Flandre, n'était rien moins que disposé à écouter les avis qui lui venaient d'Aragon et à entreprendre une campagne au delà des Pyrénées. Il avait d'ailleurs engagé des négociations avec la reine-mère de Castille dans le but de mettre un terme aux incidents de frontière qui armaient les uns contre les autres, d'une manière presque permanente, les Navarrais et les Castillans ; il est possible qu'il ait profité de l'occasion pour engager Marie de Molina à entrer en accommodement avec Alphonse de la Cerda et à offrir à celui-ci une compensation en échange d'un désistement formel de ses prétentions [2]. La chronique rapporte [3] que la reine étant à Burgos en 1301, reçut des messagers de Philippe chargés de réclamer des indemnités pour les ravages exercés par ses sujets en Navarre et d'obtenir l'assurance que ceux-ci s'abstiendraient désormais d'en commettre ; le roi lui faisait savoir qu'au cas où elle ne prendrait pas les mesures nécessaires pour arrêter les pilleries dont les Castillans se rendaient coupables, lui-même se chargerait de les châtier. Marie fut fort troublée par cette menace et comprit qu'il serait dangereux de mécontenter son puissant voisin ; ses conseillers furent,

1. Zurita, *op. cit.*, t. I, fol. 400 verso.
2. *Ibidem.*
3. *Crónica*, éd. cit., p. 120, col. 1 et 2.

comme elle, d'avis qu'il importait de régler au plus tôt ces questions irritantes. On répondit en conséquence aux envoyés français que le gouverneur de la Navarre serait invité à conférer avec les délégués du roi de Castille pour évaluer les dommages causés de part et d'autre, car on pouvait facilemcnt prouver que les sujets de Philippe n'étaient pas non plus exempts de reproches. Le gouverneur de la Navarre se rendit, en effet, peu de temps après à Vitoria et l'on examina le détail des torts imputables à l'un et à l'autre parti; un nouveau rendez-vous fut pris pour terminer complètement cette affaire [1].

Cette menace de conflit avec la France se trouvant ainsi écartée, la tutrice de Ferdinand IV eut, à peu près à la même époque, la satisfaction de voir régler une question qui depuis nombre d'années restait en souffrance et qui avait pour elle-même et pour son fils un intérêt majeur : la validation de son mariage avec Sanche IV. Nous savons par le témoignage d'un agent du roi d'Aragon auprès de la Curie romaine, que Philippe le Bel avait beaucoup insisté auprès du Pape pour qu'il accédât aux prières de la reine de Castille [2]. On a vu plus haut que le Saint-Siège n'avait jamais considéré comme régulière l'union de Sanche et de Marie de Molina qui se trouvaient parents à un degré prohibé par le droit canonique. Il s'en suivait que les cinq enfants issus de ce mariage étaient, aux yeux de l'Église, illégitimes et c'était là une tare que les ennemis de la dynastie pou-

1. *Crónica*, éd. cit., p. 121, col. 2.
2. Finke, *op. cit.*, t. I, p. 104.

1

2 3

4 5

1 et 2. Sceau de Jean de Brienne ou d'Acre, bouteiller de France.
3. Sceau de Rodrigo Velasquez, chanoine de Santiago.
4. Sceau de Jean Cholet, cardinal.
5. Sceau de Pierre de Mornay, archidiacre de Sologne.

Phototypie Berthaud, Paris

vaient invoquer pour justifier leur rébellion. On se souvient que le désir d'ôter à ceux-ci le prétexte qu'ils mettaient en avant et d'obtenir du Pape la dispense nécessaire, était un des motifs qui avaient poussé le feu roi de Castille à chercher un accommodement avec la France. Soit que Philippe le Bel qui s'était engagé à solliciter cette faveur au profit de son nouvel ami n'ait pas alors agi sur le Saint-Siège avec toute l'insistance désirable, soit que le Pape ait eu des raisons pour opposer un refus ou pour différer, Sanche IV était mort sans que son mariage eût été validé : Nicolas IV écrivant à ce prince, le 4 novembre 1289, pour le féliciter d'avoir conclu la paix avec la France, lui faisait connaître qu'il ne pouvait, pour le moment du moins, lui accorder la dispense demandée [1]. Ce fut seulement douze années plus tard que Boniface VIII se décida à régulariser, non pas le mariage dissous par la mort de l'un des époux, mais la situation des enfants : la bulle de légitimation de Ferdinand IV, de ses frères D. Felipe et D. Pedro, de ses sœurs Doña Isabel et Doña Beatriz est datée d'Anagni le 6 septembre 1301 [2].

Mais si le Pape consentait à effacer ainsi d'une manière solennelle la tache qui souillait la maison royale de Castille, il avait également à cœur de faire cesser la longue compétition qui depuis 1276 armait les uns contre les autres les descendants d'Alphonse le Savant. Le 16 septembre 1301, il exhorta le souverain de Castille

1. *Annales ecclesiastici*, éd. Theiner, t. XXIII, p. 56.
2. Digard, *Registres de Boniface VIII*, col. 310, n° 4403.

à se réconcilier avec ses cousins et à faire à ceux-ci dans son royaume une situation telle qu'ils pussent s'en contenter [1]. Le parti des infants de la Cerda était pour lors tombé bien bas, car le roi d'Aragon ne le soutenait plus que fort mollement, et même si l'on s'en rapporte aux termes dont Boniface VIII usait dans sa lettre, les princes menaient une vie d'aventuriers assez misérable. Le 21 juin de l'année suivante 1302, l'archevêque de Tolède D. Gonzalo et l'évêque de Sigüenza prirent, dans les Cortès tenues à Medina del Campo, la parole au nom du Pape, ainsi qu'ils en avaient reçu mandat le 16 septembre précédent [2] : ils prièrent Ferdinand IV de conclure une bonne paix avec le prétendant et son frère afin d'assurer définitivement la tranquillité du royaume. Le roi répondit que tel était aussi son désir, mais que pour le moment il ne lui paraissait pas possible de le réaliser, car les deux infants, abandonnés par l'Aragon, s'étaient réfugiés chez les Maures et prenaient part aux incursions hostiles que ceux-ci faisaient sur les frontières de la Castille [3]. Ils renoncèrent bientôt à continuer

1. Digard, *op. cit.*, col. 310, n° 4404.
2. *Ibidem*, col. 311, n° 4405.
3. Antonio de Benavides, *Coleccion diplomática de la crónica de D. Fernando el IV*, n° CCXIII, p. 315. — Alphonse de la Cerda s'était de longue date lié avec le roi de Grenade : à peine rendu à la liberté par Alphonse III, il avait conclu avec le prince musulman un traité dont le texte est perdu mais dont le souverain d'Aragon s'était porté garant par une lettre datée de Calatayud le 1er juin 1289 qui a été conservée. Ce pacte d'amitié et d'alliance fut renouvelé le 10 septembre 1301 : le prétendant promettait de restituer aux Grenadins, s'il parvenait à monter sur le trône, Tarifa et d'autres places conquises à l'époque d'Alphonse X (Cf. les très intéressants articles de M. Andrés Gimenez Soler parus dans le *Boletin de la Real Academia de buenas letras de Barcelona* sous le titre de *La corona de Aragon y Granada*, t. III, années 1905-1906.)

la lutte, et la paix ayant été sur ces entrefaites rétablie entre l'Aragon et la Castille, deux arbitres furent choisis de part et d'autre pour déterminer les avantages qui seraient concédés à Alphonse de la Cerda en échange de sa renonciation à la couronne. Jaime II d'Aragon se chargea des intérêts du prétendant et Denis de Portugal représenta Ferdinand IV. Ils rédigèrent à Torrellas [1] le 8 août 1304, les termes du compromis qui terminait cette longue querelle dynastique. Alphonse recevait des domaines et des revenus, mais restituait les places fortes que ses derniers partisans occupaient encore ; il se reconnaissait vassal de son cousin et s'engageait à ne plus user du titre de roi ni du sceau royal [2].

La chronique de Ferdinand IV rapporte que dans le courant de l'année 1305, des ambassadeurs français vinrent à la cour de Castille, chargés de renouveler au nom de leur maître l'amitié nouée jadis sous le règne de Sanche IV et de préparer un mariage entre Philippe le Bel et une des sœurs du roi, l'infante Doña Isabel. Leurs propositions furent bien accueillies et le souverain castillan répondit qu'il avait l'intention d'envoyer prochainement des mandataires en France pour traiter ces questions ; le chroniqueur ajoute que les ambassadeurs français furent très honorablement traités et reçurent des cadeaux, notamment des chevaux [3].

---

1. Torrellas prov. de Saragosse, dist. jud. de Tarazona.

2. Le texte de cette sentence a été publié dans les *Crónicas de los reyes de Castilla*, éd. cit., t. II, p. 155 (Adiciones a las notas de la Crónica de D. Juan I).

3. *Crónica*, éd. cit., p. 143, col. 1.

Les documents diplomatiques n'ont conservé aucune trace de ce projet de mariage ; s'il fut réellement conçu, on ne tarda pas à l'abandonner. Il est constant qu'en avril 1305 Philippe le Bel avait perdu sa femme Jeanne de Navarre et rien n'empêche de supposer qu'il ait songé un moment à contracter une nouvelle union avec une princesse de la maison de Castille. L'infante Doña Isabel dont il aurait été question pour lui, si l'on s'en rapporte à la chronique que nous venons de citer, était le premier enfant de Sanche IV et de Marie de Molina [1] : on la fiança en 1291, nous l'avons dit, au roi d'Aragon Jaime II, mais le mariage ne fut point célébré, le Pape ayant refusé la dispense de parenté dont les futurs époux avaient besoin. Aussi Doña Isabel revint-elle en Castille en 1296 ; elle épousa en 1310 Jean III, duc de Bretagne.

Mais on sait de source certaine que les négociations en vue d'établir sur des bases solides l'amitié franco-castillane furent entamées et suivies en 1305. Le 22 mai de cette année, à Medina del Campo, Ferdinand IV donna à un chevalier, D. Rodrigo Perez de Atienza et à son médecin, maître Nicolas qui avait déjà sous le précédent règne rempli en France une mission diplomatique, pleins pouvoirs pour conclure avec Philippe le Bel une entente et renouveler les alliances antérieurement établies ; il chargea ces deux personnages de jurer en son nom d'en observer toutes les clauses et de recevoir du roi de France un serment analogue [2]. C'est

1. Florez, *op. cit.*, t. II, pp. 550-552.
2. Arch. nat., J. 601, n° 39.

à Lyon que les pourparlers s'engagèrent et aboutirent le 3 décembre suivant : les deux souverains s'engageaient réciproquement à agir l'un à l'égard de l'autre comme de fidèles amis et à ne prêter aucun secours à leurs ennemis respectifs. Dans le texte qui nous a été conservé [1] et qui contient les promesses faites par le roi de Castille, nous voyons qu'il s'interdit de recevoir dans ses États aucune personne de quelque condition qu'elle soit qui serait bannie de la Navarre ; au sujet des ravages exercés par les Castillans sur les frontières de ce royaume et des indemnités dues à cette occasion, on s'en tint aux conventions passées naguère à Vitoria entre les représentants des deux couronnes. Il est probable que dans l'exemplaire du traité qui fut remis au roi de Castille, Philippe le Bel s'engageait de son côté à ne prêter asile ni secours aux sujets rebelles de Ferdinand IV. Celui-ci, résidant à Valladolid le 31 mars 1306, ratifia l'œuvre de maître Nicolas et de D. Rodrigo Perez de Atienza et jura de tenir tout ce qu'ils avaient stipulé en son nom [2].

Quelques années plus tard, nous trouvons la trace d'une intervention du roi de France en faveur du plus jeune des infants de la Cerda, Ferdinand. Ce prince avait, de même que son frère, fait sa paix avec le roi de Castille et en avait reçu des domaines. Mais il ne garda pas à Ferdinand IV la fidélité qu'il lui avait promise, il se révolta et par représailles vit ses biens confisqués.

---

1. Arch. nat., J. 601, n° 40.
2. *Ibidem*, J. 601, n° 40 *bis*, pièce just. n° XXVI.

Fut-il obligé de se réfugier en France? C'est possible. Il est vraisemblable en tous cas qu'il pria Philippe le Bel d'intercéder en sa faveur pour obtenir son pardon. On possède en effet le texte d'une lettre [1] écrite en 1309 par le souverain français à Guillaume-Pierre Godin, cardinal-évêque de la Sabine et légat pontifical en Castille, par laquelle il l'invite à conseiller à Ferdinand IV de rendre à l'infant ses domaines confisqués ; il annonce en même temps qu'il écrit au roi et à Ferdinand de la Cerda pour exhorter sans doute l'un à la clémence et l'autre à la soumission [2]. Le rebelle ne fut reçu en grâce que dix ans plus tard ainsi que nous aurons l'occasion de le dire.

La mort de Ferdinand IV, survenue le 7 septembre 1312, plongea encore une fois la Castille dans l'anarchie, car l'héritier du trône était un enfant de treize mois. Marie de Molina qui avait, durant la minorité de son fils, fait ses preuves d'énergie et d'habileté politique, fut appelée de nouveau à exercer la tutelle du jeune Alphonse XI, dont elle partagea la charge avec l'infant D. Juan son beau-frère et l'infant D. Pedro son fils [3]. On con-

1. Arch. nat., JJ. 42, n° 66, pièce just. n° XXVII.

2. Le roi de France s'adressa aussi au Pape pour l'intéresser au sort de Ferdinand de la Cerda : en 1310, envoyant à Clément V un messager, il chargeait ce dernier de prier le Pontife de rétablir la concorde entre le roi de Castille et son vassal (Achery, *Spicilegium*, éd. in-fol., t. III, p. 701).

3. L'infant D. Juan, 3e fils d'Alphonse X et d'Yolande d'Aragon, né en 1264 (cf. Florez, *op. cit.*, t. II, pp. 524 et suiv.) ; l'infant D. Pedro, 4e fils de Sanche IV, et de Marie de Molina, né en 1290 (*ibidem*, p. 553). Tous deux furent tués en 1319 dans la vega de Grenade en combattant les Maures.

state pendant cette période troublée la continuation entre les deux pays de rapports amicaux qui s'affirmèrent en 1317 par un nouvel accord relatif aux incidents qui se produisaient toujours à la frontière de Navarre et aussi par des projets matrimoniaux. Le 8 novembre de cette année, l'évêque de Burgos, D. Gonzalo de Hinojosa était à Paris et d'accord avec les mandataires du roi Philippe V au nombre de trois, Guillaume Durand, évêque de Mende, le Bouteiller Henri de Sully et un juriste nommé Pierre Bertrand, archidiacre de Bilom en Auvergne, rédigeait un projet de traité [1]. On y proclamait tout d'abord la parfaite entente et l'amitié sincère qui unissaient les deux souverains, leur ferme volonté de s'entr'aider mutuellement. Chacun s'engageait à ne point accueillir dans ses États les ennemis de l'autre et à ne pas permettre que ceux-ci se fournissent de chevaux, d'armes ou de vivres et n'y recrutent de soldats. Quant aux dommages que leurs sujets auront à souffrir réciproquement dans les pays frontières et spécialement du côté de la Navarre, on les évaluera et on les réparera suivant les avis de prud'hommes des deux partis, avis qui seront recueillis par le « merino mayor » du royaume de Castille et le gouverneur de la Navarre ; ces officiers feront d'ailleurs toute diligence pour empêcher les attentats contre les personnes et les biens. Pour mieux sceller l'accord, on décida que le jeune Alphonse XI épouserait, dès qu'il aurait atteint l'âge légal, une des

1. Arch. nat., J. 601, n° 29, pièce just. n° XXVIII.

filles de Philippe V[1], soit l'aînée Jeanne si les fiançailles de cette princesse avec le duc de Bourgogne venaient à se rompre, soit dans le cas contraire la plus jeune, Isabelle. La future épouse, quelle qu'elle fût, recevrait une dot de 50.000 livres tournois qui serait employée à acheter soit en France soit en Espagne des terres dont le revenu appartiendrait à la princesse sa vie durant et passerait ensuite aux enfants issus de son mariage; si l'union demeurait stérile, la dot ferait retour au roi de France à la mort de l'épouse, le roi de Castille remboursant alors la valeur des domaines acquis, au cas où ces domaines seraient situés dans ses États. De son côté, Alphonse XI devait assurer à sa femme dès qu'elle serait arrivée en Espagne, un douaire produisant au moins 6.000 livres tournois de rente et assis sur des terres situées autant que possible dans le voisinage de la Navarre. Enfin, on réglait l'ordre de succession au trône : l'héritage royal passerait à l'aîné des fils issus du mariage, les autres enfants recevant des dotations convenables. A défaut d'un hoir mâle du premier ou du second degré, la fille aînée régnerait, à moins qu'Alphonse XI n'eût un fils d'un autre mariage.

Les conventions ainsi préparées par les négociateurs français et l'évêque de Burgos satisfirent Philippe V ;

1. Le plus récent historien de Philippe V, parlant de ce projet de mariage, dit à tort que la fille du roi de France devait épouser un neveu du roi de Castille nommé Alphonse : « Le roi de Castille Alphonse XI, suivant l'exemple de ses prédécesseurs, l'aida (Philippe le Long) contre les Flamands et les Bayonnais... Philippe le Long, afin de lui prouver sa reconnaissance, lui promit pour son *neveu Alphonse* la main d'une de ses filles... » Le Hugeur, *Philippe le Long*, p. 266.

mais la reine Marie et les tuteurs d'Alphonse XI ne s'en contentèrent pas et proposèrent d'ajouter au texte certains articles qu'on refusa d'accepter à Paris sans un examen approfondi. Une nouvelle discussion devenait donc nécessaire ; le roi de France envoya en Espagne pour y prendre part en son nom des ambassadeurs [1] dont l'un fut probablement Pierre Barrière, évêque de Senlis [2].

Entre temps, au cours de l'année 1318, il avait confié à un de ses clercs nommé Pierre Fauvel, trésorier de l'église de Nevers, une mission qui avait un objet particulier : il s'agissait d'obtenir des personnages qui gouvernaient à la place du roi de Castille encore mineur, qu'ils fissent défense aux sujets castillans d'entretenir des relations commerciales avec les Flamands tant que l'état de guerre durerait entre ceux-ci et la France. Cette prohibition ne pouvait manquer de causer un préjudice considérable aux producteurs, aux négociants, ainsi qu'aux marins qui transportaient les marchan-

1. Ces faits sont exposés dans une lettre adressée par Philippe V à Marie de Molina dont la copie se trouve dans un registre du Trésor des Chartes (Arch. nat., JJ. 55, n° 136). Cette lettre est seulement datée de Vincennes : il semble qu'elle fut écrite au mois de janvier 1319 (n. st.). Outre la place que ce document occupe dans le registre, une des raisons qui nous portent à lui attribuer cette date, c'est que le roi résida à Vincennes du 10 au 14 janvier 1319. (*Historiens de France*, t. XXI, p. 478).

2. Pierre Barrière n'est pas nommé dans la lettre que nous venons de citer ; en revanche il est clairement désigné dans un autre document mentionné plus bas et daté du 4 octobre 1319 comme revenant d'une mission en Espagne. Il ne paraît donc pas téméraire de penser qu'il était le chef de l'ambassade dont parle Philippe V dans la lettre du mois de janvier 1319 (JJ. 55, n°136), ambassade qui devait, d'après les calculs du roi, parvenir vers Pâques à la cour de Castille.

dises ; on comprend aisément que la demande de Philippe V ne fut point agréée sans difficulté. Les tuteurs ne voulurent rien décider avant de consulter les principaux intéressés : ceux-ci ne refusèrent pas d'interrompre leur négoce avec les Flamands, mais ils sollicitèrent un délai qui leur permît de liquider leur situation et de faire rentrer l'argent qui leur était dû. Cette réclamation parut si raisonnable qu'on laissa aux commerçants et aux transporteurs de marchandises la faculté de continuer leurs opérations jusqu'à la Pentecôte de l'année 1319. Quand Philippe V fut informé par son messager de la décision prise, il remercia la reine de Castille et les tuteurs du jeune roi ; il leur notifiait en même temps que la trêve conclue entre lui lui et les Flamands expirait à la prochaine fête de Pâques et qu'il n'avait point l'intention de la proroger[1]. En conséquence, il demandait à Marie de Molina, aux infants D. Pedro et D. Juan de ne point manquer de publier en temps utile l'interdiction faite à tous de porter en Flandre des vivres et d'autres marchandises quelconques à partir de la Pentecôte ; il les priait en outre de veiller à ce que nul ne contrevînt à cette défense.

Pierre Barrière quitta la Castille sans avoir rien conclu de définitif au sujet du mariage projeté entre Alphonse XI et l'une des filles du roi de France ; il rapportait des propositions dont la nature ne nous est pas

1. Arch. nat., JJ. 55, n° 136. C'est la lettre qui semble devoir être datée du mois de janvier 1319

connue. Philippe V dans des lettres datées du 4 octobre 1319, adressées à la reine et à l'évêque de Burgos [2], s'excusa de ne point faire de réponse immédiate à ces communications : son oncle Charles de Valois et son frère le comte de La Marche, de qui il désirait prendre les avis, se trouvaient dans le moment éloignés de la cour. Aussi priait-il la reine de Castille de lui envoyer d'autres ambassadeurs ; il ajoutait que l'évêque de Senlis l'avait mis au courant de l'état du royaume et notamment de ce qui se passait sur la frontière de Grenade ; il se déclarait prêt à intervenir auprès du Saint-Siège pour qu'Alphonse XI en obtînt ce qu'il désirait et à lui prêter l'appui de ses conseils ou même un secours si cela était nécessaire. Enfin, il annonçait le retour en Espagne de Ferdinand de la Cerda ; il espérait que ce prince servirait fidèlement et utilement son souverain, suivant les exhortations qu'il lui avait fait entendre par lettres ; s'il en était autrement, le roi de France déclarait qu'il en ressentirait l'injure comme si elle lui avait été faite personnellement.

Les pourparlers matrimoniaux durent se poursuivre, et à défaut des deux filles de Philippe V dont il avait été jusqu'alors question, Jeanne et Isabelle, qui épousèrent, l'une Eudes IV, duc de Bourgogne, l'autre Guigues VIII, dauphin de Viennois, on songea certainement à fiancer Alphonse XI à leur sœur Marguerite; mais les exigences de la politique en décidèrent autrement et pour

2. Arch. nat., JJ. 58, n°s 387 et 388, pièces just., n°s XXIX et XXX.

terminer les affaires de Flandre, on promit la princesse à Louis de Nevers, héritier de ce comté. De nouvelles lettres adressées à Marie de Molina et à l'évêque de Burgos, datées du 18 octobre 1320 [1] exposaient la raison qui avait poussé le roi de France à accepter ce mariage : c'était le désir d'assurer la paix ; il y avait été engagé non seulement par le Souverain Pontife, mais encore par les grands de son royaume et les représentants des communes ; il avait cédé à un vœu unanime, réfléchissant d'ailleurs que tant que la guerre durerait dans le Nord, il serait empêché de porter secours aux princes qui, comme le roi de Castille, se trouvaient aux prises avec les ennemis de la Foi et de s'occuper de la croisade qu'il désirait si vivement entreprendre. Cependant Philippe ne renonçait pas à l'espoir d'unir par des liens de famille sa maison à celle de Castille et il suggérait l'idée d'une autre alliance : son oncle Charles de Valois avait des filles qui étaient d'un aussi bon sang que les siennes et qu'il ne chérissait pas moins [2]. Parmi elles, on en pourrait choisir une qui épouserait Alphonse XI. Il priait en conséquence la reine de réfléchir à cette proposition et de lui donner réponse par le porteur de sa lettre, offrant d'envoyer en Navarre ou

1. Arch. nat., JJ. 58, n° 483. pièce just. n° XXXI. Les lettres sont rédigées dans des termes presque identiques. C'est à tort que M. Le Hugeur prétend que Philippe V adressa au roi de Castille une longue lettre d'excuses (*op. cit.*, p. 268). Il écrivit longuement à la reine Marie de Molina et à l'évêque de Burgos; l'épitre destinée à Alphonse XI qui n'avait alors que neuf ans (il était né en 1311), ne contient que des formules de politesse (pièce just. n° XXXII).

2. Il s'agit des princesses issues de Charles de Valois et de sa troisième femme Mahaut de Châtillon : Marie, Isabelle et Blanche.

en Castille des ambassadeurs solennels pour traiter cette question. Il demandait à l'évêque de Burgos de faire agréer ses regrets et ses excuses pour la décision qu'il avait été forcé de prendre et l'engageait à user de son influence pour mener à bonne fin le nouveau projet qu'il mettait en avant. Une courte lettre destinée au jeune roi était jointe à celle que Philippe adressait à Marie de Molina : il y protestait de son amitié et offrait ses bons offices à Alphonse XI, en le priant de lui donner souvent de ses nouvelles [1].

La proposition du roi de France ne fut point agréée, et après tant d'échecs pour créer entre les deux dynasties de nouveaux liens de famille, on ne poussa pas plus loin les pourparlers. Lorsque le jeune roi de Castille eut atteint sa majorité, il se fiança à Doña Constanza, fille de D. Juan Manuel [2] ; mais bientôt après, entre le futur gendre et le futur beau-père, survint une brouille qui fit rompre le projet. En 1328, le mariage du souverain et de Marie de Portugal qui était doublement sa cousine germaine fut résolu et s'accomplit [3]. Cette union ne fut pas heureuse et les effets de la mésintelligence des époux se firent sentir même après leur mort : le fils légitime et le fils bâtard d'Alphonse XI engagèrent l'un contre l'autre une lutte sans merci dans laquelle le premier finit par succomber. A cette lutte, la France devait prendre une part importante ; mais depuis l'an-

1. Arch. nat., JJ. 58, n° 483, pièce just. n° XXXII.
2. Florez, *op. cit.*, t. II, pp. 607 et suiv.
3. *Ibidem*, pp. 610 et suiv.

née 1320 où furent abandonnés les projets matrimoniaux que nous venons de signaler, jusqu'à l'année 1336, date à laquelle Philippe de Valois contracta avec le roi de Castille l'alliance qui a déjà fait l'objet d'une étude particulière, on ne rencontre dans nos archives la trace d'aucune négociation entre les deux couronnes.

PIÈCES JUSTIFICATIVES

I

Palencia, 5 mai 1255.

Alphonse X fait reconnaître sa fille Bérengère comme héritière du royaume de Castille.

(Archives nationales, J. 601, n° 25)

Quamvis ceterorum hereditas jure successionis filiis absque sexus differencia dividenda juxta sanctiones legitimas relinquatur, tamen regni successio indivisa et integra, considerata sexus qualitate, ad illum qui primo nascitur pertinet, juxta generalem totius Ispanie consuetudinem aprobatam, ut si tantum nascantur filii, primogenitus regni ceptrum recipiat, et idem observandum dignoscitur si tantum filie generentur ; set cum tam filii quam filie oriuntur, filio debetur successio licet filie prenascantur, ne si divisio in regnis fieret, desolatio contingeret, juxta euvangelicam veritatem, cum omnis potestas consortis inpaciens dignoscatur : Nos igitur Alfonsus Dei gratia rex Castelle, Toleti, Legionis, Galletie, Sibilie, Cordube, Murcie et Jahenni, volentes karissime filie nostre infantisse Berengarie[1] in posterum juxta regales sanctiones

1. L'infante Bérengère était née avant le 6 décembre 1253; elle ne se maria pas et passa une grande partie de sa vie à Guadalajara, ville qui lui avait été donnée en apanage ; elle y mourut à une date inconnue, et son corps fut déposé à Toro, au couvent de Santa Clara qu'elle avait fondé.
A l'époque où fut rédigée la présente charte, Alphonse X n'avait que des filles : Bérengère et Béatrice née en 1254. (Florez, *Reynas cathólicas*, II, p. 518).

et consuetudinem Ispanie providere, Toleti, fratres nostros, archiepiscopos et episcopos, barones et obtimates nostre curie, civitatum, castrorum et villarum procuratores ad hoc a suis comunitatibus destinatos convenire fecimus, et cum eis juxta morem generali curia celebrata, eidem, juramentis ad sacrosancta Dei Euvangelia interpositis, de omnibus regnis nostris homagium ab eisdem fieri fecimus ut si nos, non relicto filio superstite de uxore legitima procreato, contingeret ab hac vita discedere, ipsam in dominam suam et heredem nostram reciperent et ipsa absque alicujus obstaculo regni ceptrum concenderet ac regna nostra juxta donum sibi a Domino traditum gubernaret. In hujusmodi autem concessionis et donationis nostre indicium, presentem paginam sigillo nostro et sigillis inclite conjugis nostre[1] et domini Alfonsi patrui nostri comitis de Molina[2] et karissimorum fratrum nostrorum domini Henrrici[3] et domini

1. Yolande, fille de Jaime Ier, roi d'Aragon, et d'Yolande de Hongrie, épousa en 1248 Alphonse le Savant et mourut probablement en 1300, au retour d'un voyage qu'elle fît à Rome, à l'occasion du jubilé.

2. D. Alfonso, comte de Molina, était fils d'Alphonse IX, roi de Léon et de Bérengère, reine de Castille. Il était par conséquent frère germain de saint Ferdinand et oncle d'Alphonse X. Il épousa successivement Doña Mofalda Manrique de Lara, dame de Molina et Mesa, Doña Teresa Gonzalez de Lara et Doña Mayor Alfonso de Meneses. De ces trois mariages naquirent plusieurs enfants, et du dernier notamment une fille, Marie de Molina qui devint reine de Castille en épousant le roi Sanche IV. Bien qu'il fût poussé par quelques seigneurs à disputer à son frère Ferdinand III la couronne de Léon, D. Alfonso de Molina refusa d'entrer en compétition avec ce prince et se contenta de le servir vaillamment dans ses guerres contre les Maures : il les battit en 1231 à Guadalete, et prit part à la conquête de Cordoue et de Séville. Il mourut à Salamanque en 1272.

3. D. Enrique, 4e fils de Ferdinand III et de Béatrice de Souabe, frère d'Alphonse X. Doué de réels talents, mais d'esprit remuant, turbulent et ambitieux, l'infant D. Enrique ne cessa d'aspirer pendant son aventureuse carrière à jouer un premier rôle, et n'y parvint jamais. Après avoir enlevé aux Maures, en 1255, les villes d'Arcos et de Lebrija, il essaya de se rendre indépendant. N'ayant pas réussi dans sa tentative, il se réfugia d'abord en Aragon, puis se mit au service du souverain de Tunis ; de là, il passa en Italie et prit parti pour Charles d'Anjou, rêva d'épouser la

Philipi[1] Yspa ensis electi et domini Sancii[2] electi Toletani et cancellarii nostri et domini Emanuelis[3] et venerabilium

---

veuve de Manfred, Hélène, fille du despote d'Epire et de se constituer un État en Orient. Déçu de ce côté, il se brouilla avec le roi de Sicile et de guelfe se fit gibelin ; il fut pendant quelque temps en faveur auprès du pape Clément IV et obtint la dignité de sénateur de Rome. La bataille de Tagliacozzo (23 août 1268) ruina toutes ses espérances : lui-même fut fait prisonnier et les rois Charles Ier et Charles II le retinrent en captivité dans une forteresse de Pouille. Il ne recouvra la liberté qu'en 1294, et, sans aucune chance désormais de satisfaire son ambition en Italie, il regagna sa patrie. Son frère, Alphonse le Savant, était mort ainsi que son neveu Sanche IV : le trône était occupé par un enfant, Ferdinand IV, qui avait heureusement pour mère une femme aussi énergique que capable, Marie de Molina. Rentrant en Castille pendant cette minorité, l'infant D. Enrique réussit bien à se faire conférer la tutelle du jeune roi, mais son autorité fut constamment tenue en échec, d'un côté par les puissants vassaux de la couronne, tels que les Haro ou les Lara, de l'autre par la reine-mère dont la vigilance ne se relâchait jamais lorsqu'il s'agissait de conserver dans leur intégrité les droits de son fils ; en revanche, il put satisfaire sa passion pour l'argent qui était excessive, se créer de vastes domaines en obtenant de la faiblesse royale la concession de nombreuses villes et de châteaux. Il contracta même à l'âge de soixante-dix ans, un mariage disproportionné avec la plus riche héritière de Castille, Doña Juana de Lara, dite la *Palomilla*. D. Enrique mourut à Roa sans laisser d'enfants légitimes, le 8 août 1304. La période de sa vie écoulée en Italie, a fait l'objet d'une étude de M. Giuseppe del Giudice, intitulée *Don Arrigo infante di Castiglia* (Naples, 1875, in-4°) dans laquelle ont été utilisés des documents tirés des Archives de Naples.

1. D. Felipe, 5e fils de Ferdinand III et de Béatrice de Souabe. Destiné à l'état ecclésiastique, il fut dès sa jeunesse prébendé de la cathédrale de Tolède, abbé de Valladolid et de Covarrubias, procureur de l'église métropolitaine de Séville aussitôt après la conquête, archevêque élu de cette cité ; il avait fait ses études à l'Université de Paris. Mais il rentra dans la vie séculière, se maria successivement avec Christine de Norvège et avec Doña Leonor Ruiz de Castro ; il prit part aux révoltes, qui marquèrent le règne d'Alphonse le Savant, son frère, et mourut à Séville en 1275.

2. D. Sancho, 6e fils de Ferdinand III et de Béatrice de Souabe. Élevé par D. Rodrigo Jimenez, archevêque de Tolède, il fut successivement chanoine, archidiacre et procureur de cette métropole. Comme son frère D. Felipe, il étudia à Paris et, revenu en Castille, fut élu archevêque de Tolède en 1251 et obtint la dignité de chancelier. Il fut chargé, en 1255, d'aller en France conclure le mariage de sa nièce avec le fils de saint Louis ; il mourut en 1262.

3. D. Manuel, 7e fils de Ferdinand III et de Béatrice de Souabe, fut « adelantado mayor » de la frontière, « alferez mayor » et « mayordomo

patruum (*sic*) Burgensis[1] et Palentini[2] episcoporum necnon Zamorensis[3] electi, notarii nostri, communitam, domino Lodovico[4] serenissimi regis Ffrancorum primogenito cui jam dictam filiam nostram matrimonialiter copulari volumus, dignum duximus ad perpetuam rei memoriam assignandam. — Data apud Palencian (*sic*), rege exprimente, quinta die madii. Didacus Johannis scripsit in Era millesima CC nonagesima tercia.

Original, scellé sur cordelettes de chanvre de 9 sceaux :

1° D. Pedro, évêque de Palencia (cf. Douët d'Arcq, *Collection de sceaux*, t. III, n° 11356) ;

2° D. Sancho I, archevêque élu de Tolède (*ibidem*, n° 11343) ;

3° D. Felipe, archevêque élu de Séville (*ibidem*, n° 11342) ;

4° D. Enrique, infant de Castille (*ibidem*, n° 11277) ;

5° Alphonse X, roi de Castille (*ibidem*, n° 11247) ;

6° Yolande d'Aragon, reine de Castille (*ibidem*, n° 11249) ;

7° D. Alfonso, comte de Molina (*ibidem*, n° 11276) ;

8° D. Manuel, infant de Castille (*ibidem*, n° 11278) ;

9° D. Pedro, évêque élu de Zamora (*ibidem* n°11361).

---

mayor » du roi. Il suivit le parti de son neveu D. Sancho, lorsque celui-ci se révolta contre son père, Alphonse le Savant. D. Manuel se maria deux fois : avec Doña Constanza d'Aragon puis avec Béatrice de Savoie. Il eut plusieurs enfants, et de sa seconde union notamment un fils qui fut D. Juan Manuel, auteur de divers ouvrages que nous possédons en partie, parmi lesquels *El conde Lucanor*, un des monuments les plus anciens et les plus intéressants de la prose castillanne.

1. D. Aparicio, évêque de Burgos depuis 1247 jusqu'à juillet 1257.

2. D. Pedro, évêque de Palencia.

3. D. Pedro, évêque élu de Zamora, « notario mayor » de Castille.

4. Louis, fils aîné de saint Louis et de Marguerite de Provence, né le 21 septembre 1243, mort en 1259 et enterré à l'abbaye de Royaumont.

II

Sigüenza, 5 mai 1256.

Alphonse X institue Garcia Perez, archidiacre du Maroc[1], son plénipotentiaire en Allemagne.

(J. 600, n° 18)

Pateat universis presentem paginam inspecturis quod nos Alffonsus Dei gracia rex Castelle Toleti, Legionis, Gallecie, Sibillie, Cordube et Jahenni facimus, constituimus et ordinamus vos Garciam Petri[2], archidiaconum Marrochitanum, carissimum et fidelem clericum nostrum de nostro latere, presentem et suscipientem, nostrum generalem et liberum missaticum, legatum, ambaxiatorem, nuncium et procuratorem ad omnia et singula facta nostra gerenda, tractanda, facienda, ordinanda et firmanda in tota Alemannia et in qualibet sui parte cum prelatis, principibus, comitibus, duci-

---

1. Il s'agit d'un évêché établi au Maroc et dont le siège était à Fez ; la première mention qu'on en trouve est de l'année 1233. Suivant Mas-Latrie (*Trésor de Chronologie*), cet évêché fut rattaché à la métropole de Séville. Cf. une bulle du pape Grégoire IX, datée du 27 mai 1233, où il est fait mention du Frère Mineur Agnello, titulaire de cet évêché de Fez (Mas-Latrie, *Traités de paix et de commerce... concernant les relations des chrétiens avec les Arabes de l'Afrique septentrionale au Moyen Age*, Paris, 1866, in-4°. Documents, p. 10).

2. L'empereur Guillaume de Hollande mourut en janvier 1256 au cours d'une expédition contre les Frisons. La république de Pise, alors à l'apogée de sa prospérité, prit l'initiative d'offrir la couronne impériale à Alphonse le Savant qui, par sa mère Béatrice, appartenait à la maison de Souabe et à la famille des Comnène. Une ambassade composée de Bandino Lanza, de Stefano, archevêque de Porto-Torres en Sardaigne et d'un notaire nommé Matteo, vint en Castille pour lui rendre hommage. Deux actes dressés à Soria, en date du 18 mars 1256, constatent que les Pisans ont proclamé Alphonse comme roi des Romains et que ce prince a accepté la dignité qui lui était offerte (cf. Mondéjar, *Memorias históricas del Rei D. Alonso el Sabio*, p. 131 et infra ; et Ughelli, *Italia Sacra*, t. III, pp. 435 et 436). Garcia Perez, archidiacre

bus, marchionibus, ministerialibus, baronibus, proceribus rectoribus, comunibus civitatum, castrorum seu villarum, tam super recuperatione jurium nostrorum quam super promotione nostra ad regnum et imperium et ad ejus contingencia, necnon etiam ad omnem aliam exaltationem nostri nominis et honoris, et super omnibus negociis et factis de quibus videbitis expedire, et ad promittendum, obligandum ac concedendum omnia et singula omnibus et singulis que expedierint et ipsa negocia exquisierint vel vobis videbuntur, sub modis, formis, tenoribus, ordinamentis, pactis et condictionibus sub quibus videbitis expedire, et ad recipiendum omnia et singula ab omnibus et singulis que videbitis nostram promotionem respicere, comodum et honorem ; dantes vobis plenam et liberam potestatem ad tractandum, ordinandum, promittendum, firmandum, stipulandum et ad omnia alia que per aliquem procuratorem mandato generali vel speciali circa premissa possent fieri vel etiam procurari, et ad jurandum in animam nostram tociens quociens necessarium fuerit et videbitis expedire, promittentes nos perpetuo firma et rata habere et tenere quecumque in tota Alemania vel in aliqua sui parte per vos pro nobis vel nomine nostro, auctoritate presentis procuratorii, tractata, promissa, ordinata, jurata fuerint vel firmata seu etiam modo aliquo alio procurata. In cujus rei testimonium et majorem evidenciam ac roboris firmitatem, hoc nostrum mandatum

---

du Maroc, figure parmi les témoins qui y sont mentionnés, et c'est lui que le roi de Castille chargea d'aller en Allemagne et dans les pays d'Empire faire reconnaître son autorité et préparer l'élection qui devait le confirmer dans son titre. Il est probable que ce personnage traversa la France, qu'il entretint saint Louis des prétentions de son maître et qu'il laissa à la chancellerie royale le document que nous publions et qui l'accréditait comme plénipotentiaire d'Alphonse X. On sait que l'année suivante, 1257, les électeurs impériaux se divisèrent et que les uns nommèrent Richard de Cornouailles tandis que les autres acclamèrent le roi de Castille : c'est la période connue dans l'histoire sous le nom de *Grand interrègne* et qui se termina par l'élection de Rodolphe de Habsbourg en 1273.

bulla[1] nostre regie majestatis fecimus communiri. — Data apud Segunciam, quinta die madii, rege experimente, Era M^a CC^a nonagesima quarta. Ffernandus Johannis scripsit.

Original jadis bullé.

III

Séville, 12 mai 1266.

L'infant D. Fernando désigne Fr. Juan Martinez, évêque élu de Cadix et Henri dit le Toscan, chevalier, pour contracter en son nom mariage par paroles du présent avec Blanche, fille de saint Louis.

(J. 599. n° 5 *bis*)

Omnibus notum sit presentes litteras inspecturis quod nos infans Fernandus, primogenitus et heres domini Alfonsi Dei gracia Romanorum regis semper augusti, Castelle, Toleti Legionis, Galletie, Sibilie, Cordube, Murcie, Giennii et Algarbii regis illustris, de voluntate, consilio, mandato et expresso consensu ejusdem nostri patris, facimus, constituimus ac etiam ordinamus venerabilem in Christo fratrem Johannem Martini de ordine Minorum, Gadicensem electum, et Henricum dictum Tuscanum, militem et majorem portarium imperialis aule patris nostri prefati, presentes et suscipientes et quemlibet eorum in solidum, nostros ydoneos atque legitimos et sufficientes procuratores ad contrahendum nomine nostro ac vice sponsalia cum domina Blancha filia domini Ludovici Dei gracia regis Francorum illustris et ad consenciendum in eadem

---

1. La bulle d'Alphonse X était appendue sur lacs de soie blanche ; elle a disparu depuis l'époque où Douët d'Arcq a rédigé son inventaire (*Collection de sceaux*, t. III, n° 11248).

per verba de presenti, in quam et nos ipsi ex tunc etiam consentimus et eam in uxorem recipimus, necnon et ad recipiendum ab ea consensum in nos consimilem versa vice, ratum habituri et gratum quicquid per eosdem procuratores vel eorum alterum actum, contractum seu procuratum fuerit in hac parte. In cujus rei testimonium et evidentiam pleniorem, presentibus litteris sigillum nostrum duximus apponendum, quas etiam similiter ad preces nostras supradictus noster pater, sigilli sui duxit munimine roborandas. — Datum Sibilie, rege imperante, X° mensis maii, anno Domini M° CC° LX° sexto. Bonaventura de Senis per alium scribi fecit.

Original jadis scellé de deux sceaux sur lacs de soie : le sceau de D. Fernando manque; celui d'Alphonse X est mutilé (*Collection de sceaux*, t. III, n° 10892).

(Analysé dans les *Layettes du Trésor des Chartes*, t. IV, p. 173, n° 5154.)

IV

[St-Germain-en-Laye, septembre 1266]

Saint Louis promet d'observer les conditions arrêtées avec les plénipotentiaires d'Alphonse X au sujet du mariage de Blanche, sa fille, avec l'infant D. Fernando[1].

(J. 915, n° 6)

Ludovicus, etc... Notum facimus quod super matrimonio contrahendo inter Fernandum primogenitum karissimi con-

1. Un texte presque identique des conditions du mariage de l'infant D. Fernando avec Blanche de France, rédigé au nom des négociateurs castillans, a été imprimé par Dom Luc d'Achery (*Veterum aliquot scriptorum... spicilegium*, éd. de 1675, t. XII, p. 593) ; il porte la date de Saint-Germain-en-Laye, 28 septembre 1266.

sanguinei nostri Alfonsi Dei gracia regis Castelle illustris per venerabilem et religiosum virum fratrem Johannem Martini de ordine Minorum, Gadicensem electum, et Henricum dictum Tuscanum, militem, nuncios et procuratores ab ipso rege Castelle et dicto Fernando ejus filio super hoc specialiter et legitime procuratorio nomine contrahentes et dictum regem et filium suum in modum subscriptum obligantes ac nos et Blancham filiam nostram, habite sunt convenciones in hunc modum : videlicet quod idem rex Castelle tenetur procurare et facere bona fide quod Fernandus filius ejus, quando ad annos nubiles pervenerit, matrimonium contrahet per verba de presenti cum predicta Blancha et quod in facie Ecclesie sollempnizabitur matrimonium inter eos, si tamen in hoc matrimonio Ecclesia sancta consenserit, dummodo deformitas seu turpis infirmitas vel aliud impedimentum rationabile non appareat in aliqua personarum ipsarum ante contractum matrimonium inter ipsas ; item tenetur procurare et facere bona fide quod dispensacio concedetur a Summo Pontifice super gradu consanguinitatis in quo dicte persone ad invicem se attingunt. Tenetur eciam procurare et facere bona fide quod dictus Fernandus in presencia nuncii seu nunciorum nostrorum, si quem vel quos ad ipsum voluerimus destinare, cum ad nubiles annos dictus Fernandus pervenerit, matrimonialiter consenciet in eamdem Blancham per verba de presenti, et insuper procuratorem sufficienter instructum mittet in Francia qui vice et nomine ipsius Fernandi in presencia nostra per verba de presenti consenciet in eamdem Blancham et portabit secum litteras ipsius Fernandi consensum hujusmodi continentes expressum, una cum litteris autenticis de consensu hujusmodi facientibus plenam fidem; qui eciam procurator consensum recipiet dicte Blanche, et tunc procurabimus bona fide quod dicta filia nostra consenciet per verba de presenti matrimonialiter in eumdem Fernandum; quibus completis, nos procuratoribus et sollempnibus nunciis ipsius regis et filii sui ad hoc specialiter deputatis tradi faciemus in Francia dictam Blancham, per ipsos una cum nunciis nostris apud Lucronium perducendam, et quod infra octo dies postquam illuc venerit, sollempnizetur matrimonium inter personas predictas idem rex Castelle facere et procurare tenetur. Tenetur autem idem rex Castelle dare in dotalicium dicte Blanche usque ad valorem XXIIII^{M} marabotinorum annui redditus in locis infrascriptis, videlicet Lucronio[1], castro de Navaret[2], castro et villa de Nagara[3], villa sancti Dominici de Calciata[4], castro et villa de Beforado[5], Burgis civitate[6]. Et si contingeret quod id quod idem rex Castelle habet in predictis locis non sufficeret ad summam dotalicii predicti, tenetur residuum quod defuerit assignare eidem Blanche alibi in locis vicinioribus locis predictis et commodioribus dicte Blanche. Premissa vero omnia dicti procuratores, jurandi potestatem habentes nomine procuratorio, promiserunt, prestito juramento in animam dicti regis Castelle, ipsum regem Castelle et ejus filium firmiter servaturos et fideliter impleturos; et dicta Blancha filia nostra promisit per juramentum super hoc prestitum quod quando dictus Fernandus ad nubilem etatem pervenerit, ipsam consenciet per verba de presenti matrimonialiter in eumdem Fernandum coram nunciis ipsius regis Castelle et predicti Fernandi specialiter ad hoc missis, dum tamen idem Fernandus per verba de presenti tunc consenciat in eamdem. Per has autem convenciones tenemur dare filie nostre predicte in maritagium decem milia librarum turonensium in pecunia numerata, solvenda procuratoribus et nunciis sollempniter missis ab eodem rege ad ipsam filiam nostram apud Lucronium, ut dictum est, perducendam ac habentibus nichilominus ab ipso rege speciale mandatum ad recipiendum pecu-

1. Logroño.
2. Navarrete, prov. et dist. jud. de Logroño.
3. Nájera, chef-lieu de dist. jud. de la prov. de Logroño.
4. Santo Domingo de la Calzada, chef-lieu de dist. jud. de la prov. de Logroño.
5. Belorado, chef-lieu de dist. jud. de la prov. de Burgos.
6. Burgos.

niam memoratam; et si forte contingeret quod dicta filia nostra Blancha superviveret dicto Fernando, liceret ei libere, si vellet, redire in Franciam et haberet integraliter id quod nos in maritagium eidem dedimus et dotalicium suum superius dictum, secundum consuetudinem regionis. Has quidem convenciones omnes et singulas promisimus et tenemur, quantum ad nos pertinet, adimplere fideliter et servare, ad hoc nos et heredes nostros specialiter obligantes.

Copie du temps sur un rouleau de parchemin, non datée.

V

Tolède, 13 juillet 1269.

L'infant D. Fernando, avec le consentement d'Alphonse X son père, s'engage solennellement en présence de témoins à prendre pour épouse Blanche, fille de saint Louis.

(J. 599, n° 8')[1]

Noverint universi presentes litteras inspecturi quod ego inffans Ffernandus, illustrissimi domini Alffonssi Romanorum Dei gracia semper augusti et Castelle, Toleti, Legionis, Gallecie, Sebilie, Cordube, Murcie, Giennii et Algarbii regis primogenitus et heres, in presencia dicti patris mei et plurium venerabilium personarum, videlicet domini Sancii Dei gracia archipiscopi Toletani, Martini Legionensis, Alffonssi Palentini, Ffernandi Segobiensis, Lupi Segontini episcoporum et quamplurium aliorum, necnon prudentis viri magistri Guillelmi de

1. La pièce qui dans le même carton porte le n° 8[1] est rédigée en termes identiques; elle est écrite par un autre notaire, Ruffinus de Parma.

Castro Eraudi, canonici Remensis, illustris regis Ffrancie clerici ac nuntii, ad domini patris mei presenciam destinati et procuratoris constituti ac nuntii specialis nobilis domicelle domine Blanche, serenissimi regis Ffrancie filie, ad consenciendum matrimonialiter et per verba matrimonialem consensum exprimentia de presenti pro ipsa domina Blancha et vice ac nomine ipsius in me tanquam in virum suum et ad recipiendum a me nomine et vice ipsius domine Blanche consensum mutuum in eamdem per verba de presenti sufficiencia ad matrimonium contrahendum, prout in procuratorio et mandato inde confecto, sigillis R. Albanensis episcopi, Apostolice Sedis legati, fratris Odonis Rothomagensis archiepiscopi, Guidonis Autisiodorensis ac Odonis Baiocensis episcoporum sigillato plenius continetur, predictam dominam Blancham dicti regis Ffrancie filiam accipio in meam et volo exnunc et de cetero me habere eandem in uxorem et me eidem Blanche concedo in virum et consentio matrimonialiter in eandem, vobis magistro Guillelmo de Castro Eraudi, Remensi canonico et dicti domini regis Ffrancie clerico ac nuncio, procuratore predicte domine Blanche presente et consensum meum matrimonialem per verba de presenti recipiente vice et nomine dicte domine Blanche, et pro ipsa. In cujus rei testimonium, has patentes litteras fieri jussi, mei sigilli munimine roboratas. — Datum apud Toletum, inffante mandante, tercio idus julii, anno Domini millesimo ducentesimo sexagesimo nono. Pelegrinus scripsit.

Original jadis scellé.

VI

Tolède, 13 juillet 1269.

D. Sancho II, archevêque de Tolède, D. Martin Fernandez, évêque de Léon, D. Alfonso II, évêque de Palencia et D. Vivian, évêque de Calahorra attestent que le mariage de l'infant D. Fernando avec Blanche, fille de saint Louis, a été conclu par paroles du présent, échangées entre l'infant et maître Guillaume de Châtellerault, chanoine de Reims, représentant de cette princesse.

(J. 599, n° 6)

Sancius divina miseratione Toletane sedis archiepiscopus, I[s]panie primas et regni Castelle cancellarius[1], Martinus Legionensis, Alfonsus Palentinus et Vivianus Calagoritanus eadem miseratione episcopi, universis presentes litteras inspecturis, salutem in Domino sempiternam. Notum facimus quod in presentia illustrissimi domini Alfonsi Romanorum Dei gratia semper augusti et Castelle, Toleti, Legionis, Gallecie, Ispalis, Cordube, Murcie, Gihennii et Algarbii regis et inclite domine Yole regine, necnon nostrorum, et presente magistro Guillelmo de Castro Eraudi, canonico Remensi, illustris regis Francie clerico ac nuncio ad dicti regis Castelle presentiam destinato, procuratore constituto ac nuncio speciali a nobili domicella domina Blancha dicti domini regis Francie filia

---

1. D. Sancho, archevêque de Tolède, était fils du roi d'Aragon Jaime le Conquérant et par conséquent frère de la reine de Castille Yolande et beau-frère d'Alphonse X. Il fut élu au siège primatial d'Espagne vers le milieu de l'année 1266, avant d'avoir reçu les ordres sacrés; il célébra sa première messe le jour de Noël 1268 en présence des rois de Castille et d'Aragon. Ce prélat trouva la mort le 21 octobre 1275 dans un combat qu'il avait imprudemment engagé à Martos contre les Maures qui attaquaient la frontière d'Andalousie (Cf. Mondéjar, *Memorias históricas del rei D. Alonso el sabio*, Madrid, 1777, in-4°, pp. 255, 324 et 325).

ad consentiendum matrimonialiter et per verba matrimonialem consensum exprimencia de presenti pro ipsa domina Blancha et vice ac nomine ipsius in nobilem infantem dominum Fernandum predicti domini regis Castelle primogenitum tanquam in virum suum legitimum et ad recipiendum a predicto infante domino Fernando, nomine et vice ipsius domine Blanche, consensum mutuum in eandem per verba de presenti sufficientia ad matrimonium contrahendum, prout in procuratorio et mandato inde confecto sigillis R. Dei gratia Albanensis episcopi, Apostolice Sedis legati[1], fratris Odonis Rothomagensis archiepiscopi[2], Guidonis Autisiodorensis[3] et Odonis Bajocensis[4] episcoporum sigillato a nobis viso plenius continetur, dictus infans Fernandus in predictam dominam Blancham matrimonialiter consensit et ipsam in uxorem suam recepit per verba de presenti sufficientia ad matrimonium contrahendum ; et versa vice, predictus magister Guillelmus dictum infantem dominum Fernandum in virum dicte domine Blanche accepit et in ipsum pro ipsa domina Blancha et vice ac nomine ipsius matrimonialiter consensit per verba similiter de presenti sufficiencia ad matrimonium contrahendum. In cujus rei testimonium et ad petitionem dictorum infantis domini Fernandi et magistri Guillelmi, has patentes litteras sigillorum nostrorum munimine mandavimus communiri. — Datum apud Toletum, tercio idus julii, anno Domini millesimo ducentesimo sexagesimo nono.

Original scellé de quatre sceaux sur cordelettes de chanvre : D. Sancho II, archevêque de Tolède (*Collection de sceaux*, t. III, n° 11344); D. Martin Fernandez, évêque de Léon (*ibid.*, n° 11352); D. Alfonso, évêque de Palencia (*ibid.*, n° 11357); D. Vivian, évêque de Calahorra (*ibid.*, n° 11348).

Analysé, *Layettes du Trésor des Chartes*, t. IV, p. 372, col. n° 5558.

1. Raoul de Chevrières.
2. Eudes Rigaud.
3. Guy II de Mello.
4. Eudes II de Lorris

VII

Angoulême, septembre 1276.

D. Juan Nuñez de Lara, seigneur d'Albarrazin[1], *s'engage à servir Philippe III, roi de France avec 300 chevaliers moyennant une pension de 14.000 livres tournois.*

(J. 600, n° 13 *bis*)

Nos Johannes Nunii, vassallus Sancte Marie et dominus Dalvarezin, notum facimus universis presentes litteras inspecturis quod inter excellentissimum principem carissimum dominum nostrum Philippum Dei gracia Francorum regem illustrem et nos habite sunt conventiones tales. Promisimus siquidem eidem domino regi quod adducemus ad suum servicium faciendum, quanto celerius poterimus, trecentos milites cum quibus serviemus ipsi domino regi per quadraginta dies, et hac tantum prima vice donec presentaverimus predictos trecentos milites, serviemus cum quot militibus habere pote-

1. D. Juan Nuñez de Lara II surnommé « el gordo ó el mayor », seigneur de Lara, Albarrazin, Lerma, Villafranca, Palenzuela, Amaya, Dueñas, Tordehumos, Torrelobaton, Ameyugo, Moya, Cañete et autres lieux, second fils de D. Juan Nuñez de Lara I et de Doña Teresa de Haro. Il avait épousé avant 1276, Doña Teresa Alvarez de Azagra qui lui avait apporté en dot la cité d'Albarrazin (chef-lieu de distr. jud. de la prov. de Teruel), ville dont la souveraineté était disputée entre la Castille et l'Aragon. Son père était l'ami intime de l'infant D. Fernando de la Cerda et c'est à lui que ce prince, avant de mourir à Ciudad Real, au mois d'août 1275, recommanda les intérêts de ses enfants (Cf. *Crónica de D. Alfonso X*, éd. cit., t. I, p. 51). Ce D. Juan Nuñez de Lara I décéda lui-même peu de temps après avoir conduit le corps de l'infant au monastère de Las Huelgas, près de Burgos. D. Juan Nunez de Lara II qui suivait le même parti que son père, vint donc en France en 1276, se mettre au service de Philippe III qui voulait soutenir par les armes les droits de ses neveux, les infants de la Cerda, au trône de Castille, à l'encontre de l'infant D. Sancho, second fils d'Alphonse X. L'historien de la maison de Lara n'a pas connu ce premier séjour de Juan Nuñez dans notre pays,

rimus; et dum insistemus servicio ipsius, habebimus de ipso domino rege singulis diebus centum solidos turonensium pro persona nostra et hospicio nostro, et septem solidos et sex denarios turonensium pro quolibet milite, cum restauramento equorum quod aliis stipendiariis ipsius domini regis fieri consuevit; et quoniam habebamus a rege Castelle in annuis redditibus usque ad valorem quatuordecim milium librarum turonensium ratione miliciarium nostrarum quas dimisimus pro servicio ipsius domini regis et nepotum suorum, volens idem dominus rex Francorum nobis in equivalentibus redditibus providere, nobis concessit tantum in reddibus quantum, ut dictum est, dimisimus usque ad summam predictam, quos redditus tenebimus de ipso domino rege Francorum eo modo quo de dicto rege Castelle redditus, ut dictum est, dimissos tenebamus, ad voluntatem videlicet vel ad vitam. De quibus redditibus eidem domino regi Francorum fecimus ligium homagium contra omnes homines qui possunt vivere vel mori, nepotibus ipsius domini regis, filiis domine Blanche sororis sue susceptis a clare memorie Fernando quondam dicti regis Castelle primogenito et herede dumtaxat exceptis. Tenemur autem servire dicto domino regi Francorum in regnis et terris.. Cas-

---

séjour qui est attesté par le document que nous publions ici. Mais Salazar y Castro donne d'amples détails sur l'existence aventureuse de ce seigneur qui s'écoula presque tout entière dans la révolte. Il se vit enlever en 1284 sa ville d'Albarrazin, se retira auprès de Philippe le Hardi, espérant qu'à la faveur de la guerre que ce prince faisait à l'Aragon, il rentrerait en possession de ses domaines. La malheureuse issue de la campagne de Catalogne lui enleva cet espoir, et quand la paix fut rétablie entre la France et la Castille, en 1288, et que le sort des infants de la Cerda fut réglé par un traité, il rentra en grâce auprès de Sanche IV. A la suite de certaines défiances excitées entre le roi et son vassal turbulent, celui-ci s'allia avec le roi d'Aragon, puis en 1292, se retira auprès de Philippe le Bel qui, décidé à ne pas prendre les armes en faveur des infants de la Cerda, ne fit rien pour favoriser D. Juan Nuñez; celui-ci finit par se soumettre et rentrer dans son pays. Il mourut en avril 1294 à Cordoue où il avait été envoyé pour défendre la frontière d'Andalousie menacée par les Maures. Cf. Salazar y Castro, *Historia genealógica de la casa de Lara* (Madrid 1696-1697, in-4°), t. III, p. 131 et suivantes.

telle...Aragonum et..Portugalie regum, necnon in regno Navarre, in Vasconia, in comitatu Tholose ac in terris seu regionibus intermediis. Serviemus autem hoc modo : in uno quoque anno tenemur habere et tenere ad servicium dicti domini regis Francorum in locis predictis infra sex septimanas postquam ex parte sua super hoc fuerimus requisiti trecentos milites, cum quibus serviemus eidem per quadraginta dies ad omnes nostros sumptus et expensas, et finitis ipsis quadraginta diebus, tenemur eidem servire successive aut ex intervallo quando et quamdiu voluerit ad illum numerum militum quem poterimus habere ; et ipse dominus rex Francorum tenetur tunc dare nobis singulis diebus quibus eidem serviemus post lapsum dictorum quadraginta dierum centum solidos turonensium pro persona et hospicio nostris, et pro quolibet milite quem tunc nobiscum habebimus septem solidos et sex denarios turonensium sine restauro equorum. Incipient autem deberi redditus quos prefatus dominus rex Francorum nobis, ut dictum est, concessit, quando primum eidem presentaverimus trecentos milites ad servicium ipsius competenter paratos ; et fiet nobis paga ipsorum reddituum in tribus compotis ipsius domini regis, ita quod tertiam partem eorumdem in unoquoque compoto percipiemus annuatim. Insuper promisimus sub fidelitate qua sibi tenemur astricti, quod ad requisitionem nobis factam ex parte ipsius domini regis Francorum fideliter serviemus et milites ad suum servicium adducemus secundum formam superius annotatam; et est actum inter ipsum et nos quod si contigerit imposterum quod aliquis dictorum nepotum ipsius regnaret in Castella vel in regno Legionis, ex tunc non teneretur nobis ad dictos redditus vel ad aliquid premissorum. In cujus rei testimonium, presentes litteras sigillo nostro fecimus communiri. — Datum Engolisme, anno Domini M° CC° septuagesimo sexto, mense septembri.

Original scellé sur double queue de parchemin ; sceau mutilé. (*Collection de sceaux*, t. III, n° 11499).

VIII

Angoulême, septembre 1276.

D. Nuño Gonzalez de Lara[1] *s'engage à servir le roi de France avec* 106 *chevaliers moyennant une pension de* 8.000 *livres tournois.*

(J. 600, n° 13)

Nos Nunius Gondisalvi, miles, notum facimus universis presentes litteras inspecturis quod inter excellentissimum principem carissimum dominum nostrum Philippum Dei gracia Francie regem et nos habite sunt conventiones tales : promisimus siquidem eidem domino regi quod adducemus ad servicium suum faciendum, quanto celerius poterimus, centum et sex milites, cum quibus serviemus ipsi domino regi per tres menses, et hac prima tantum vice donec presentaverimus predictos centum et sex milites serviemus cum quot militibus habere poterimus ; et dum insistemus servicio ipsius, habebimus de ipso domino rege singulis diebus sexaginta solidos turonensium pro persona nostra et hospicio nostro, et septem solidos et sex denarios turonensium pro quolibet milite cum restauramento equorum quod aliis stipendiariis ipsius domini regis fieri consuevit ; et quoniam habebamus a.. rege Castelle in annuis

1. D. Nuño Gonzalez de Lara IIIe du nom, second fils de D. Nuño Gonzalez de Lara « el bueno » et de Doña Teresa Alfonso. On ignore la date de sa naissance, mais on sait qu'il accompagna Alphonse X à la conquête de Murcie en 1266. Partisan des infants de la Cerda comme son neveu D. Juan Nuñez de Lara II, il vint en France dès 1276 ainsi que le prouve le document publié ici et obtint un établissement dans le royaume de Navarre, la ville d'Estella. Rentré en Castille à la suite du traité conclu avec la France en 1288, de nouveaux sujets de mécontentement l'éloignèrent et il se retira en Portugal où le roi Denis lui donna des terres. Marié à Doña Juana Gomez Giron, il mourut à Lisbonne sans postérité le 11 novembre 1291. (Cf. Salazar y Castro, *op. cit.*, t. III, p. 112 et suivantes).

redditibus usque ad valorem octo milium librarum turonensium ratione miliciarum nostrarum quas dimisimus pro servicio ipsius domini regis et nepotum suorum, volens idem dominus rex Francie nobis in equivalentibus redditibus providere, nobis concessit tantum in redditibus quantum, ut dictum est, dimisimus, usque ad summam predictam ; quos redditus tenebimus de ipso domino rege Francie eo modo quo de dicto rege Castelle redditus, ut dictum est, dimissos tenebamus, ad voluntatem videlicet vel ad vitam ; de quibus redditibus eidem domino regi Francie fecimus ligium homagium contra omnes homines qui possunt vivere vel mori, nepotibus ipsius domini regis, filiis domine Blanche sororis sue susceptis a clare memorie Fernando quondam regis Castelle primogenito et herede, dumtaxat exceptis ; tenemur autem servire dicto domino regi Francie ubicunque voluerit sive in regno Francie sive extra. Serviemus autem hoc modo : in unoquoque anno tenemur habere et tenere ad servicium domini regis Francie predicti infra sex septimanas postquam ex parte sua super hoc requisiti fuerimus, centum et sex milites cum quibus serviemus eidem per tres menses ad omnes nostros sumptus et expensas ; et finitis ipsis tribus mensibus, tenemur eidem servire successive aut ex intervallo, quando et quamdiu voluerit, ad illum numerum militum quem poterimus habere ; et ipse dominus rex Francie tenetur tunc dare nobis, singulis diebus quibus eidem serviemus post lapsum dictorum trium mensium, sexaginta solidos turonensium pro persona et hospicio nostris, et pro quolibet milite quem tunc nobiscum habebimus, septem solidos et sex denarios turonensium sine restauro equorum. Incipient autem deberi redditus quos prefatus dominus rex Francie nobis, ut dictum est, concessit, quando primum eidem presentaverimus centum et sex milites ad servicium ipsius competenter paratos ; et fiet nobis paga ipsorum reddituum in tribus compotis ipsius domini regis, ita quod terciam partem eorundem in unoquoque compoto percipiemus annuatim. Insuper promisimus sub fidelitate qua sibi tenemur astricti quod ad requisitionem nobis factam ex parte ipsius domini regis Francie fideliter serviemus et milites ad suum servicium adducemus, secundum formam superius annotatam. Et est actum inter ipsum et nos, quod si contigerit in posterum quod aliquis dictorum nepotum ipsius regnaret in Castella vel in regno Legionis, ex tunc non teneretur nobis ad dictos redditus vel ad aliquid premissorum. In cujus rei testimonium, presentes litteras nostro sigillo fecimus communiri. — Actum Engolisme, anno Domini millesimo ducentesimo septuagesimo sexto, mense septembri.

Original scellé sur double queue de parchemin (*Collection de sceaux*, t. III, n° 11475).

IX

Vitoria, 8 novembre 1276.

D. Enrique Perez de Harana prête au nom d'Alphonse X serment que ce prince remplira les conditions de l'accord qu'il a conclu avec les mandataires de Philippe III.

(J. 599, n° 11)

Noverint universi presentem litteram inspecturi quod ego Henricus Petri de Farana, de mandato speciali illustrissimi domini mei Alfonsi Dei gracia regis Castelle, Toleti, Legionis, Galicie, Sibilie, Cordube, Murcie, Gehenni et Algarbii, confiteor me jurasse ad sancta Dei Evangelia in anima ipsius domini mei regis ipsum dominum regem servare et tenere bene et fideliter illa que predictus dominus meus rex tenebitur jurare secundum conventiones habitas cum nobilibus viris Robberto comite Attrebatensi, Gastone de Bearno, fratre Guillelmo de Vilareto priore Sancti Egidii et fratre Arnulfo de Vicemala templario, prout in littera inde confecta sigillis meo et predictorum nobilium sigillata, plenius continetur. — Datum Bictorie, anno Domini MCCLXXVI°, die VIII° novembris.

Original jadis scellé[1].

X

Juillet 1277.

D. Fernan Perez Ponce s'engage à servir Philippe III, roi de France, avec 60 *chevaliers moyennant une pension de* 3.000 *livres tournois.*

(J. 624, n° 11)

Notum sit omnibus presentes litteras inspecturis quod nos Fernandus Petri Poncii, miles, pro annua pensione trium milium librarum turonensium que serenissimus princeps carissimus dominus noster Philippus Dei gracia Francorum rex nobis concessit, percipienda singulis annis de suo in domo Templi Parisiensis ad tres compotos ipsius domini regis, scilicet in quolibet compoto mille libras turonensium, quamdiu sue placuerit voluntati, de quibus homagium ligium ipsi domino regi fecimus contra omnes homines qui possunt vivere vel mori, nepotibus suis filiis domine Blanche sororis ipsius domini regis susceptis a clare memorie Fernando.. regis Castelle primogenito et herede dumtaxat exceptis; tenemur et promittimus servire eidem domino regi Francorum ubicumque voluerit per quadraginta dies in unoquoque anno infra sex septimanas post-

1. Le sceau manque ; il existait encore à l'époque où Douët d'Arq a rédigé son inventaire (*Collection des secaux*, t. III, n° 11311).

quam super hoc ex parte sua fuerimus requisiti cum sexaginta militibus, ad expensas et proprios sumptus nostros ; et finitis ipsis quadraginta diebus, tenemur ei servire successive aut ex intervallo ubi, quando et quamdiu voluerit ad illum numerum militum quem habere poterimus. Et tunc tenebitur idem dominus rex Francorum nobis dari facere singulis diebus quibus sibi post lapsum dictorum quadraginta dierum serviemus, pro persona et hospicio nostris, viginti quinque solidos turonensium, et pro quolibet milite quem nobiscum tunc habebimus in ipsius servicio, septem solidos et sex denarios turonensium, sine restauro equorum. In quorum testimonium et munimen, presentes litteras nostri sigilli fecimus impressione muniri. — Datum anno Domini millesimo ducentesimo septuagesimo septimo, mense julii.

Original scellé sur double queue de parchemin (*Collection de sceaux*, t. III, n° 11512).

XI

Viterbe, 15 juillet 1278.

Nicolas III exhorte Philippe III à faire la paix avec le roi de Castille et lui annonce qu'il enverra à Toulouse pour la fête de Saint-Luc le cardinal Gerardo Bianchi afin de négocier un accord entre les deux adversaires.

(J. 600, n° 15)

Nicolaus, episcopus, servus servorum Dei, carissimo in Christo filio.. regi Francie illustri, salutem et apostolicam benedictionem. Jacta per inimicum hominem inter te ac carissimum in Christo filium nostrum.. regem Castelle ac Legionis illustrem çiçaniorum semina et intensum nostrum desiderium ad eadem, ne pernitiosam coalescant in segetem, radicitus extirpanda, nobis patenter ostendunt in experientie libro quod legitur nil satis sitienti anime festinatur sed moram ipsa ei celeritas representat. Anxia etenim mens, presertim quam zelus vere caritatis accendit, ad optatum cogitationibus estuat, curis effluit, meditationibus immoratur, querit remedia, quesitis adicit quesita et adjecta prosequitur, nec sollers inquisitio vel adaucta prosecutio efficit quominus in querendo et prosequendo crescat anxietas donec quod avide sequitur efficaciter assequatur; caritas namque torporis otium et otii torporem ignorat, nescit otiosa subsistere sed adeo profectibus inhiat ut defectum extimet substitisse. Hiis, fili carissime, stimulis angimur, hiis instigamur aculeis ad desideratam nobis et toti quasi mundo votivam sedationem inter te ac memoratum regem exorte discordie, divina favente clementia, celeriter optinendam ; propter quod, licet dilectos filios Jeronimum [1], sancte romane Ecelesie presbiterum cardinalem, tunc Fratrum Minorum generalem ministrum, et Johannem [2] Jerosolimitanum electum, tunc magistrum Fratrum Predicatorum ordinum, mater Ecclesia, felicis recordationis Johannis Pape [3] predecessoris nostri temporibus, ad hoc perydoneos ministros elegerit, nosque assumpti postmodum, sicut Domino placuit, ad apostolatus officium, electionem hujusmodi tamquam laudabilem non immutandam censentes sed potius imitandam acceptaverimus et nec immerito acceptemus, probatum et procul dubio approbandum in tanto et tali negotio ministerium eorumdem, sicque dum ipsorum consideramus industriam, dum alias in ubertate datas eis a Domino virtutes attendimus, non ignoremus de ipsis prosecutioni ejusdem negotii plene provisum, nichilominus tamen affectu paterno ferimur

1. Jérôme Mascio, ex-ministre général des Frères Mineurs, cardinal-prêtre du titre de Sainte-Pudentienne.

2. Jean de Verceil, ex-maître des Frères Prêcheurs, patriarche élu de Jérusalem.

3. Jean XXI.

aliquid jam provisis adicere, illaque insuper ratione que arguit ubi multa consilia ibi salus necnon et consideratione aliquarum facti circumstantiarum inducimur ut per nostram sollicitudinem adjectionem recipiat provisionis hujusmodi plenitudo. Ideoque, cum fratribus nostris deliberatione prehabita, dilectum filium nostrum Gerardum, basilice duodecim Apostolorum presbiterum cardinalem, virum laudande virtutis, scientia et innata prudentia preditum, cultorem justitie sedulum, pacis amicum et concordie zelatorem, licet ejus presentia nobis et apud nos Ecclesie universali perutili careamus inviti, ad civitatem Tholosanam quam locum satis communem partibus et aptum eidem prosequendo negotio extimavimus, decrevimus destinandum, ita quod circa festum beati Luce[1] inibi, Deo perduce, presentiam suam exhibeat, dictique cardinalis Jeronimus et electus conveniant cum eodem ut tuis et prefati regis Castelle sollempnibus nuntiis comparentibus coram eis, iidem cardinales et electus tam utile, tam necessarium negotium, communi consilio et mutuo auxilio, juxta datam eis a Deo prudentiam et formam a nobis habitam, prosequantur. Quorcirca, serenitatem regiam hortamur et obsecramus in Domino Ihesu Christo, in remissionem tibi peccaminum suadentes, quatinus multiplicatis super hoc ipsius Ecclesie monitionibus acquiescens et summi pacificique Regis intuitu, ad pacem animum regalem habilitans, hujusmodi sollempnes nuntios quibus tui et predicti regis Castelle sit cordi concordia, super toto nogotio et specialiter super treuga et vista super quibus aliquis tractatus est habitus plene instructos et ad omnia in eodem negotio necessaria sive utilia plenum a tua celsitudine mandatum habentes, qui se in loco et festo predictis coram eisdem cardinalibus et electo nomine tuo presentent, ac eorum salubribus monitis et persuasionibus acquiescant, mittere non omittas, ut per hoc non solum regno tuo quietem indulgeas sed et publice utilitati provideas, Dei servitiis que

1. 18 octobre

per tuam et sepefati regis discordiam impedimenta recipiunt et precipue Terre Sancte negotio consulas, Illumque tibi retributorem constituas qui fidelium obsequia sine retributione ineffabili non relinquet. Ceterum scire tuam excellentiam volumus quod prefatum regem Castelle super premissis per alias nostras litteras similiter exhortamur, et nichilominus quia intelleximus magna eum infirmitate gravari, cupientes hujusmodi negotio in omnem eventum, prout possumus, providere, in litteris eisdem adicimus ut si forsan ipsum propter infirmitatem vel alias in hujusmodi nuntiis destinandis impediri contingat, dilectus filius nobilis vir Sanctius, natus ejus, ipsos in forma simili studeat destinare. Placeat igitur magnificentie regie nuntiis regis et nobilis eorumdem venientibus ad civitatem predictam, in veniendo, morando et redeundo, per totam terram tuam in personis et rebus, litteras concedere de securo conductu. — Datum Viterbii, idibus julii, pontificatus nostri anno primo.

Original bullé sur cordelettes de chanvre.

XII

Aix-en-Provence, 22 mai 1280.

Les envoyés d'Alphonse X prient Charles, prince de Salerne, d'accepter le rôle de médiateur pour réconcilier leur maître avec Philippe III.

(J. 600, n° 16)

Nos Pelagius archidyaconus Austonicensis (*sic*)[1], Bellus de Arculis, miles et porterius camere incliti et magnifici domini

1. Lege: *Astoricensis.*

domini Alfonsi regis Castelle et magister Petrus de Regio, ejusdem domini prothonotarius, nuncii et procuratores predicti domini regis, ex parte ejusdem domini, magnifico domino Karolo, primogenito illustris Jerusalem et Sicilie regis, ex legatione nostra verba diximus infrascripta : videlicet quod dictus dominus rex Castelle vult quod idem dominus princeps una nobiscum, si placet eidem domino principi, tractet et ordinet cum magnifico domino domino rege Francie locum communem et congruentem ad quem iidem domini reges debeant convenire, eodem domino principe mediante, ad habendum colloquium et tractatum inter eos de pace perpetua et amicabili concordia, si Deo placuerit, reformanda, et idem dominus princeps, una nobiscum, possit treugas prorogare si necesse fuerit et de novo etiam statuere ad suam omnimodam voluntatem; qui dominus rex Castelle, confidens de benignitate et legalitate domini principis supradicti, attendens etiam magnam et bonam voluntatem quam habet ad pacem hujusmodi faciendam pro bono et commodo utriusque partis et felici et bono statu populi christiani totius, elegit inter alios principes et magnates personam ejusdem domini principis ad causam hujusmodi, si Deo placuerit, peragendam, tamquam magis ydoneam ex illa etiam potissima ratione quod dictus dominus rex Castelle ad ea omnia que faciunt ad pacem hujusmodi reformandam magis vult condescendere ad dictum ejusdem domini principis quam ad dictum cujuslibet alterius principis, domini vel magnatis, et etiam verisimiliter credit quod iddem et simile dictus dominus rex Francie facere debeat, scilicet quod magis condescendet ad ea omnia que predictam pacem possunt perficere ad dictum ejusdem domini principis quam ad dictum cujuslibet viventis alterius. Que verba, nos procuratores et nuncii supradicti diximus eidem domino principi ex parte predicti domini nostri regis Castelle, juxta credenciam nobis factam per eundem regem Castelle, in Provincia, in civitate Aquensi (in civitate Aquensi), in camera ejusdem domini principis, XX° maii nuper preterito presentis, VIII^{a} indictione; unde scriptum presens de predictis omnibus, sigillis nostris pendentibus fecimus sigillari. — Datum Aquis, anno Domini M° CC° LXXX°, mense maii, XXII° ejusdem, VIII Indictione.

Original scellé sur double queue de parchemin. Le sceau de Pelayo Perez manque ; pour la description de ceux de ses collègues, cf. *Collection de sceaux*, t. III, n°s 11299 et 11296.

XIII

Séville, 15 août 1280.

Alphonse X accepte de se rendre à Bayonne, de traiter par l'intermédiaire du prince de Salerne de la paix avec le roi de France et d'avoir une entrevue avec celui-ci.

(J. 600, n° 17 *bis*)

Alfonsus Dei gracia rex Castelle, Toleti, Legionis, Galicie, Sibilie, Cordube, Murcie, Gehenni et Algarbii, universis presentes litteras inspecturis, salutem. Notum facimus quod interveniente et tractante inter nos et magnificum principem Philippum Francie regem illustrem dilecto consanguineo nostro Karolo, serenissimi Jerusalem et Sicilie regis primogenito, principe Salerni et honoris Montis Sancti Angeli domino, cujus personam ad hoc magis ydoneam et sufficientem elegimus, ad conventiones que secuntur est deventum : conventum est enim quod pro vista seu colloquio habendo inter nos et dictum regem Francie super pace perpetua et amicicia vera seu conjunctionum federe ineundis, tenemur esse apud Baionam, et idem rex Francie tenetur esse in Wasconia apud Montem Martianum in quindena proxima festi venturi beati

Michaelis Archangeli quod erit penultima die futuri mensis setembris, in quo etiam termino dictus princeps Salerni esse debet in civitate Aquensi, loco intermedio, tanquam mediator tractatuum inter nos et regem eundem habendorum; qui princeps Salerni locum designare seu statuere poterit pro sue voluntatis arbitrio ubi post tractatum pacis expletum, nos et dictus Francie rex debeamus invicem nos videre. In cujus rei testimonium, presentibus litteris nostrum fecimus apponi sigillum. — Actum Sibilie, anno Domini millesimo ducentesimo LXXX°, die festi beate Marie Virginis, XV mensis augusti. — Egidius Tebaldi, notarius dicti domini regis Castelle, de mandato suo litteram istam scripsit.

Original jadis scellé.

XIV

Séville, 15 août 1280.

Alphonse X approuve la trêve conclue sous les auspices du prince de Salerne entre le roi de France et lui; il prête serment d'en observer les conditions.

(J. 600, n° 17)

Alfonsus Dei gracia rex Castelle, Toleti, Legionis, Galicie, Sibilie, Cordube, Murcie, Gehenni et Algarbii, universis presentes litteras inspecturis, salutem. Notum facimus quod presentibus Guillelmo de Lagonessa et fratre Raymondo, priore de Mayncíaco, et nos super hoc requirentibus, treugam inter nos et magnificum principem Philippum Francie regem illustrem statutam, factam et concessam per Pelagium Petri, archidiaconum Astoricensem, magistrum Petrum de Regio prothonotarium nostrum et Bellum de Archulis, nostrum militem et camere nostre portarium, nuntios et procuratores nostros ad hoc specialiter constitutos de personis ad personas, de regnis ad regna utriusque nostrum hinc ad festum Sancti Michaelis Archangeli proxime venturum et ab inde in annum continue numerandum inviolabiliter duraturam, mediante ac tractante dilecto consanguineo nostro Karolo, serenissimi Jerusalem et Sicilie regis primogenito, principe Salerni et honoris Montis Sancti Angeli domino, quam poterit amicabiliter prorogare dictus princeps Salerni, prout voluerit, ratam et firmam habemus ; quam siquidem treugam in presentia dictorum nuntiorum per carissimum filium nostrum Johannem [1], nos firmiter servaturos et facere ex parte nostra servari

---

1. D. Juan, infant de Castille, seigneur de Valencia, Baena, Luque, Zuheros, Oropesa... etc., 3e fils d'Alphonse X et d'Yolande d'Aragon. Après avoir secondé son frère D. Sancho dans sa révolte contre l'autorité paternelle, D. Juan rentra en grâce auprès du roi qui, par son second testament dont les dispositions, du reste, demeurèrent lettre morte, lui légua un État qui comprenait Séville et Badajoz. Emprisonné dès le début du règne de Sanche IV, l'infant fut mis en liberté en 1292 et fut quelque temps un sujet fidèle et soumis ; il contribua à la prise de Tarifa sur les Maures. C'est sous les murs de cette ville qu'il s'acquit deux ans plus tard l'odieuse célébrité qui a fait vivre son nom dans les annales espagnoles et les traditions populaires. Le prince, en effet, de nouveau brouillé avec son frère, accepta du roi du Maroc Abou-Yacob, la mission de recouvrer Tarifa que défendait au nom du souverain castillan, D. Alonso Perez de Guzman. On sait que ne pouvant venir à bout de la résistance qui lui était opposée, il eut l'infamie de menacer Guzman, s'il ne rendait la place , de faire périr un de ses fils qui se trouvait par hasard en son pouvoir; on connaît le geste sublime du père, lançant lui-même pardessus le rempart le couteau qui devait servir à égorger son enfant et sa réponse héroïque que s'il avait cinq fils, il préférait les voir immoler sous ses yeux que de rendre une forteresse à lui confiée par le roi (Cf. *Crónica de D. Sancho IV* dans les *Crónicas de los reyes de Castilla*, coll. Rivadeneyra, t. I, p. 89, col. 1). L'acte de cruauté dont se souilla D. Juan fut d'ailleurs inutile, et bientôt il dut lever le siège de Tarifa. Ce n'était du reste pas la première fois que ce prince usait, pour se faire livrer une forteresse, d'un procédé aussi inhumain : il l'avait employé déjà en 1282 et cette fois avec succès, à l'époque où il secondait son frère D. Sancho dans sa révolte contre Alphonse X. Le château de Zamora était alors sous la garde de la femme du « merino mayor » de Galice, Garci Perez : celle-ci refusa d'ouvrir les portes. D. Juan ayant appris que cette femme avait un fils, âgé de huit jours environ, qu'on élevait dans un

curaturos, ad sancta Dei Evangelia fecimus in animam nostram presentibus et mandantibus nobis jurari. Actum est etiam, eodem principe mediante, quod in treuga predicta inter nos et dictum regem Francie, non includantur Johannes Nunii[1], Lupus Didaci[2] vel quicumque banniti nostri, Garsias Admoravid, Gomdisalvus (*sic*) Juani[3] vel alii banniti de Navarra, valitores vel adjutores eorum, set expresse conventum est quod prefatos Johannem et Lupum seu quoscumque bannitos nostros guerram nobis vel nostris faciendo, valitores vel adjutores suos in posse suo non sustinebit dictus rex Francie receptari, nec etiam nos dictos Garsiam et Gomdisalvum (*sic*) aut alios Navarre bannitos, adjutores vel valitores eorum guerram Navarre vel alicui de ipso regno faciendo, in nostra potestate receptari permittemus, dicta treuga durante. In cujus rei testimonium, presentibus litteris nostrum fecimus sigillum apponi. — Actum Sibilie, anno Domini millesimo ducentesimo LXXX°, die festi beate Marie Virginis, XV° mensis augusti.

Egidius Tibaldi, notarius dicti domini regis Castelle, de mandato suo, litteram istam scripsit.

Original scellé sur lacs de soie rouge (*Collection de sceaux*, t. III, n° 11247).

---

village voisin, menaça la mère de faire égorger l'enfant si elle ne rendait aussitôt l'alcazar ; l'amour maternel fut chez la malheureuse plus fort que tout autre sentiment et elle consentit à livrer la place (Cf. *Crónica de D. Alfonso X*, éd. cit, p. 61, col. 1.) D. Juan troubla le royaume après la mort de Sanche IV survenue en 1295 en essayant de démembrer à son profit l'héritage de Ferdinand IV, son neveu. Il n'y put réussir et abandonna enfin ses prétentions en 1301 ; il fut un des tuteurs d'Alphonse XI et mourut le 26 juin 1319, dans un engagement contre les Maures. Il avait épousé en 1281 Marguerite de Montferrat dont il eut un fils D. Alfonso de Castilla ; il se maria pour la seconde fois avec Doña Maria Diaz de Haro qui lui donna une fille et un fils, D. Juan de Castilla, surnommé « *el tuerto* » seigneur de Biscaye.

1. D. Juan Nuñez de Lara II, seigneur d'Albarrazin.

2. D. Lope Diaz de Haro, seigneur de Biscaye.

3. D. Garcia Almoravid et D. Gonzalo Yañez ou Ivañez, seigneurs navarrais.

XV

Campillo[1], 27 mars 1281.

Alphonse X, roi de Castille et Pierre III, roi d'Aragon, se promettent un mutuel secours pour conquérir la Navarre[2].

(Traduction faite à Séville, le 27 juillet 1283.)

(J. 601, n° 30)

Este es traslado de una carta que dize assi : Noverint universi presentem litteram inspecturi et etiam audituri quod nos Alffonsus Dei gratia rex Castelle, Toleti, Legionis, Galletie, Sibilie, Cordube, Murçie, Gihennii atque Algarbii, pro nobis et inffante Sancio nostro majori filio et herede et aliis successoribus nostris, promittimus vobis dompno Petro, eadem gratia illustri regi Aragonum, quod juvabimus vos toto posse nostro ad acquirendum, habendum et retinendum pro vobis et nobis regnum Navarre, et quod servabimus vobis pacta inter nos et predecessores nostros et vestros inita, prout in ultimis instrumentis inde confectis continetur, et nullo tempore veniemus contra predicta vel aliquid predictorum.— Similiter, nos Petrus, rex supradictus, pro nobis et inffante Alffonsso nostro

---

1. Campillo de Aragon, prov. de Saragosse, dist. jud. d'Ateca.

2. Il paraît étrange au premier abord que ce traité de partage de la Navarre conclu entre Pierre III roi d'Aragon et Alphonse X se trouve parmi les pièces du Trésor des Chartes. Voici l'explication probable de ce fait : le texte publié ici et qui est la traduction latine du cyrographe original rédigé en langue vulgaire, fut livré à Philippe le Hardi par un des signataires de l'accord, le roi de Castille lui-même, par l'ordre de qui la traduction se fit à Séville, le 27 juillet 1283. A cette date, en effet, le roi de Castille était brouillé avec le souverain d'Aragon qui favorisait la rébellion de l'infant D. Sancho, et désireux de s'assurer l'appui du roi de France, il lui dévoila ce que Pierre III tramait contre lui, communiquant la teneur du traité de Campillo et y joignant sans doute l'expression de ses regrets pour la part que lui-même avait prise à ce projet de conquête de la Navarre.

primogenito et herede et aliis successoribus nostris, promittimus vobis dompno Alffonsso, illustri regi predicto, quod juvabimus vos toto posse nostro ad aquirendum, habendum et retinendum pro vobis et nobis regnum Navarre, et quod servabimus vobis pacta inter nos et predecessores nostros et vestros inita, prout in ultimis instrumentis inde confectis continetur et nullo tempore veniemus contra predicta vel aliquod predictorum. In cujus rei testimonium, nos supradicti reges, duas litteras inde per alphabetum divisas mandavimus fieri et nostris bullis plumbeis communiri. Facta carta in loco qui dicitur Campiello, sito inter Tirasonam [1] et Agredam [2], VI° kalendas aprilis, anno Domini M° CC° octogesimo primo, scilicet die jovis vicesima septima die mensis marcii, Era Mª CCCª nona decima. Ego Johannes Petri, predictis omnibus interffui et de mandato predictorum regum istam litteram feci scribi. — Este traslado ffue trasladado de la carta principal sobredicha, palabra por palabra, e conçertada con ella bien e lealmente delante las ffirmas que escrivieron sus nombres en ella en testimonio, martes XXVII dias de julio, Era de mill e CCC e XXI año.

Et yo Ramon Perez, escrivano publico de Sevilla, so testigo. Et yo Garçia Yvañez, escrivano publico de Sevilla, so testigo. Et yo Arnalt Sanchez, escrivano publico de Sevilla, so testigo. Yo Pelegrin, scrivano publico del conçejo de Sevilla, so testigo deste traslado e vi el privilegio onde ffue sacado.

Et yo Fferrant Yvañez, escrivano publico de Sevilla, ffiz trasladar este privillejo por mandado de nuestro sseñor el rey e pus en el mio sig-(*locus signi*)-no e sso testigo.

---

1. Tarazona, chef-lieu de dist. jud. de la prov. de Saragosse.
2. Agreda, chef-lieu de dist. jud. de la prov. de Soria.

XVI

Orvieto, 22 août 1281.

Martin IV exhorte Philippe le Hardi à proroger pour dix ans au moins les trêves conclues avec Alphonse X roi de Castille.

(J. 600, n° 19)

Martinus, episcopus, servus servorum Dei, carissimo in Christo filio.. regi Francie illustri, salutem et apostolicam benedictionem. Angit cor nostrum, fili carissime, pastoralis officii debitum divina nobis licet immeritis dispositione commissi ut inter cetera sollicitudinum studia quibus multifarie multisque modis mens nostra distrahitur, circa illud potissime stabilis intentionis propositum dirigamus et cure propensionis intendamus officio ut, ope celestis auxilii, mundus pacifici status ubertatem tripudiet fideique cultoribus christiane tranquilla tempora illucescant. Dudum siquidem romana mater Ecclesia, intellecto quod astuta primevi calliditas seductoris, humani generis inimici, inter te et carissimum in Christo filium nostrum.. regem Castelle ac Legionis illustrem, gravis immo gravissime dissentionis materiam suscitarat et usque adeo corda regum dissidentium provocarat ad iram ut utrique utendum viribus videretur, vehementer indoluit et ejus pia viscera turbationis valide turbo commovit dum tam potentes filios, tam sublimes, quorum discordia orbis concutit angulos, plurimorum mentes exterret multisque populis formidolosa dispendia comminatur ac promotionem negotii Terre Sancte impedire vel verius dissipare dinoscitur inter se cerneret dissidentes ; quare ipsius Ecclesie curiosa solertia, tantis obviare periculis tantisque malis materiam amputare desiderans, remedia duxit in hac parte que potuit adhibenda, diversos propter hoc sollempnes nuntios, prout habet regie serenitatis notitia, destinando, ut per illorum industriam, regum sedata discordia et turbatione principum mitigata, pacis bonum summis studiis amplectendum, operante Rege pacifico, proveniret, quamquam in hoc, prout non absque amaritudine multa referimus, fervens Ecclesie prefate non fuerit desiderium adimpletum. Cum itaque, sicut nuper accepimus, treuge inter te ac eundem regem Castelle hactenus inite brevi sint tempore durature, nosque de tuo tuique regni statu prospero et tranquillo non indigne solliciti plenis affectibus cupiamus, ut tibi tueque inclite domui ac ipsi regno honoris et exaltationis votivum proveniat incrementum, celsitudinem tuam rogamus et hortamur attente ac obtestamur per aspersionem sanguinis Jesu Christi quatinus, sedula meditatione recogitans quod predicte Terre negotium quod ad honorem divini nominis non sine laudum preconiis nosceris assumpsisse, te, utpote Christi pugilem Dominique victoriosum ut speramus athdletam, expectat et expetit spetialiter promotorem, pensans etiam quod ad hoc te Rex regum et dominantium Dominus, tam potentem viribus, tam prepollentem affluentia facultatum constitui voluit super terram ut in blasphemos nominis christiani, non in cultores ipsius, tua molimina dirigantur, predictas treugas sub eisdem conditionibus, conventionibus, pactis et modis sub quibus, mediante dilecto filio nobili viro principe Salernitano, inite dinoscuntur, saltem ad decennium studeas prorogare. Et si forsitan tempus ipsarum treugarum ante receptionem presentium defluxisset, eas sub conditionibus, conventionibus, pactis modisque similibus, ne ipsas novis tractatibus impediri vel differri contingat, ad hujusmodi decennium ad minus vel majus spacium, fieri vel innovari, quantum in te fuerit, omnino procures, ut interim prefatum negotium ad cujus promotionem celerem et felicem intendit desiderium cordis nostri, tue potentie brachio et aliorum fidelium suffragiis circumfultum, ad laudem Dei et tui tueque domus honorem ac exaltationem nominis christiani, ad optatum exitum perducatur. Nos enim, quos non pretereunt incomoda filiorum, sic infra tempus hujusmodi, sublata negligentia qualibet omnique desidia penitus relegata, efficacibus, actore Deo, intendimus studiis procurare ut tibi dictoque regi ac tuo et ipsius regnis quies duratura proveniat, et tibi ac eidem regi et regnis predictis subtrahatur occasio dissidendi, cum in horum quiete nationes diverse quiescant et etiam fluctuent in adversis, ac eidem negotio cujus promotio per hoc periculose differtur et ad quod essent potius ad salutem fidelium quam ad hujusmodi concertationes dissidentium subsidia convertenda, utilius, auctore Domino, ad laudem sui nominis consulatur. Et ecce dilectum filium magistrum Symonem, capellanum nostrum, archidiaconum Carnotensem, latorem presentium, virum utique providum et discretum ac nobis et fratribus nostris merito sue probitatis acceptum, ad te propter hoc diximus destinandum, ut premissa tibi per eum efficatius imprimantur et contingentia circumstantias eorumdem clarius et seriosius explicentur, per quem in suo reditu de intentione tua et negotii memorati successibus prosperis nobis grata et votiva referri desiderabiliter expectamus. — Datum apud Urbemveterem, XII kalendas septembris, pontificatus nostri anno primo.

Original bullé sur cordelettes de chanvre.

XVII

Estella, 13 octobre 1281.

D. Lope Diaz de Haro, seigneur de Biscaye, s'engage à servir le roi de France avec 300 *chevaliers moyennant une pension de* 14.000 *livres tournois.*

(J. 613, n° 18)

Cognoscida cosa sea a quantos esta present carta veran e odran que yo Lop Diaz de Haro, seynor de Bizcaya, por mi plana e agradosa voluntad, recibo desde hoy por mio seynor al mucho alto e noble seynor mesire Phelipes por la gracia de Dios Rey de Ffrança e me fago e torno desde hoy so vaxayllo, e esto fago yo como dicho es desuso por quatorze milia libras de tornes que el dicho Rey de Ffrança, mio seynor, es tenido de dar a mi cadayno por honor a tres plazos ata tres aynos complidos en Paris en la casa del Temple, por lasquales quatorze milia libras, yo Lop Diaz antedicho, me obligo e prometo a bona fe, senes engayno, que sea tenido de servir e sierva leyalment al dicho Rey de Ffrança, mio seynor, como bono e leal vaxaillo a su seynor coraynta dias cadayno con trezientos cavailleros guisados de cavaillos e armas a toda mi mession, e que faga yo este servicio en Gascoyna, en Navarra e en Cathaloyna e en Aragon e en toda Espanya o quier que el Rey de Ffrança mio seynor o aquellos que toviessen su logar fuessen e demandassen el mio servicio. Empero es assaber que el seynor Rey de Ffrança o aquellos qui tovieren su logar son tenidos de fazerme saber coraynta dias ante porque yo pueda mejor guisar la mi compayna que vienga yo servir con los trezientos cavailleros en la forma sobredicha. Et si por aventura, el Rey de Ffrança mio seynor o aquellos qui toviessen su logar, oviessen mester el mio servicio pora mas adelante de los coraynta dias, es convenio que el seynor Rey antedicho sea tenido a mi Lop Diaz antedicho de los coraynta dias adelante por cada dia que servire de me dar cient ss. de tornes pora la mia mesa e por cada cavaillero mio siete ss. e seys dineros tornes; et si por aventura, alguno o algunos de la mi conpayna perdiessen cavaillo o cavaillos en este servicio, mostrandolo yo esto en bona verdad, que el dicho Rey me pague por cada cavaillo perdido quinientos ss. tornes. Otrosi, yo el dicho Lop Diaz me obligo e prometo a bona fe, senes engayno, que si por aventura el fijo del Rey de Ffrança qui sera Rey de Navarra, veniendo en Navarra con su muger doña Johanna por la gracia [de] Dios Reyna de Navarra, oviesse mester el mio servicio e me fiziesset esta mercet, que yo sea tenido de recebir deill esta mercet et de fazer a los dichos Rey e Reyna este servicio en la forma sobredicha, e recebiendo yo deyllos esta mercet, que el Rey de Ffrança sea quito de mi quanto en fazerme esta mercet. Demas es convenio que si los fijos del infante don Ffernando, a qui Dios perdone, seyendo eillos en lur franco e plenero poder me fiziessen esta mercet, que yo sea tenido de recebirla deyllos e de fazerlis servicio en la forma sobredicha, e recebiendo deillos esta mercet, que el Rey de Ffrança sea quito de mi quanto en fazerme esta mercet. Otrosi, es assaber que todas estas posturas e convenencias son fechas e deven durar entre el Rey de Ffrança e mi Lop Diaz antedichos en la forma sobredicha, desta primera fiesta de Todos Sanctos que viene ata en tres aynos continuamente conplidos. Empero yo el dicho Lop Diaz consiento e so plazentero que si el Rey de Ffrança mio seynor me faze saber daqui a la primera fiesta de Sant Johan Babtista que viene que es en el mes de junio, que quiere pora si e pora los otros sobredichos, o pora si solo o pora qualquiere de los sobredichos el mio servicio pora mas adelante de los tres aynos, que yo sea tenido de servir a eill e a los otros sobredichos o a qual eill quisiere de los sobredichos, faziendome eillos esta mercet en la forma sobredicha, segunt que es puesto e assentado pleyto entre el seynor Rey de Ffrança e don Johan

Nuynez. E porque todas estas convenencias e posturas sean mas firmas e mejor goardadas, yo el dicho Lop Diaz prometo a bonà fe, senes engayno, a los nobles et honrrados varones mesire Johan de Niella, comte de Pontiz e mesire Hymberto de Beujoc, seynor de Montpançer e conestable de França, en vez e en nombre del seynor Rey de França, e juro ante eillos sobre la cruz e los sanctos Evangelios que delante tengo, e fagolis homenage con veynte de mios cavailleros, es assaber : Martin Periç de Betolaça, Lop Yeneguiç de Larrinçaar, Sancho Sanchez de Çumelçu, Johan Galindiç de Muxica, Rodrigo Yvaynes de Leçanna, Sancho Periç de 'Gaçeo, Diaz Sanchez de Velasco, Pero Royz de la Vega, Ochoa de Villeilla, Adam Diarça, Fferrant de Roman, Pero Martiniç de Larrinçar, Martin de Leboreno, Roy Sanchez de Lamas, Johan Martiniç de Varsurto, Rodrigo Ochoa de Lezmana, Diago Sanchez de Cereso, Fferrant Periç de Veillarta, Ochoa de Çamuyllo, Johan Ortiç de Balmaseda, de tener e goardar firmament e sin engayno todas estas convenencias antedichas en pena de traycion, en tal manera que si yo faillecies contra estas convenencias sobredichas o alguna deillas, lo que Dios non quiera, que yo el dicho Lop Diaz e estos mios veynte cavailleros antedichos finquemos por traydores en guisa que non nos podamos salvar de la traycion en cort ni fuera de cort, con nuestras armas ni con agenas, ni por palavra ni por otra manera que pueda ser dicha ni pensada. Et nos Martin Periç de Betolaça, Lop Yeneguiç de Larrinçaar, Sancho Sanchez de Çumelçu, Johan Galindiz de Muxica, Rodrigo Yvaynes de Leçanna, Sancho Periç de Gaçeo, Diaz Sanchiç de Velasco, Pero Royz de la Vega, Ochoa de Villeilla, Adam Diarça, Fferrant de Roman, Pero Martiniç de Larrinçar, Martin de Leboreno, Roy Sanchez de Lamas, Johan Martiniç de Varsurto, Rodrigo Ochoa de Lezmana, Diago Sanchez de Cereso, Fferrant Periç de Vaillarta, Ochoa de Çamuillo, Johan Ortiç de Balmaseda antedichos, juramos sobre la cruz e los santos Evangelios e fazemos homenage al comte e conestable sobredichos que el dicho don Lop

Diaz, nuestro seynor, goarde e tienga firmament todas estas convenencias sobredichas, e esto prometemos e juramos como dicho es desuso en pena de traycion, en guisa que si el dicho don Lop Diaz faillecies contra estas convenencias o alguna deillas, lo que Dios non quiera, que nos finquemos por traydores por eillo, en guisa que non nos podamos salvar de la traycion con nuestras armas ni con agenas, en cort ni fuera de cort, ni por palavra ni por otra razon ninguna que pueda ser dicha ni penssada. En testimonio e en mayor firmeza de todas estas cosas sobredichas e de cada una deillas, yo Lop Diaz antedicho, por mi e por los sobredichos mios cavailleros, pongo el mio seyeillo mayor en esta present carta, la qoal fue fecha e dada en Esteilla, lunes primero ante la fiesta de Sant Luch Evangelista, anno Domini M° C.C° octuagesimo primo.

Original jadis scellé.

XVIII

Lyon, 13 juillet 1288.

D. Martin, évêque d'Astorga et Rodrigo Velasquez, chanoine de Compostelle, présentent à Jean Cholet, cardinal du titre de Sainte-Cécile, légat du Saint-Siège, les lettres patentes par lesquelles Sanche IV, roi de Castille, les institue ses plénipotentiaires pour traiter d'un accord avec Philippe IV, roi de France et les fils du défunt infant D. Fernando et pour conclure le cas échéant un ou plusieurs mariages entre les princes et les princesses des maisons de France et de Castille.

(J. 600, n° 20)

In nomine Domini, amen. Anno Nativitatis Ejusdem millesimo ducentesimo octuagesimo octavo, indictione prima, die tercia decima mensis julii, pontificatus domini Nicolai Pape quarti anno primo, constituti venerabilis pater dominus Martinus, Astoricensis episcopus, et discretus vir Rodericus Velasci, canonicus Compostellanus, coram reverendo in Christo patre domino J. Dei gracia tituli Sancte Cecilie presbitero cardinali, Apostolice Sedis legato, ac me notario et testibus infrascriptis, ostenderunt et exhibuerunt quoddam procuratorium sigillatum sigillo excellentis principis domini Sancii Dei gracia Castelle, Legionis, Tolleti, Galletie, Sibilie, Cordube, Murtie, Gehennii atque Algarbii regis illustris, ut prima facie apparebat et dicti episcopus et canonicus asserebant non vitiatum, non cancellatum nec in aliqua sui parte corruptum, cujus tenor est talis : Noverint universi et singuli presens procuratorium inspecturi, quod nos Sancius Dei gracia rex Castelle, Legionis, Toleti, Galletie, Sibilie, Cordube, Murtie, Gehennii atque Algarbii, facimus, constituimus, creamus et ordinamus nostros veros et legitimos procuratores ac nuntios speciales reverendum patrem dominum Martinum, Dei gracia Astoricensem episcopum ac regni Legionis prothonotarium, et discretum virum Rodericum Velasci, canonicum Compostellanum, dilectos, fideles ac familiares nostros, utrumque eorum in solidum, ad tractandum, ordinandum et firmandum inter illustrem principem Philippum Dei gracia regem Francorum et suos successores et carissimum consanguineum nostrum Karolum fratrem suum et successores ipsius ac filios domini Ferrandi quondam carissimi fratris nostri ex una parte, et nos et nostros successores ex altera, pacem, compositionem et concordiam ac omnia et singula que esse possunt inter nos et supradictas personas ad invicem veri amoris et dilectionis et amicitie perpetuo durature, et fines et remissiones faciendas et ad omnes alias promissiones, concessiones, donationes, extimationes, pacta et conventiones, obligationes, conditionum appositiones, quibuscumque penarum adjectionibus vallandas, firmandas et faciendas, necnon ad tractandum et firmandum matrimonium seu matrimonia inter filios nostros et filiam et alios et alias personas de genere nostro et fratres et sorores ac alios at alias personas de genere illustris principis Philippi Dei gratia regis Francorum prefati, et ad obligandum nos seu se pro nobis et nomine nostro ac successorum nostrorum et omnia bona nostra presentia et futura, et super quocunque contractu, et generaliter ad omnia et singula facienda que circa predicta et quodlibet predictorum eis et eorum alteri utilia videbuntur, et que per quoslibet veros et legitimos procuratores fieri possent ac nuntios speciales, et ordinandum et firmandum vistas cum predictis dominis, si visum fuerit expedire ; dantes et concedentes eisdem procuratoribus nostris et eorum cuilibet plenum, generale et speciale mandatum ac liberam potestatem dicendi, faciendi, tractandi, ordinandi et firmandi in predictis omnibus et quolibet predictorum quecumque nos ipsi possemus facere et firmare si presencialiter adessemus, et jurandi in animam nostram super predictis et quolibet predictorum, et recipiendi etiam ab aliis juramentum in omnibus et singulis supradictis, promittentes sub obligatione omnium bonorum nostrorum, nos rata et firma perpetuo habituros quecumque per predictos procuratores nostros vel eorum alterum in predictis et quolibet predictorum acta fuerint et firmata et nullo tempore contraire. Ad quorum omnium evidentiam et cautelam, presens procuratorium inde fieri fecimus et sigilli nostri appensione muniri. — Actum apud Berlangam, septimo idus maii, anno Domini millesimo ducentesimo octuagesimo octavo [1]. Quodquidem sigillum predicto procuratorio appensum erat rotundum et magnum, habens ex parte una impressionem regis coronati, sedentis in sede et tenentis in manu dextra sceptrum et in sinistra pomum cum cruce et habentis a parte dextra castellum et a sinistra leonem et in circuitu hec littere apparebant : S. Sancii Dei gratia, regis Castelle, Toleti, Legionis, Galletie ; in alia vero parte dicti sigilli, erat ymago regis armati, habentis coronam in capite ac sedentis in equo falerato et in circuitu tales littere

1. Berlanga de Duero, prov. de Soria, dist. jud. d'Almazan, 9 mai 1288.

legebantur: Sibilie, Cordube, Murtie, Gehennii et Algarbii. In cujus rei testimonium et evidentiam pleniorem, predictus dominus legatus sigillum suum huic instrumento fecit apponi. — Actum Lugduni, in domo archiepiscopali ubi dictus dominus legatus tunc morabatur, presentibus discretis viris magistro Johanne dicto Bcket, canonico Constantiensi et fratre Petro Veremudi, natione Legionensi, ordinis predicatorum, testibus.

(*Signum notarii*) Et ego Paulus Gregorii de Collelongo, publicus Apostolice Sedis auctoritate ac prefati domini legati notarius, dictum procuratorium transcripsi, et quia una cum predictis testibus presens transcriptum diligenter ascultans, inveni cum originali fideliter concordare, de mandato ipsius domini legati, in publicam formam redegi meoque signo solito roboravi.

Original scellé sur double parchemin du sceau du cardinal Jean Cholet (*Collection de sceaux*, t. II, n° 6157).

XIX

Lyon, 13 juillet 1288.

Traité de paix et d'alliance entre Philippe IV, roi de France, et Sanche IV, roi de Castille et accord relatif aux infants de la Cerda, conclus sous la médiation du cardinal Jean Cholet, légat du Saint-Siège.

(J. 601, n° 22)

Universis presentes litteras inspecturis, Johannes miseratione divina tituli sancte Cecilie presbiter cardinalis, Apostolice Sedis legatus, salutem in Domino. Noveritis quod cum materia discordie verteretur inter excellentissimos principes dominos Philippum Dei gracia Francie nomine suo et Alfonsi ac Fernandi liberorum quondam Fernandi primogeniti clare memorie Alfonsi regis Castelle et Legionis ex una parte, ac

Sancium eadem gracia Castelle, Legionis, Tholeti, Galletie, Sibilie, Cordube, Gehenni atque Algarbii reges illustres ex altera, super terris et regnis que fuerunt Alfonsi regis superius nominati que tenet et possidet idem Sancius rex Castelle et in quibus rex Francie predictus dicebat se jus habere ratione successionis parentum et antecessorum suorum, necnon super eo quod dictus rex Castelle nobilissime domine Blanche relicte dicti Fernandi primogeniti, ejusdem regis Francie amite, dotalitia sua necnon fructus et exitus eorumdem dare et solvere contradicit, et ipsam totaliter dotaliciis predictis detinet et detinuit spoliatam, ac super eo quod idem rex Castelle conquestus olim factos a predicto Fernando primogenito ad eandem Blancham partim eorumdem suorum liberorum et partim suo nomine pertinentes, tenet et possidet, ut asseritur minus juste, nec permittit quod dicta Blancha dictos conquestus habeat et ex eis percipiat exitus et proventus; — item super eo quod predictus rex Castelle de regnis et terris predictis expulit venerabiles patres S. Gadicensem et Rodericum Segobiensem episcopos [1], G. archidiaconum Vervetensem [2], Johannem

1. Il s'agit de D. Suero, évêque de Cadix et de D. Rodrigo, évêque de Ségovie. Nous ne savons pas exactement dans quelles circonstances ces deux prélats durent quitter la Castille, car la *Crónica de D. Sancho Cuarto* ne fait d'eux aucune mention. Ce qui est certain, c'est que leur exil eut pour motif l'attachement qu'ils montraient à la cause des infants de la Cerda. Pour l'évêque de Cadix, nous avons la preuve qu'il se retira en France et que sur les instances du roi Philippe IV et de Blanche, veuve de D. Fernando de la Cerda, le pape Honorius IV manda, le 10 novembre 1286, à son légat le cardinal Jean Cholet de faire pourvoir par quelques monastères aux besoins de D. Suero tant qu'il serait privé des revenus de son évêché. Il est dit dans cette lettre pontificale que le prélat a été dépouillé en raison du zèle qu'il avait déployé en faveur de la mise en liberté des fils de D. Fernando « ...ea occasione quod ipse dudum de liberatione dilectorum filiorum virorum nobilium, liberorum quondam Fernandi nati claræ memoriæ Alfonsi regis Castellæ, se sollicite intromisit et ad id pro viribus operam tribuit, laboribus et sumptibus propriis non parando... » (*Annales ecclesiastici*, éd. Theiner, t. XXIII, pp. 7 et 8, et M. Prou, *Registres d'Honorius IV*, col. 461, n° 655).

2. D. Garci Gutierrez, archidiacre de Briviesca (chef-lieu de dist. jud. de la prov. de Burgos) Cf. Salazar y Castro, *Casa de Lara*, t. III, p. 137.

Nunii, Nunionem Gondisalvi [1], Alexandrum de Loyaise [2] milites, Egidium de Tebis[3] et plures alios, eo quod pro parte vel jure regis Francie ac liberorum predictorum steterunt vel ipsum regem Castelle propter eos aliqualiter offederunt, et ipsos omnibus bonis et fructibus eorumdem, ut asseritur, detinet spoliatos ; ac de predicte dissensionis amputanda materia et amicitia inter eos plenius reformanda habiti fuissent diversi variique tractatus, dicto rege Castelle a predictis se pluribus rationibus excusante et pro parte sua multipliciter in contrarium opponente, tandem in nostra presentia constitutis venerabili patre Martino, Ostoricensi (*sic*) epicospo, et discreto viro Roderico Velasci, Ecclesie Compostellane canonico, ejusdem regis Castelle nuntiis et procuratoribus ex una parte, ac discretis viris magistris Petro de Mournayo, archidiacono Sigalonensi [4] in Aurelianensi et Egidio Lamberti, preposito de Liriaco [5] in beati Martini Turonensis Ecclesiis, predicti regis Francie nunciis et procuratoribus ex altera, ordinandi de omnibus suprascriptis necnon inter predictos reges de omnibus transigendi, componendi et amicitiam contrahendi et firmandi habentibus generalem, plenam et liberam potestatem, nobis ad hec interponentibus partes nostras, inter procuratores ipsos compositum et conventum extitit in hunc modum : videlicet, quod dictus rex Castelle dabit eisdem Alfonso et Fernando regnum Murtie cum suis juribus et pertinentiis universis, civitatibus, castris, fortaliciis, villis, ardeolis, portubus, jurisdictionibus, homagiis, vassallagiis, fidelitatibus, redditibus, proventibus, obventionibus et rebus aliis quibuscumque ; — item Villam Regalem, duo milia et quin-

1. D. Juan Nuñez de Lara II et D. Nuño Gonzalez de Lara III.

2. Alejandro de Loaisa, parent de Jofré de Loaisa, archidiacre de Tolède, qui écrivit une chronique des rois de Castille allant de 1248 à 1305 qui a été publiée en 1898 par M. Morel-Fatio dans la *Bibliothèque de l'Ecole des Chartes*, t. LXI, p. 325-378.

3. Gil de Teba (Cf. Salazar, *op. cit.*, t. III, p. 137).

4. Pierre de Mornay, archidiacre de Sologne.

5. Gilles Lambert, prévôt de Leré.

gentas libras turonensium parvorum nigrorum de Turonibus annuatim valentem, prout asserunt iidem procuratores predicti regis Castelle, nichil sibi omnino jurisdictionis vel juris in regno et villa predictis ac vassallagiis eorum et fidelitatibus retinendo, ita quod homagiorum, jurisdictionum, superioritatum, jurium, rerum et pertinentiarum ac vassallagiorum seu fidelitatum justa fiat extimatio, habenda ab eidsem Alfonso et Fernando ac eorum heredibus libere et sine servitio, homagio, superioritate, resorto, tributo, vassallagio et omni necessitate ad curiam et vocationem quamcumque dicti regis Castelle vel successorum ipsius veniendi, eo adjecto quod si regnum hujusmodi cum suis pertinentiis, homagiis, fidelitatibus et juribus quindecim milia, et dicta Villa Regalis duo milia et quingentas libras turonensium parvorum nigrorum de Turonibus annui redditus non valeant, ut est dictum, tenetur supplere quod deest idem rex Castelle de alia terra sua, et istud supplementum addetur predicto regno Murcie tenendum, habendum et possidendum ab eisdem liberis et eorum heredibus legitimis de proprio corpore descendentibus imperpetuum in eisdem libertatibus cum quibus debent tenere regnum et Villam Regalem superius nominata ; — item prefatus Sancius quadri[n]gentas militias in terra debet assignare eisdem liberis, sicut assignat baronibus suis, in villis et ardeolis, scilicet in redditibus et proventibus eorumdem ac propinquis locis regno Murcie et Ville Regali predictis, prout comodius poterunt assignari ; et valet unaqueque militia octingentos marbotinos de moneta que dicitur de guerra vel extimationem eorum ; et homo seu procurator eorumdem liberorum licite valeat pro redditibus sibi assignatis, auctoritate propria pignorare ; pro quibus militiis dicti liberi vel alter eorum qui dictas tenebit militias, tenebuntur servire secundum quod prefati reges tempore vistarum de ipso servicio duxerint ordinandum, et si forsitan dicti reges concordare non possent de ipso servicio, secundum quod Papa, et si Sedes Apostolica vacaret, secundum quod collegium cardinalium de hujusmodi servicio ordinabit ; ita quod si predecedat alter ex filiis domine Blanche predictis sine liberis, predicta omnia ad superstitem et ejus heredes de suo proprio corpore descendentes, plene et libere revertantur, eo modo quo superius sunt concessa ; si autem utrumque sine liberis ante prefatam dominam Blancham mori contingat, eadem domina Blancha predicta omnia et singula cum dictis militiis tenebit et possidebit, prout filiis suis superius sunt concessa, toto tempore vite sue si non nubat ; si vero nubat, habebit tantummodo regnum et Villam Regalem predicta quamdiu vixerit, et post mortem ipsius domine Blanche, ad regnum Castelle predicta omnia integre revertentur ; eodem modo, si predecedat eadem domina Blancha et post mortem ipsius uterque filiorum eorumdem decedat sine liberis, ad regnum Castelle predicta omnia libere revertantur. — Quod si forsitan iidem liberi dictorum filiorum vel successores eorum sine legitimis heredibus descendentibus de corporibus suis vel alterius eorum decederent, ad regem Castelle predicta omnia integre et libere revertantur, ita tamen quod dicti liberi possint uti regno et Villa Regali predictis et libere administrare ea sicut reges Francie et Castelle solent et possunt in regnis suis. — Fuit etiam concordatum inter procuratores eosdem quod domina Blancha predicta restituatur per regem Castelle predictum ad omnes possessiones dotalicii sui, secundum quod eas possidebat tempore illo quo recessit de Yspania, et si assignatio dotalicii sui non erat completa, fiat sibi complementum, secundum valorem illius monete que currebat tempore contracti matrimonii inter ipsam et dictum Fernandum primogenitum et prout extitit tunc conventum. — De conquestibus vero et possessionibus sive lucris que sibi et suis heredibus acquisivit prefatus Fernandus primogenitus, fuit inter dictos procuratores similiter concordatum et conventum quod omnes possessiones conquestuum predictorum quos possidebat idem Fernandus tempore mortis sue, que ad dictum regem Castelle vel patrem suum vel que facto predicti regis Castelle seu patris sui ad alium seu alios devenerunt, restituet eidem domine Blanche vel procuratori ejus et fructus, exitus et proventus ipsarum possessionum preteriti temporis a tempore quo dicta Blancha exiit de Castella, terminis inferius annotatis. — De ceteris autem que nunquam possedit dictus Fernandus vel que sine facto ipsius regis Castelle seu patris sui ad alium seu alios prevenerunt (*sic*), faciet idem rex Castelle dicte Blanche vel suis procuratoribus brevis justicie complementum, et omnium fructuum, exitu[u]m et proventuum tam conquestus quam acquisitionis et dotalicii predictorum ac omnium aliorum debitorum in quibus eidem Blanche tenetur predictus rex Castelle ex quacumque causa vel ratione, debet fieri una summa et solvi ipsi Blanche vel procuratoribus suis in quatuor annis primis sequentibus, ita quod octava pars totius debiti predicti in unam summam, ut dicitur, regidendi, solvatur in festo Nativitatis Domini proximo venturo apud Lucronium in Castella et adducetur sub periculo et conductu ipsius regis Castelle usque ad Vianam in Navarra, et alia octava pars in festo Nativitatis beati Johannis Baptiste immediate sequenti, et sic deinceps eisdem loco, tempore et conductu usque ad plenam satisfactionem totius debiti memorati. — Si autem contingat quod dicta Blancha, post plenam restitutionem tam de dotalitio quam fructibus et areragiis suis predictis sibi factam, concitaret prelatos, barones, milites et communitates illarum contra dictum regem Castelle, per nuntios vel litteras, et predictus rex Castelle prefatum regem Francie de hoc certum faceret, et dicta Blancha ad instantiam ipsius regis Francie desistere noluerit, ex tunc si dictus rex Castelle aliquid attemptet contra ipsam Blancham, non videbitur propter hoc compositionem infringere memoratam. — Actum insuper extitit inter procuratores eosdem quod dictus rex Castelle predictos Cadicensem et Segobiensem episcopos, archidiaconum Vervetensem, Johannem Nunii, Nunionem Gundisalvi, Alexandrum de Loyaise, milites, ac Egidium de Tebis et omnes alios qui de regnis et terris potestati ejusdem regis Castelle subjectis, occasione prefati regis Francie seu pro jure liberorum ejusdem domine Blanche quod dicebantur habere, steterunt et exinde exierunt vel ipsum regem Castelle propter id offenderunt, sibi reconciliabit ad plenum et eis restitutionem faciet plenariam de subtractis juribus, redditibus et proventibus immobilibus, sicut ea invenerint et permittet ac faciet eos omnibus bonis suis gaudere pacifice, ubicumque morentur, eo salvo quod si aliqui ipsorum de ratiociniis suis eidem regi Castelle teneantur reddere rationem et sibi satisfacere tenebuntur, ita tamen quod si sint in terra prefati regis Francie et in aliquo teneantur eidem, primo satisfaciant ei et postea regi Castelle; et hoc iddem facient rex Francie predictus et dominus Carolus rex Aragonum, frater ejus, circa illos de regnis regis Castelle qui sunt expulsi de terra ipsorum regum Francie et Aragonum propter regem Castelle predictum vel patrem suum ; de fructibus autem et dampnis datis hinc inde, videlicet a dicto rege Castelle prefatis expulsis vel ab ipsis expulsis eidem regi Castelle, stabitur ordinationi regum Francie et Castelle predictorum, si concordare potuerint tempore vistarum vel duorum quos ipsi elegerint, et si discordaverint tunc dicti reges, tenebuntur tert[i]um eligere, cujus arbitrio stabitur cum altero eorumdem electorum. — Actum preterea fuit specialiter inter procuratores predictos quod si contingeret predictum regem Castelle decedere sine filiis vel filiabus, filio vel filia ex domina Maria [1] quam nunc habet pro uxore, vel sine liberis ex alio legitimo matrimonio procreatis, aut filium vel filiam, filios vel filias, seu liberos ipsius regis Castelle sine liberis de propriis corporibus descendentibus decedere, succedat ei prefatus Alfonsus vel liberi ejus in regno Castelle, et super hoc dabit litteras suas patentes dictus rex Castelle et promittet bona fide pro posse suo procurare et laborare habere litteras super

1. Marie de Molina.

consensu domini Johannis [1], fratris ipsius regis Castelle, et sororum suarum [2], prelatorum, baronum, militum, conciliorum et communitatum villarum regni Castelle, et si ipsas litteras habuerit, ut dictum est, tenebitur eas dare et assignare memorato regi Francie, et jurabit idem rex Castelle in vistis hec facere bona fide. — Ad hec, inter prefatos procuratores ordinatum extitit et conventum quod predictus rex Castelle tenetur juvare sepedictum regem Francie vel exercitum suum infra mensem postquam dictus rex Castelle ex parte ipsius regis Francie super hoc fuerit requisitus, cum mille equitibus, quolibet anno per tres menses, cum expensis propriis ipsius regis Castelle, guerra Aragonie durante, ita quod computabuntur ipsis equitibus quindecim dies tantum pro eundo et redeundo, et iidem equites per duos menses et dimidium in servitio esse tenebuntur contra Aragoniam, Cathaloniam, Valentiam et comitatum Barchinonensem, exercitu regis Francie guerram faciente in aliquo dictorum locorum. — Item extitit ordinatum quod rex Francie predictus et gens sua possint ire libere et secure per terram et portus dicti regis Castelle, etiam cum exercitu, si expediat ei, et quod habeant victualia de terra ipsius regis Castelle pro pretio competenti, secundum qualitatem temporis, et rex Castelle illud idem facere possit in terra regis Francie predicti et dominio suo; de equis autem et mulis, habeant per litteras regis Francie vel capitanei exercitus sui, quod possint emere et educere usque ad certum numerum per reges in vistis statuendum. — Item ordinatum est et conventum quod dictus rex Castelle districte prohibeat ne aliquis de terris sue protestati subjectis, sub pena bonorum et corporum, per terram vel per mare, Alfonso de Aragonia et suis valitoribus prebeat consilium, auxilium vel favorem, publice vel occulte, contra reges Francie et Aragonum supradictos, et quod puniet prohibitionis hujusmodi

1. L'infant D. Juan, 3e fils d'Alphonse X et d'Yolande d'Aragon.
2. Les infantes Bérengère, Béatrice, Yolande, Isabelle et Léonor.

transgressores. — Et consimillem prohibitionem facient iidem reges Francie et Aragonum ne quis de regnis et terris ipsorum potestati subjectis, sub pena corporum et bonorum, per terram vel per mare, dicto Alfonso de Aragonia vel suis valitoribus prebeat auxilium, consilium vel favorem, publice vel occulte, contra regem Castelle predictum, et punient prohibitionis hujusmodi tansgressores. — Ordinatum quoque fuit quod idem rex Castelle laborabit bona fide et pro posse suo quod liberi domine Blanche liberentur et tradantur regi Francie prelibato, et si ad manus ipsius regis Castelle pervenerint, restituet ipsos predicto regi Francie; et si contingeret quod dictus Alfonsus de Aragonia seviret in ipsos vel eorum alterum, prefatus rex Castelle persequetur eum tanquam inimicum capitalem. Dicti vero procuratores prefati regis Francie, propter predicta et sequentia, procuratorio nomine pro ipso rege Francie et successoribus suis, pure, simpliciter et de plano, renu[n]tiaverunt per istam compositionem omni juri, actioni et petitioni, si quod vel si que contra dictum regem Castelle et successores ipsius eidem regi Francie et successoribus suis competunt vel competere possent, ratione successionis sue vel regine Blanche, abavie sue, vel antecessorum suorum aut pacti seu promissionis vel ex alia quacumque causa in regnis Castelle, Legionis, Toleti, Gallecie, Sibilie, Cordube, Murcie, Geheni atque Algarbii et aliis terris et dominiis que et quas dictus rex Castelle hodie habet, possidet atque tenet, omne jus et actionem super istis eidem regi Castelle ac successoribus suis penitus remittendo, promittentes quod dictus rex Francie prefatum regem Castelle seu successores suos, de jure vel de facto aut alio modo quocumque, nunquam impeteret super istis; et nichilominus idem rex Francie omnia instrumenta, munimenta et cartas ad jus suum et antecessorum suorum tantummodo pertinentia super istis, tradet dicto regi Castelle; si vero aliqua habeat instrumenta, munimenta sive litteras que ad jus suum et alterius pertineant, ea dare non tenebitur, sed suas patentes litteras exhibebit quod eisdem instrumentis munimentis sive litteris, quantum ad se pertinent, de cetero non utetur et omni juri quod ei et successoribus suis per easdem litteras, instrumenta et munimenta competere posset, renuntiabit expresse. — Ordinatum etiam extitit quod si dictus Alfonsus de Aragonia vel exercitus ejus, guerram faciendo dicto regi Castelle occasione conventionum hujusmodi, terram ipsius regis Castelle intraverit cum exercitu, tenetur prefatus rex Francie, finita guerra sua, infra mensem postquam ex parte ipsius regis Castelle requisitus fuerit, eum vel exercitum suum de mille equitibus per tres menses in anno juvare, ad expensas suas, cum exercitu ipsius regis Castelle ad repellendam infestationem dicti Alfonsi, dato spatio eundi et redeundi ipsis equitibus quindecim dierum, prout superius est expressum ; si vero, guerra regis Francie durante, talia dictus Alfonsus de Aragonia faceret, tunc rex Francie predictus adjutorium quod idem rex Castelle de mille equitibus tenetur, ut premittitur, sibi facere, remittet eidem quousque dictus Alfonsus vel ejus exercitus terram dicti regis Castelle exiret. — Fuit etiam ordinatum quod postquam Alvarazinum recuperabitur a dicto Alfonso de Aragonia, restituatur proprietas domino Johanni Nunii [1], et erit in termino in quo erat tempore mortis predicti Fernandi primogeniti regis Castelle. — Item actum est inter procuratores predictos quod si filii dicti Fernandi primogeniti gratas et ratas habuerint compositiones hujusmodi, et regnum Murcie ac Villam Regalem, terram seu terras a dicto rege Castelle receperint quas eis idem rex Castelle, contemplatione dicti regis Francie et istius compositionis, dat, ambo vel alter eorum tenens regnum et Villam Regalem predicta vel alterum eorum, contra dictum regem Castelle vel successores ipsius venerint, guerram eidem faciendo sine nova causa, idem rex Francie ad

1. D. Juan Nuñez de Lara II qui était par sa femme seigneur d'Albarracin (chef-lieu de dist. jud. de la prov. de Teruel), ville qui avait été prise par le roi d'Aragon Pierre III, le 29 septembre 1284 (Cf. p. 87).

expensas suas, post mensem postquam fuerit requisitus, juvet eundem regem Castelle vel successores ipsius contra eos usque ad decem annos inclusive, annis singulis per tres menses, cum ducentis equitibus, computatis tribus septimanis ipsis equitibus pro eundo et redeundo; et si post istos decem annos, recuperata terra ab eisdem liberis vel non recuperata, contra contenta in istis compositionibus vel alterum eorum venerint sine nova causa, nunquam rex Francie vel dominus Carolus predicti eos juvabunt, nec in terris suis recipient nisi vellent ibi morari pacifice se habendo. — Et dicti rex Francie et dominus Carolus laborabunt bona fide quod domina Blancha et filii sui consentient istis compositionibus et eas ratas habeant. — Ordinatum fuit insuper et conventum quod si vallis Doyra non fuerit ab antiquo de regno Valentie et data fuerit a duodecim annis circa quondam Petro de Aragonia a prefato Alfonso rege Castelle, liceat predicto Sancio, temporibus istis quibus dictus Alfonsus de Aragonia eam tenet, occupare eandem cum podio et *ferroion* que ejusdem donationis esse dicuntur, compositione hujusmodi non obstante. — Item, ordinatum extitit quod iidem filii Fernandi primogeniti et domine Blanche predictorum, arma regis Castelle non deferant nisi cum aliqua distinctione. — Item, ordinatum est quod prefati Philippus rex Francie, S[ancius] Castelle ac C[arolus] Aragonum reges, sint invicem sibi veri et fideles amici, quodque dictus rex Francie non recipiet in terris et regnis suis inimicos, invasores, receptores, collectores, debitores ipsius regis Castelle, infantes, comites, barones, milites vel quoscumque alios quos de terra sua expulerit dictus rex Castelle, cujuscumque condicionis extiterint, immo expellet eos quando super hoc ab eodem rege Castelle fuerit requisitus. — Iddem etiam tenetur facere dictus dominus Carolus in regno et terris sibi subjectis, et eodem modo per omnia tenetur facere memoratus rex Castelle pro eisdem Francie et Aragonum regibus, de inimicis, invasoribus et aliis, ut est dictum. — Ordinatum fuit etiam inter sepedictos procuratores quod si dicti filii Fernandi primogeniti et Blanche predictorum, ex quo fuerint liberati, consentient istis compositionibus et juri si quod in regnis Castelle, Legionis, Toleti, Galetie, Sibilie, Cordube, Gehenni atque Algarbii et aliis terris quas nunc tenet et possidet rex Castelle predictus, habent vel habere possunt, tam ratione successionis patris quam matris, avorum et avunculorum suorum vel pactorum, promissionum, homagiorum, juramentorum, firmitatum, testamentorum et confirmationum vel aliarum causarum quarumcunque, ac predictis omnibus et singulis per que vel per quas possent aliquod jus habere nomine suo et successorum suorum, expresse renuntiaverint, et juraverint dicto regi Castelle se compositiones hujusmodi servaturos et nunquam venire in aliquo contra eas nec contra eum vel successo[res] suos, et super istis litteras suas dicto regi Castelle dederint, tenetur idem rex Castelle tradere eis regnum Murcie, Villam Regalem et supplementa, et de predictis regno, Villa Regali et supplementis, in veram et vacuam possessionem eos inducere. — Et si quis eosdem filios dicte domine Blanche vel eorum aliquem super predictis regno et villa vel aliqua re aut parte eorum, de jure vel de facto, impeteret propter factum ipsius regis Castelle vel patris sui vel alicujus predecessorum suorum vel propter promissionem, donationem vel aliam alienationem seu obligationes quascumque factas ab ipso rege Castelle vel patre suo seu predecessoribus suis, tenebitur dictus rex Castelle super hiis dictos liberos juvare bona fide et defendere, ut jus erit, ac eisdem liberis dictas militias in terra, ut predicitur, assignare ; quibus peractis, dictus rex Francie tenebitur bona fide dare ac tradere predicto regi Castelle omnia instrumenta, litteras et munimenta tam pactionum, confirmationum, firmitatum, homagiorum, juramentorum, promissionum quam testamentorum, tam papalium quam regalium prelatorum, baronum, militum, dominorum, conciliorum, civitatum et omnium aliorum que habet vel habere poterit, tangentia et tangentes jus eorumdem liberorum, si quod habent vel videntur habere in Castelle, Legionis et aliis regnis superius nominatis. Si vero prefati liberi, ex quo fuerint liberati, noluerint eisdem compositionibus consentire, nec renuntiare, nec jurare, nec alia facere, nec complere, ut dictum est, predictus rex Francie tenetur ei dare instrumenta et litteras supradicta ; qui debet interim dicta instrumenta et litteras custodire, et in isto casu, videlicet si non consentiant, non juvabunt eos dicti rex Francie et dominus Carolus nec successores sui, pecunia vel militia seu quocumque alio modo, publice vel occulte, nec eos in terris seu regnis suis habitis et habendis recipient cum exercitu vel cum preda ; poterunt tamen eos recipere sine preda si vellent ibi morari, pacifice se habendo, nec permittent quod aliqui de terra sua juvent eos nec eis contra dictum regem Castelle prestent auxilium vel favorem nec ipsos recipient nisi ut dictum est. Dictus vero rex Castelle interim custodiet dicta regnum et Villam Regalem suis periculo, sumptibus et expensis. — Item, si certum fuerit eosdem liberos liberari non posse, dictus rex Francie predicto regi Castelle restituet instrumenta ad jus eorumdem filiorum dicti Fernandi primogeniti pertinentia, datis et assignatis domine Blanche regno et Villa Regali predictis et militiis, ut dictum est. — Item, tractatum est de matrimonio contrahendo inter dictum Alfonsum filium prefate domine Blanche ac Ysabellim[1], filiam memorati regis Castelle, si in hoc consentiat sancta romana Ecclesia, et accipiet dictus Alfonsus cum Ysabelli predicta, si matrimonialiter copulentur, heredidates, villas et bona que habet et habere poterit eadem Ysabellis, tam ex largitione paterna quam ex largitione et successione materna ; et in isto casu, scilicet si istud matrimonium de consensu Ecclesie consummetur, tenetur idem rex Castelle dicte Ysabelli et successoribus suis ducentas militias

1. Doña Isabel, fille aînée de Sanche IV et de Marie de Molina, née en 1283 ; elle fut fiancée en 1291 à Jaime II, roi d'Aragon ; ces fiançailles rompues, elle épousa en 1310 Jean III, duc de Bretagne. (Cf. Florez, *op. cit.*, t. II, pp. 550-552.)

assignare in dotem in terris, cum omni jurisdictione, liberas et immunes ab omni servitio, redibentia et necessitate veniendi ad curiam seu vocationem dicti regis Castelle et successorum ejus, habendas, tenendas et possidendas a dicta Ysabelli et heredibus ipsius sub eisdem condicionibus et libertatibus sub quibus concessa sunt regnum Murcie et Villa Regalis liberis antedictis, de quibus regno et Villa Regali superius est expressum. — Item, ordinatum extitit et conventum quod memoratus rex Francie bona fide procurabit pro posse suo per litteras et per nuntios obtinere dispensationem super matrimonio jam contracto inter dictos regem Castelle et dominam Mariam quam nunc habet pro uxore et super dicto matrimonio contrahendo inter predictos Alfonsum et Ysabellim. Et pro istis omnibus et singulis firmandis et plenius adimplendis, prefati Francie et Castelle reges debent se invicem videre in aliquo certo loco de comuni eorum voluntate ac beneplacito assignando. Sane dicti procuratores, consentientes expresse omnibus et singulis supradictis procuratorio nomine dictorum Francie et Castelle regum, sollempni et legitima stipulatione promiserunt et invicem firmaverunt quod iidem Francie et Castelle reges et successores eorum predicta omnia et singula, prout ipsorum unumquemque contingunt, inviolabiliter observabunt et procurabunt bona fide pro posse suo quod hujusmodi compositio per Sedem Apostolicam confirmetur. Prefati quoque archidiaconus Sigalonensis ac prepositus, procuratores memorati domini C[aoroli] regis Aragonum, habentes ad hoc ab eo plenam et liberam potestatem et speciale mandatum procuratorio nomine ipsius regis Aragonum, premissis omnibus et singulis quatenus regem contingunt eumdem, nos autem ad petitionem dictorum procuratorum utriusque partis, presentibus litteris sigillum nostrum una cum sigillis eorumdem ac domini Johannis de Acon, buticularii Francie [1], duximus

1. Jean d'Acre, bouteiller de France.

apponendum in testimonium predictorum. — Datum Lugduni, III idus julii, pontificatus domini Nicolai pape IIII anno primo.

Original scellé sur double queue de parchemin des sceaux du cardinal Jean Cholet (*Collection de sceaux*, t. II, n° 6157), de Jean d'Acre (*ibidem*, t. I, n° 275) ; de Rodrigo Velasquez, chanoine de Compostelle et de Lugo (sceau rond de 37 mm. Saint Jacques à cheval tenant une épée et un gonfanon ; au-dessus de la croupe du cheval, une étoile. Légende : S. R. VELASCI COMPOSTELLAN. ET LUCEN. CAN.) ; de Pierre de Mornay (fragment de sceau en navette de 45 mm. sur 30 mm. Dans une niche, le Christ en croix accompagné de la Vierge et de saint Jean ; au-dessus de la croix, le soleil et la lune ; dans une niche inférieure, un priant de profil à droite. Légende : [PE]TRI DE MORNAIO... NI... SICALV...). Les sceaux de l'évêque d'Astorga et de Gilles Lambert manquent.

XX

Guadalajara, 14 octobre 1289.

Sanche IV, d'accord avec les ambassadeurs français, fixe à l'avant-dernier dimanche du Carême de 1290 *la date de l'entrevue qu'il doit avoir avec Philippe IV.*

(J. 601, n° 21)

Noverint universi presentem litteram inspecturi, quod nos Sancius Dei gratia rex Castelle, Legionis, Toleti, Galletie, Sibillie, Cordube, Murçie, Jihennii et Algarbii recepimus quasdam litteras illustrissimi regis Francie, sigillatas sigillo suo pendenti, quas litteras nobis Petrus de Ssargines, miles, et magister Johannes Ducis et magister Petrus la Rene, nuncii regis Francie predicti, presentaverunt, quarum tenor talis est : Philippus Dei gratia Francorum rex, egregio principi karissimo suo conssanguineo et amico S. per eandem gratiam Castelle, Toleti, Legionis, Galletie, Sibillie, Cordube, Murçie,

Jihennii atque Algarbii regi illustri, salutem et dilectionem sinceram. Amicicie vestre notum ffacimus quod nos dilectos Petrum de Ssargines, militem, magistros Johannem Ducis et Petrum La Rene, clericos nostros, presencium latores et eorum quemlibet in solidum, aliis fforssitan impeditis, nostros constituimus et vobis mittimus nuncios speciales ad ineundum et acceptandum vobiscum, nostro nomine et pro nobis, certos diem et locum ad vistam inter nos et vos habendam et ffaciendam circa tempus instantis medie quadragesime, pro quibusdam convencionibus inter nos et gentes nostras pro nobis nuper habitis super quibusdam negociis nos et vos tangentibus confirmandis; dantes eisdem et eorum cuilibet potestatem plenariam et speciale mandatum vistam hujusmodi pro nobis acceptandi et omnia alia ffaciendi que circa predictam acceptationem ffuerint oportuna, ratumque habemus et habebimus in futurum quidquid per eos et cum eis vel cum eorum altero, actum in hujusmodi fuerit sive gestum. In cujus rei testimonium, presentibus litteris nostrum fecimus apponi sigillum. Actum Parisius, die veneris post ffestum beati Bartolomei apostoli, anno Domini M° CC° octuagesimo nono [1]. Et nos, predictus rex Castelle, tenore presentium litterarum intellecto, deliberato conssilio, de communi conssensu nostro et predictorum nunciorum, vistas inter nos et regem Francie celebrandas ordinavimus et concessimus fieri penultima dominica quadragesime et loco in vistis ultimo preteritis que debuerunt fieri inter nos et regem Francie assignato, et promittimus, divina gratia disponente, tempore et loco predictis cum illustrissimo rege Francie vistas predictas celebrare et insimul nos videre; et ne hoc in dubium revocari contingat, presentem cartam sigilli nostri pendentis ffecimus munimine communiri. — Datum apud Guadalffaiaram, XIIII^{a} die menssis octobris, anno Domini MCC° octuagesimo nono.

Original scellé sur cordelettes de chanvre bleu et blanc; sceau mutilé.

---

1. Paris, vendredi 26 août 1289.

XXI

Bayonne, 9 avril 1290.

Sanche IV ratifie les conventions passées à Lyon par ses plénipotentiaires et s'engage à payer une pension à Blanche de France, veuve de l'infant D. Fernando.

(J. 601, n° 23)

Sancius Dei gracia rex Castelle, Legionis, Tholeti, Gallecie, Sibilie, Cordube, Murcie, Gehenni atque Algarbii, notum facimus universis tam presentibus quam futuris quod nos litteras composicionis inite olim apud Lugdunum inter procuratores nostros ex una parte et procuratores magnifici principis Philippi Dei gracia Francorum regis, carissimi consanguinei nostri ex altera, sigillatas venerabilis patris Johannis tituli Sancte Cecilie presbiteri cardinalis, Apostolice Sedis tunc legati ac Johannis de Acon buticularii Francie, dilecti consanguinei nostri, necnon eorumdem procuratorum sigillis, vidimus formam que sequitur continentes : Universis presentes litteras inspecturis, Johannes miseratione divina tituli Sancte Cecilie, etc., etc. (*ut supra*, n° XIX)....... Datum Lugduni, III idus julii, pontificatus domini Nicolai pape IIII, anno primo.

Nos vero, in Bayonensi civitate pro celebrandis vistis cum memorato rege Francorum constituti, prescriptam composicionem, prout superius continetur, in quantum contingit nos, ratam et gratam habemus eamque laudamus et approbamus, volentes nos et heredes nostros et successores ad ea tenenda et complenda teneri obligatos, prout in jamdicta composicione continetur, hoc salvo quod nos dicto regi Francie, heredibus vel successoribus suis in composicione ipsa nolumus nos esse obligatos sive in aliquo teneri quod aliarum personarum quarumcumque preterquam ipsius regis Francie, dicti Caroli regis Aragonum, germani sui, prefate Blanche, amite sue, et Gadicensis et Segobiensis episcoporum, archidiaconi Vervetensis, Alexandri de Loyaise et aliorum expulsorum predictorum vel qui exiverunt, ut dictum est, contingat comodum vel favorem, sed si actio seu actiones vel jura dicto regi Francie, heredibus aut successoribus suis ad comodum quarumcumque aliarum personarum pertinent vel pertinere possunt ex vi dicte compositionis, eis renunciavit expresse idem rex Francie preterquam illis actionibus vel juribus que ad persone ipsius regis Francie et personarum, heredum et successorum suorum tantum, Caroli fratris sui et successorum ejus, Blanche amite sue et Gadicensis ac Segobiensis episcoporum, Alexandri de Loyaise et aliorum expulsorum seu qui exiverunt, ut dictum est, quos nobis reconciliare ac bona sua eis restituere ex hac composicione tenemur vel eorum qui successerunt vel succedent eisdem comodum ipsi regi Francie competunt, de quibus personis exeuntibus vel ejectis in supradictis mentio facta est generaliter vel expresse ; acto expressim inter nos et regem Francie predictum quod debita supra et infra dicta, jura alia et possessiones dicte Blanche, dum viveret et mortis tempore competencia, ad que vel quas nos rex Castelle ex ipsa composicione dicto regi Francie vel ipsi Blanche tenemur, cum eam contigerit decedere, suis heredibus et successoribus debeantur et ad eosdem libere devolvantur et pro eis remaneamus obligati regi Francie predicto. Non tamen intelligimus quod dotalicium predictum dicte Blanche, pro tempore post mortem ipsius fluenti, transeat ad heredes. Ceterum cum prefata Blancha se restitui peteret ad perceptionem viginti quatuor milium maurabotinorum de bona moneta, videlicet veterum Burgalensium, pro dotalicio suo, valencium annuatim septem milia librarum centum et sexaginta librarum turonensium nigrorum, ut dicebat, et sibi satisfieri in eadem moneta de proventibus quatuordecim annorum transactorum postquam ipsa exivit de Castella, gente nostra satisfactionem omnium predictorum, deducto eo quod solutum erat exinde ad monetam que de guerra dicitur offerente et dicente nos ad prestationem alterius monete non teneri ; tandem post varios tractatus inde habitos inter nos et eundem regem Francie, fuit in vistis predictis concorditer ordinatum quod nos rex Castelle eidem Blanche vel suo aut dicti regis Francie procuratori, pro dotalicio suo et jure dotalicii ac omni eo quod de cetero racione dotalicii vel donacionis propter nupcias a nobis petere posset, solvemus aut solvi faciemus integre apud Lucronium, singulis annis, duobus terminis, quamdiu ipsa vixerit, sex milia librarum et sexcentas libras turonensium nigrorum vel valorem in turonensibus argenteis vel bonis sterlingis, unoquoque turonensi argenteo pro tredecim turonensibus nigris et quolibet sterlingo pro quatuor computatis, sive in aliis monetis aureis vel argenteis ad valorem suam, secundum extimationem campsorum de Navarra, videlicet tria milia librarum et trecentas libras in festo Nativitatis beati Johannis Baptiste et totidem in festo dominice Nativitatis, prima solutione in instanti festo Nativitatis beati Johannis Baptiste inchoante. Item solutionem fructuum, exituum et proventuum predicti dotalicii de quatuordecim annis transactis postquam dicta Blancha exivit de Castella, qui in universo, deductis septem milibus octingentis et septuaginta libris turonensibus quos ex ipsis fructibus dicta Blancha postquam exivit recepit, faciunt summam octoginta milium et quatuor milium quingentarum et triginta librarum turonensium nigrorum, faciemus nos, dictus rex Castelle, fieri dicte Blanche vel suo aut dicti regis Francie procuratori apud Lucronium, modo simili, per hos terminos, scilicet ad instans festum Nativitatis Johannis Baptiste duodecim milia librarum septuaginta quinque libras cum quatuordecim solidis et tribus denariis turonensium nigrorum, et totidem ad subsequens festum Nativitatis Domini, et similiter quolibet anno subsequenti, eisdem terminis, donec predicta summa fructuum et proventuum predicti preteriti temporis fuerit persoluta, hoc addito quod totam peccuniam quam de cetero solvi faciemus apud Lucronium, ut dictum est, in unaquaque solucione conduci faciemus nostro periculo usque ad Viennam[1] in Navarra, ita quod si inventum fuerit pro veritate coram dicti regis Francie mandato quod dicta Blancha amplius de suo dotalicio receperit quam in numero sue gentes computarunt, ut dictum est, deducentur de qualibet solucione pro rata.— Item, cum eadem B. peteret restitutionem conquestuum predictorum quos dictus quondam Fernandus ejus maritus, frater noster, possidebat tempore mortis sue, qui ad nos vel patrem nostrum vel nostro aut patris nostri facto, ad alium seu alios devenerunt, et fructus, exitus et proventus eorumdem pretaxati transacti temporis, sibi solvi juxta tenorem compositionis predicte, recognoverunt gentes nostre et nos recognoscimus dictum Fernandum possedisse, tempore mortis sue, de dictis conquestibus, videlicet villam que dicitur Marchena[2] cum castro et terminis suis, castra vocata Ffelin et Yso cum portu dicto Medinatea et cum portu dicto Malemulieris[3], in civitate Yspalensi *tenda* ubi conficitur *savon*[4] et unam ortam ad portam de Maquarainne[5], vineas quas habebat regina Johanna[6] en Tagaret[7], unam presam molendinorum in Galdahyra[8] cum turri sua que est propinquior rivo qui vocatur Gadaguibil, domos quas regina Johanna quondam habebat in dicta civitate cum suis pertinenciis, redditus macelli Saracenorum quod est ante

1. Viana, prov. de Pampelune, dist. jud. d'Estella.
2. Marchena, chef-lieu de dist. jud. de la prov. de Séville.
3. Malamujer, prov. de Murcie, dist. jud. de Cieza.
4. *Tenda*, dans la langue moderne *tienda*, signifie boutique ; *savon*, en espagnol moderne *jabon*, signifie savon.
5. Porte de la Macarena à Séville.
6. La reine Jeanne, de Ponthieu, seconde femme de saint Ferdinand, reçut des domaines à Séville et aux environs. (Florez, *op. cit.*, t. I, p. 489),
7. Tagaret ne se trouve pas dans la nomenclature géographique actuelle pour désigner une localité ; mais c'est le nom d'un ruisseau qui coule entre les anciennes murailles de Séville et le faubourg de San Bernardo et qui se jette dans le Guadalquivir.
8. Alcalá de Guadaira, dist jud. de la prov. de Séville.

portam Alfondigeolei[1], balnea que sunt in parrochia Sancti Lifonsi[2], unam araphonam[3] cum tribus *lendis* juxta eam in ipsa parrochia, duos furnos de poia (?), unum in parrochia Sancti Bartholomei[4] et alium in Judearia; item *lendas* quas habebat regina Johanna ante ecclesiam Beate Marie[5] et quoddam *almazen*[6] olei ad portam Arenalis[7]; item in termino Sibilie, aldeola vocata tempore Sarracenorum Rogahina cum suis pertinenciis; item cortigium dictum Alcabdel in termino Carmone[8] cum turri sua et cum aliis hereditatibus quas habebat ibi regina Johanna; in civitate et termino Cordube, possessiones quas regina Johanna habebat ibidem; item in civitate Gehennii et terminis suis domus, molendina et alias possessiones quas dicta regina Johanna habebat ibidem et in Ariona[9], et villam vocatam Gardiam[10] cum suis pertinenciis et juribus, sicut ea possidebat dictus Fernandus tempore mortis sue. Negantes eedem gentes nostre ipsum Fernandum possedisse tempore quo decessit conquestus alios qui sunt tales, videlicet villam vocatam Parietes de Nava[11], loca nuncupata Gaton[12], Moilieilles, Ferrin cum suis cellariis et aliis pertinenciis, villam vocatam Castriel de Villa Rega[13] cum suo cellario et duabus aldeolis nuncupatis Fresnoeille et Villote, medietatem vici regis in civitate Legionensi, medietatem vallis de Torio, medietatem Sancte Marie de Paramo[14] et de

1. Porte de la Alhondiga ou du grenier; cette porte a disparu, mais il existe à Séville une rue appelée calle de la Alhondiga.
2. Paroisse de S. Ildefonso à Séville.
3. Lege *atahona*, qui signifie moulin à bras.
4. Paroisse de San Bartolomé à Séville.
5. C'est la cathédrale de Séville.
6. *Almacen* signifie dépôt ou magasin.
7. Porte del Arenal à Séville.
8. Carmona, chef-lieu de dist. jud. de la prov. de Séville.
9. Arjona, prov. de Jaen, dist. jud. d'Andujar.
10. La Guardia, prov. et dist. jud. de Jaen.
11. Paredes de Nava, prov. de Palencia, dist. jud. de Frechilla.
12. Gaton, prov. de Valladolid, dist. jud. de Villalon.
13. Castrillo de Villavega, prov. de Palencia, dist. jud. de Saldaña.
14. Santa Maria de Paramo, prov. de la Corogne, dist. jud. d'Ordenes.

Ordales; que villa vocata Parietes de Nava cum omnibus aliis sequentibus fuerunt regine Mencie ; item omnes hereditates, quas ipsa regina habebat in comitatu de Vabia et in Asturiis, cellaria Metine de Rivo Sicco[1] et de Montohylari et de Villabraxian[2] in populacione Sancti Jacobi et aliis rebus et juribus pertinentibus ad predicta cellaria. Recognoverunt etiam gentes nostre et nos recognoscimus predictos conquestus a dicto Fernando, tempore mortis sue possessos, ut confessi sunt, valere annuatim, deductis expensis, nongentas et sexaginta libras turonensium nigrorum, gentibus dicte B. eos longe majoris valoris fore asserentibus ; denique per nos et dictum regem Francie sic in hac parte concordatum extitit quod nos eandem summam no[n]gentarum et sexaginta librarum turonensium nigrorum, dicte B. quamdiu vixerit vel suo aut dicti regis Francie procuratori solvi faciemus apud Lucronium, duobus terminis annuatim, scilicet quadringentas et octoginta libras in festo Nativitatis beati Johannis Baptiste et totidem in festo Nativitatis dominice, cum aliis summis predictis, et faciemus usque ad Viennam conduci, modo superius ordinato; item pro salvo jure nobis competenti et conditionibus insertis in litteris acquisitionum predictarum fieri faciemus restitutionem plenariam et in corporalem et vacuam possessionem inducemus dicte B. vel predicti regis Francie procuratorem dictorum conquestuum quos prefatus Fernandus tempore mortis sue, ut dictum est, possidebat ; sed remanebunt penes nos pro dicta pensione nongentarum et sexaginta librarum vel pro majori, si eos plus valere apparuerit, secundum quod inferius continetur. Fuit preterea concordatum quod per viros probos a nobis et dicto rege Francie deputandos, inquiretur bona fide et de plano de predictis conquestibus et quibuslibet aliis a dicto Fernando factis et super valore ipsorum omnium conquestuum et in

1. Medina de Rio Seco, chef-lieu de dist. jud. de la prov. de Valladolid.
2. Villabraz (?), prov. de Léon, dist. jud. de Valencia de Don Juan.

quibus consistunt, tam recognitorum et negatorum quam aliorum, et utrum dictus Fernandus ipsos conquestus negatos qui fuerunt regine Mencie tempore mortis sue possederit vel aliquos eorumdem aut alios, necnon quantum omnes conquestus predicti, tam recogniti et negati quam alii, a die qua dicta B. de Castella exivit, valuerunt aut valere potuerint, et inquisito super hiis de plano, ut dictum est, nos, modo et terminis antedictis, solvere tenebimur dicte B. vel ipsius regis Francie procuratori quantum, deductis expensis necessariis, impensis declarandis per eos, ipsi probi viri a nobis de fructibus, exitibus et proventibus predictorum conquestuum tam preteriti temporis quam futuri deberi declarabunt, ac ipsam B. vel suum aut dicti regis Francie procuratorem, in possessionem liberam et vacuam inducere conquestuum predictorum quos gentes nostre dictum Fernandum possedisse, ut dictum est, negaverunt, et eis restitutis remanebunt apud nos una cum aliis supradictis, prestando dicte B. annuatim vel suo aut dicti regis Francie procuratori apud Lucronium, modo et terminis supradictis, illam summam quam ipsi probi viri duxerint ordinandam. Actum est etiam quod nos testes quos habere voluerint de potestate nostra existentes, faciemus ad jurandum et testificandum compelli ; et nichilominus de ceteris que nunquam possedit dictus Fernandus, fiet eidem B. vel procuratoribus suis, ut predicitur, brevis justicie complementum. Dictorum autem equorum et mulorum statutus fuit numerus in vistis per nos et dictum regem Francie ad mille mulos et ducentos dextrarios faciendo exercitum contra Aragonenses, prout in dicta composicione continetur. In quorum testimonium et munimen, presentibus litteris nostrum fecimus apponi sigillum. — Actum Bayone, dominica in octavis Pasche, anno Domini millesimo ducentesimo nonagesimo, mense aprili.

Original jadis scellé.

XXII

Valladolid, 7 avril 1294 (n.s t.)

Conventions passées entre Sanche IV et les ambassadeurs français au sujet du secours que se prêteront mutuellement les deux rois et du double mariage projeté entre les princes et princesses des maisons de France et de Castille.

(J. 601, n° 27)

Universis presentes litteras inspecturis, nos Guillelmus dominus de Granciaco, miles, et Gerardus Cameracensis archidiaconus in Brabancia, clericus illustrissimi principis Philippi Dei gracia serenissimi regis Francie, tenore presencium volumus esse notum quod cum magnificus princeps illustris dominus noster Sancius Dei gracia rex Castelle et Legionis, pro contrahendis matrimoniis inter filios suos et filios domini nostri regis Francie, ad predictum dominum nostrum regem Francie et in Franciam suos sollempnes nuncios destinasset, vice versa pro premissis matrimoniis et quibusdam aliis tractandis, concordandis et firmandis, dominus noster rex Francie, ad magnificum dominum nostrum ipsius consanguineum karissimum, regem Castelle predictum, per suas litteras, nos procuratores et nuncios ad hoc specialiter transmisisset, super hiis nobis certa tradita potestate, prout in litteris procuracionis ejus apertis super hoc confectis plenius continetur, quarum tenor talis est : Philipus Dei gracia Francorum rex, universis presentes literas inspecturis, salutem. Noverit universitas vestra quod nos dilectis et fidelibus magistro G[erardo] archidiacono Brabancie[1] in Ecclesia

1. L'archidiaconé de Brabant dépendait de l'évêché de Cambrai (Cf. *Annuaire historique pour l'année* 1861, publié par la Société de l'Histoire de France, p. 343).

Cameracensi, clerico, et Guillelmo, domino Granceii, militi, nostris, quos ad magnificum principem consanguineum nostrum carissimum S[ancium] Dei gracia Castelle ac Legionis regem illustrem, pro quibusdam nostris negociis destinamus, tractandi, conveniendi et concordandi de nostris et ejusdem regis liberis matrimonialiter copulandis, donaciones propter nupcias, dotalicia et dotes, subvenciones et subsidia promitendi, stipulandi, statuendi et eciam acceptandi, confederaciones contrahendi cum eo et alias initas renovandi et super hiis omnibus convenciones et pacta firmandi et quacumque firmitate vallandi, et omnia alia et singula faciendi que circa premissa viderint oportuna, plenam tenore presencium comittimus et concedimus potestatem. In cujus rei testimonium, nostrum presentibus fecimus apponi sigillum. — Actum Parisius, die sabatti ante festum Purificacionis Beate Virginis, anno Domini M° CC° nonagesimo tercio [1].

Nos illarum auctoritate literarum, prefatum dominum nostrum regem Castelle in Valleoleti personaliter adeuntes, cum ipsius excellencia super dictis matrimoniis et ad ea pertinentibus et quibusdam allis tractavimus, super aliquibus concordando et aliqua in suspenso ponendo et per procuratores ejusdem in Francia cum domino rege Francie tractanda et inter eos idem concordanda; et hec egimus sub certis modo, condicionibus atque forma, prout in hiis nostris litteris plenius continetur.

In primis inter nos est concordatum quod matrimonium contrahi debeat inter dominum Ffernandum [1], primogenitum domini regis Castelle, et dominam Blancam [2], filiam domini regis Francie. Item, concordatum est quod nomine donacio-

1. Paris, 30 janvier 1294 (n. st.).

1. L'infant D. Fernando, fils aîné de Sanche IV et de Marie de Molina, né à Séville le 6 décembre 1285, régna sous le nom de Ferdinand IV de 1295 à 1312, marié en 1302 à Constance de Portugal.

2. Blanche, 7e et dernier enfant de Philippe le Bel et de Jeanne de Navarre, morte jeune.

nis propter nupcias, dotis seu dotalicii, tantum dabitur domine Blanche quantum datum fuit domine Blanche [1] amite domini nostri regis Francie cum dompno Ffernando bone memorie quondam ejus marito, videlicet XXIIII^{or} milia morabitinorum illius valoris cujus erant tempore concessionis facte domine Blanche predicte. Concordatum est eciam quod cum domina Blanca dabuntur per dominum nostrum regem Francie decem milia librarum turonensium sub spe melioriacionis obtinende data per nos dictos nuncios domino regi Castelle. Item, inter nos et dominum regem Castelle concordatum est, si suspensa ad concordiam deducantur, quod domini nostri reges hinc inde jurabunt per se et personaliter ad sacrosancta Dei Evangelia quod fideliter et quam cicius poterunt, procurabunt dispensacionem super isto matrimonio inter dictas personas a Sede Apostolica obtineri : item, quod inducant filios suos supradictos, cum fuerint etatis legitime, pro posse suo, quod consenciant matrimonio antedicto. Insuper concordatum est quod dominus noster rex Castelle, si dominus noster rex Francie guerram habeat contra Baionenses, Vascones, illos de Acquitania, eorum adjutores, regem Anglie seu fautores eorum usque ad decem annos continuos, incipientes a tempore quo fuerit concordatum, annis singulis, subsidium prestabit ei, adjuvando eum de mille equitibus armatis et ad bellum aptis, per tres menses, contra quoscumque in Vasconia, secundum formam composicionis facte in Baiona inter dominos nostros reges contra Aragoniam seu Aragonenses, specialiter ubi de tempore dicitur annis singulis, sub spe tamen melioracionis optinende a domino rege Francie. Cumque nos a dicto domino rege Castelle peteremus quod hoc ageret ad expensas suas et statim, hoc est infra mensem cum istud subsidium peteretur, predicta eidem regi Francie facere teneretur, duo ex parte domini regis Castelle proposita fuerunt : primo

1. Blanche de France, fille de saint Louis, mariée le 29 novembre 1269 à l'infant D. Fernando de la Cerda.

circa locum, terre sterilitas et magna caristia, quia melius juvare posset regem Francie in Aragonia vel in Portugalia de quinque milibus equitum quam in Vasconia de mille; item circa tempus, ineptitudo que nunc est et alias posset accidere, propter infinitos Mauros qui jam intraverunt regnum suum, ipso nolente, et regnum suum devastantes pro posse et propter totam multitudinem Sarracenorum affricanorum que pro certo timetur transfretatura in detrimentum regis, hominum suorum et regni ipsius; unde et per terram et per mare, eis ad tuicconem sui et suorum resistere et obviare tenetur et personaliter et per suos et per quoscumque alios amicos; super hiis duobus est temperamentum adhibendum et per nuncios seu procuratores domini nostri regis Castelle cum domino nostro rege Francie vel suis procuratoribus in Francia concordatum, et nisi concordaverint nichil de premissis reputabitur actum esse. E contra vero, de subsidio faciendo regi Castelle per dominum regem Francie contra quoscumque petito, est in suspenso et per nuncios tractandum et concordandum, excepto de subsidio contra regem Portugalie contra quem, si concordatum est in aliis, data per nos est certa spes quod par seu simile subsidium dominus noster rex Francie domino nostro regi Castelle facere teneatur contra dictum regem Portugalie, sub eisdem modo et forma qua dominus noster rex Castelle domino nostro regi Francie contra predictos superius nominatos subsidium prestare tenetur, tam per terram quam per mare; sed de prohibicione mercium et navigiorum de regno Francie in Portugalia ducendorum quod dominus rex Castelle petebat sibi a domino rege Francie fieri, remanet in suspenso. De equis autem et mulis emendis in regno Castelle per nos petitis, concordatum est prout continetur in compositione contra Aragonenses facta Baione; de navigiis autem per nos petitis contra predictos tempore guerre nostre contra eosdem, responsum est nobis quod multum placet domino regi Castelle quod dominus noster rex Francie habeat navigia hominum suorum et comunitatum suarum, ad expensas et missiones domini regis Francie, dum tamen dominus noster rex Castelle non sit in guerra pro qua dicta navigia pro se retinere cogatur; propria vero nulla habet preter navigia ad custodiam transitus Affrice specialiter deputata, inexcusabilia quocumque tempore tam pacis quam guerre. De navibus vero domini nostri regis Francie vel suorum a mari Mediterraneo vel aliunde in mare citra introducendis, de securitate portuum sub regnis domini nostri regis Castelle existencium per nos petitis domini nostri regis Francie hominibus facienda, nobis illa concessa sunt; de empcione vero victualium concessum est, prout cum venditoribus convenire poterimus, omni malicia in dictis contractibus cessante, fraude vel dolo. Hoc etiam inter nos actum est quod cum dominus rex Castelle contra prenominatos prestabit auxilium, relevabitur ab auxilio eo tempore quod eidem domino regi Francie contra Aragonenses prestare tenetur ex composicione facta Baione. Item cum peteretur ex parte domini nostri regis Castelle quod domina nostra Blanca, filia domini nostri regis Francie, traduceretur in Castellam in domum suam, a domino rege Castelle et domina regina nutrienda, ut mores, consuetudines patrie disceret et loquelam, diximus et respondimus quod in hoc nullo modo concordaremus cum eo donec super hujusmodi matrimonio contrahendo ab Apostolica Sede dispensacio esset optenta; et cum dominus rex Castelle ista nostra responsione non esset contentus, iste articulus positus est in suspenso et tractandus in Francia et per procuratores domini nostri regis Castelle, prout fieri poterit, concordandus. Denique in tractatu secundi matrimonii, videlicet de domino Ludovico [1], primogenito domini nostri regis Francie et domina Beatrice [2], nata domini nostri regis Castelle ex domina nostra Maria regina uxore sua, cum peciissemus

1. Louis, fils de Philippe le Bel et de Jeanne de Navarre, né à Vincennes le 4 octobre 1289 ou 1291, régna sous le nom de Louis X, de 1314-1316.

2. Béatrice, 7e et dernier enfant de Sanche IV et de Marie de Molina, née à Toro en 1293, mariée en 1309 à Alphonse IV, roi de Portugal, morte à Lisbonne le 25 octobre 1359.

aliqua dari hereditaria dicte domine Beatrici, propositis multis racionibus in contrarium qualiter hoc erat impossibile, juramento et fidelitate servatis, et offerret nobis rex se daturum pecuniam nomine dotis seu dotalicii, et ea nec acceptare nec recusare vellemus, istud matrimonium cum ceteris ad idem pertinentibus posita sunt in suspenso ut super isdem tractetur in Francia per procuratores domini notri regis Castelle cum domino nostro rege Francie, sub spe quod si aliquid cum domina Beatrice offeratur domino nostro regi Francie quod ab eo fuerit acceptandum, quod cum pactis et convencionibus ad hoc pertinentibus istud matrimonium subsequatur. Postremo concordavimus hinc inde quod quecunque per nos in superioribus sunt concordata, illud procuratorio nomine concordamus ex nunc pariter et firmamus ; ea vero que in suspenso posita sunt, bona fide promittimus ad hoc laborare quod pro posse nostro ad concordiam deducentur et firmentur ; quod si facere nequiremus, quod absit, actum est inter nos expresse cum domino nostro rege Castelle quod pro nichilo haberetur quicquid de predictis matrimoniis et aliis inter nos in isto tractatu concordatum est vel firmatum quomodolibet hinc et inde ; et si premissa omnia ad concordiam deducantur, omnia tunc concordata cum ceteris per nos superius concordatis ab utroque domino nostro rege per se et sub juramentis ab eisdem corporaliter prestitis, promissio fiet hinc et inde de premissis omnibus fideliter adimplendis pariter et servandis. De confederacionibus autem et amiciciis et pactionibus seu conventionibus circa eas inter dominos nostros reges predictos, eorum filios et heredes contra quoscumque in perpetuum contrahendis et precipue contra filios dompni Fernandi et dompne Blanche, si contra regem Castelle aliquid facere attemptaverint, est in suspenso, et in Francia tractandum et inibi per procuratores domini nostri regis Castelle cum domino nostro rege Francie concordandum. — In quorum omnium testimonium et munimen, presentes litteras appensionis sigillorum nostrorum munimine duximus roborandas hoc inter nos expresse condicto cum pro confirmacione supradictorum penes dominum regem Castelle nostre procuracionis literas dimitamus et ipsius super predictis sigillatas literas habeamus, quod procuratores sui in regno Francie predictas literas seu procuratorium defferant et nos literas domini regis Castelle domini nostri predicti, sub hoc modo quod si premissa, quod absit, ad concordiam non deducantur, literas suas suis reddamus procuratoribus et vice versa idem procuratores restituant literas domini regis nostri Francie procuratorias et etiam nostras nobis. — Datum apud Vallemoleti, anno Domini M° CC° nonagesimo quarto secundum consuetudinem Vallisoleti scribendi, apud nos autem tercio, feria tercia ante ramos palmarum.

Original scellé sur double queue de parchemin de deux sceaux mutilés.

XXIII

Valladolid, 31 octobre 1294.

Sanche IV ratifie les conventions passées par ses ambassadeurs avec le roi de France au sujet du double mariage projeté entre leurs enfants.

(J. 601, n° 26)

Sancius Dei gratia rex Castelle et Legionis, Toleti, Gallecie, Sibilie, Cordube, Murcie, Gihennii, Algarbii ac dominus comitatus Moline. Notum facimus universis tam presentibus quam futuris quod cum carissimus consanguineus noster Philippus Dei gratia rex Francorum illustris suos venerabiles et dilectos nuncios et procuratores magistrum Gerardum, archidiaconum Brabantinum, clericum suum et Guillelmum, dominum de Granciaco, militem suum, super matrimoniis inter suos et nostros filios contrahendis ad nos misisset, nos similiter ad eum super eisdem matrimoniis et quibusdam aliis tractandis, concordandis et firmandis cum eo, reverendum patrem episcopum Palentinum, magistrum Nicholaum, medicum ac consiliarium nostrum, Paschasium Martini, curie nostre judicem, nuncios et procuratores nostros ad hoc specialiter constitutos, duximus destinandos, dantes et comittentes eis super hiis omnibus plenariam protestatem, prout in litteris procuracionis eorum apertis super hoc confectis ac sigilli nostri apposicione firmatis plenius continetur, quarum tenor talis est :

Notum sit omnibus scripti presentis inspecturis tenorem, quod nos Sancius Dei gratia rex Castelle, Legionis, Toleti, Gallecie, Cordube, Murcie, Gihennii, Algarbii ac dominus comitatus Moline, constituimus nostros fideles et certos et speciales procuratores reverendum patrem fratrem Munionem Dei gratia episcopum Palentinum et magistrum Nicholaum, medicum et consiliarium nostrum, et Paschasium Martini, judicem nostrum, quos ad carissimum consanguineum nostrum magnificum principem Philippum Dei gratia regem Francorum destinamus, committentes et concedentes eis plenariam potestatem cum eodem vel cum eis quibus ipse decreverit committendum, tractandi et concordandi de contrahendis matrimoniis inter suos et nostros filios, promittendi, statuendi et stipulandi et nostro nomine acceptandi et recipiendi donaciones propter nupcias, dotes et dotalicia, subvenciones et subsidia, insuper confederaciones de novo contrahendi cum eo et prius initas renovandi ; dantes insuper potestatem procuratoribus antedictis super premissis adimplendis et servandis, pacta et convenciones ineundi, ponendi et firmandi et omnia alia et singula faciendi que circa premissa vel aliquid premissorum viderint expedire, ratum et firmum perpetuo habituri quicquid per ipsos tres vel eorum quemlibet, si alii ex aliqua necessitate interesse non possent, super premissis actum fuerit et firmatum. In cujus rei testimonium, presens procuratorium sigilli nostri pendentis apposicione fecimus sigillari. — Datum apud Vallemoleti, kalendis maii, anno Domini M° CC° nonagesimo quarto [1].

Prout igitur in regressu predictorum nunciorum nostrorum ad nos, ex eorum relacione necnon ex tenore littere sigillo predicti regis Francorum illustris firmate ac eorumdem nostrorum nunciorum littera sigillis suis pendentibus roborata, eumdem prefate littere tenorem continente, quam litteram penes nos retinemus, evidenter intelleximus, accedentibus predictis nostris nunciis ad prefati regis illustris presenciam personaliter Parisius ac ostensa sibi potestate quam a nobis super premissis habebant, tractaverunt cum eo et convenerunt in hunc modum. In primis concordatum est inter eos quod matrimonium contrahi debeat inter Fernandum primogenitum nostrum et heredem in regnis nostris et Margaretam predicti regis Francorum illustris et Johanne consortis sue filiam, et quod nos demus tantum eidem Margarete predicte, nomine donacionis propter nupcias, quantum datum fuit Blanche cum Fernando quondam fratre nostro, videlicet viginti quatuor milia morabitinorum illius valoris cujus erant tempore concessionis facte Blanche predicte, sicut est in summa declarata in conposicione facta Baione, et quod idem rex Francorum predictus det cum dicta Margareta filia sua decem milia librarum turonensium. Si vero contingeret predictum Fernandum, filium nostrum, ante consummacionem matrimonii decedere vel esse inhabilem ad matrimonium contrahendum, quod matrimonium contrahatur cum alio filio nostro superstite et herede sub forma, modis, condicionibus in predicti Fernandi matrimonio modo dictis. Et similiter si predicta Margareta moreretur ante tempus matrimonii

1. Valladolid, 1er mai 1294.

consummati, quod Fernandus predictus vel alius noster filius superstes et heres contrahat matrimonium cum alia predicti regis Francorum et predicte Johanne consortis sue filia secunda post istam vel cum tercia, si secundam premori contingeret, competenti tamen temporis distancia observata. Denique in tractatu secundi matrimonii, videlicet de Ludovico predicti regis Francorum primogenito et Beatrice nostra et Marie consortis nostre filia, cum prefatus rex Francorum illustris a predictis nostris procuratoribus peteret cum dicta Beatrice filia nostra aliqua hereditaria promitti vel concedi, nec ipsi nostri procuratores potestatem haberent a nobis ad hoc, deliberavit suos ad nos nuncios et procuratores destinare, tractaturos nobiscum de isto matrimonio, ac si de ipso nobiscum convenirent, firmaturos utrumque ; et si de isto secundo matrimonio nobiscum concordare nequirent, primum de quo concordatum est in ceteris, si procuratores sui de provisione facienda liberis predicti Fernandi vel alterius qui contraheret cum predicta filia sua, modo et forma predictis, nobiscum convenirent, firmaturos. Si vero contingeret predictum Ludovicum ante consummacionem matrimonii decedere vel esse inhabilem ad matrimonium contrahendum, quod matrimonium istud contrahatur cum alio predicti regis Francorum filio superstite et herede, sub forma, modis condicionibus per procuratores suos nobiscum concordandis. Et similiter, si predicta Beatrix moreretur ante tempus matrimonii consummati, quod Ludovicus predictus vel alius predicti Francorum regis illustris filius superstes et heres regni Francie contrahat matrimonium cum alia nostra et regine consortis nostre filia secunda post istam, vel cum tercia si secundam premori contingeret, sub eisdem modis, forma, condicionibus in predicti Ludovici matrimonio concordandis, competenti tamen temporis distancia observata. — Insuper, concordatum est inter eos quod si predicta matrimonia vel eorum alterum ad firmitatem procedant, jurabimus per procuratores nostros in animas nostras, nos et predictus rex Francorum illustris, ad sacrosancta Dei

Evangelia, quod fideliter et quam cicius poterimus, procurabimus dispensaciones super istis matrimoniis vel eorum altero inter dictas personas que ad hoc erunt necessarie, a Sede Apostolica obtineri, et jurabimus eciam, sicut dictum est, quod nos et ipse inducemus bona fide filios nostros supradictos, cum fuerint etatis legitime, quod consenciant matrimoniis vel matrimonio antedictis. — Est insuper concordatum inter eos quod procedentibus tractatibus super utrisque matrimoniis vel eorum altero ad concordiam, predictus rex Francorum illustris, carissimus consanguineus noster, qui fideli amicicia et sincero et integro animo nobis est conjunctus firmissime et unitus, promittit bona fide quod, requisitus, et non requisitus, dabit operam in negociis et necessitatibus nostris sicut verus et fidelis amicus, quod nos ei similiter promittimus hoc idem et eodem modo nos facturum ac eciam servaturum.— Concordatum est eciam per eos quod hec amicicia et confederacio, prout in predictis litteris sigillatis est expressum, ad nostros et predicti regis Francorum illustris filios hinc inde extendatur et heredes. Que omnia predicta, prout per predictos procuratores nostros cum predicto rege Francorum illustri acta fuerunt et in presentibus litteris sunt narrata, approbantes, firmiter acceptamus et confirmamus, et ut perpetuo duratura robur obtineant firmitatis, nostrum fecimus presentibus apponi sigillum. — Datum apud Vallemoleti, in vigilia Omnium Sanctorum, anno Domini M° CC° nonagesimo quarto.

Original jadis scellé.

XXIV

Valladolid, 3 novembre 1294.

Sanche IV résume les négociations qui ont eu lieu entre ses délégués et les ambassadeurs français.

(J. 915, n° 1)

Sancius Dei gracia rex Castelle et Legionis, Toleti, Gallecie, Sibilie, Cordube, Murcie, Gihennii, Algarbii ac dominus comitatus Moline, universis presentes litteras inspecturis. Tenore presencium intimetur quod cum ad magnificum principem carissimum consanguineum nostrum Philippum Dei gracia regem Francorum illustrem super matrimoniis inter suos et nostros liberos contrahendis et quibusdam aliis tractandis, concordandis et firmandis cum eo, reverendum patrem episcopum Palentinum, magistrum Nicholaum, medicum et consiliarium nostrum, Paschasium Martini, curie nostre judicem, nostros nuncios ac procuratores ad hoc specialiter constitutos Parisius misissemus u... rex Francorum illustris super premissis cum dictis nostris procuratoribus tractatu habito diligenti, suos ad nos nuncios et procuratores, videlicet venerabiles ac discretos viros magistros Egidium, decanum Sancti Martini Turonensis, Johannem, cantorem Aurelianensem, super premissis omnibus nobiscum tractandis et firmandis vice versa destinavit, super hiis eis certa et plenaria tradita potestate, prout in litteris procuracionis eorum apertis plenius continetur, quarum tenor talis est : Philippus Dei gracia Francorum rex, universis presentes litteras inspecturis, salutem. Notum facimus quod nos dilectis et fidelibus magistris Egidio, decano Sancti Martini Turonensis, Johanni cantori Aurelianensi, clericis nostris, quos ad magnificum principem consanguineum nostrum carissimum Sancium Dei gracia

Castelle et Legionis regem illustrem pro quibusdam nostris negociis destinamus, tractandi, conveniendi, concordandi de nostris et ejusdem regis liberis matrimonialiter copulandis, donaciones propter nupcias, dotalicia et dotes, subvenciones et subsidia promittendi, stipulandi, statuendi et eciam acceptandi, confederaciones contrahendi cum eo et alias initas renovandi, super hiis omnibus convenciones et pacta firmandi et quacumcumque firmitate vallandi et omnia singula faciendi que circa premissa viderint opportuna, plenam tenore presentium committimus et concedimus potestatem. In cujus rei testimonium, nostrum presentibus fecimus apponi sigillum. — Actum Parisius, die lune ante festum beati Laurencii, anno Domini M° CC° nonagesimo quarto [1]. — Predicti vero nuncii ad nos apud Vallemoleti personaliter accedentes, ex auctoritate predicte procuracionis sue quam habebant, tractaverunt nobiscum in hunc modum. In primis cuncta que sibi, ut asserebant, a domino suo rege Francie predicto injuncta erant et mandata generaliter et articulatim nobis retulerunt ac exposuerunt diligenter; que omnia ut nobis ab eisdem relata fuerunt, causa brevitatis dimisimus reppetenda; quibus auditis diligenter ac eciam intellectis, respondimus eis quod satis equum et rationabile reputabamus provisionem competentem debere fieri liberis Ffernandi primogeniti filii nostri in casu videlicet in quo ipsum Fernandum ante nos premori contingeret, quod absit, et quod donacionem propter nupcias quam Margarete predicti regis Francie filie cum dicto Fernando filio nostro primogenito et herede concessimus, videlicet de viginti quatuor milibus morabitinorum in terra certa, secundum peticionem a predictis nunciis nobis factam lib[enter assign]aremus et poneremus; quibus dictis, placuit nobis quod de predictis omnibus et singulis die crastina et sequentibus diebus cum reverendo patre episcopo Palentino ac venerabilibus et dilectis nostris magistro N[icholao], medico et consi-

1. Paris, le lundi 9 août 1294.

liario nostro, Paschasio Martini, [curie nostre judice] pro... predicti nuncii tractarent ac ipsi vice versa cum eisdem. In quo elegerunt nostre parere voluntati, et cum crastina die essent congregati una cum predictis tractatoribus nostris, petierunt ab eis quod daretur eis littera sub sigillo nostro con...[episcopus Pale]ntinus, magister Nicholaus, Paschasius Martini predicti concesserunt et dederunt Parisius de tractatu supradicto habito ibidem, deinde quod nominaretur eis certa quantitas provisionis faciende liberis dicti Fernandi, in casu predicto et ubi assignaretur e.,......ubi et in qua terra placeret nobis donacionem a nobis concessam Margarete predicte cum Fernando predicto primogenito filio nostro assignare ; quibus factis, ut modo predictum est, offerebant se eis primum matrimonium sub condicionibus et modis quibus erat concordatum...; post multa verba hinc inde habita, predicti tractatores nostri finaliter decreverunt usque ad crastinum deliberare nobiscum antequam ad predicta eis plenius responderent. Crastina vero die, ipsis et ipsis redeuntibus ad tractatum, ante omnia tractatores nostri predicti predictorum procuratorum regis Francie predicti procuratorium videre voluerunt, quod eis est exibitum sine mora ; quo cum deliberacione a nostris tractatoribus viso, dixerunt eis quod non erat sufficiens pro eo quod non dabatur eis potes[tas jurandi in anim]am regis Francie predicti, sicut concordatum fuerat Parisius et promissum, et quod de hoc multum mirabantur cum sepe et sepius ad tractatorum qui dati erant per regem Francie predictum Parisius memoriam reduxissent, et quod videbatur eis superva[cuum ....non] haberent potestatem firmandi quia licet aliis modis firmare possent iste solus modus videlicet juramento firmandi erat sufficiens et necessarius taliter quod inter eos et procuratores seu tractatores dicti regis Francie determinatum..... concordata firmari ; et cum predicti procuratores prefati regis Francie multas excusaciones legitimas pro domino suo rege Francie, consilio suo et pro eis ponerent, ostendentes quod ibi non erat deffectus et si fuerat..... procuratores redierunt ad nos et post habitam nobiscum deliberacionem, vocaverunt predictos procuratores ad nostram presenciam. Tunc nos cum admiracione et quadam displicencia de insufficiencia procuratorii sui locuti fuimus eis..... supervacuum videbatur nobis tractare cum eis, sicut predicti nostri allegaverant tractatores, ad quod eciam sicut prius nostris tractatoribus responderant, sic eciam nobis responderunt, excusaciones legitimas pretendentes, addicientes eciam quod si videbatur nobis proce.......derent, sin autem quod remitteremus eos ad dominum suum regem Francie predictum ; tunc diximus eis quod ex quo non habebant potestatem firmandi, ut tactum est, quod non poteramus ad plenum tractare cum eis et quod de illis que restabant concordanda, silicet... [as]signacionem donacionis facile erat convenire, et tamen semper dicebamus eis quod non erat nostre intencionis nisi quod utrumque matrimonium insimul duceretur, cum per dictum regem Francie fuisset nobis significatum quod utrumque, si vellemus, vel alterum sine altero acceptaremus quod vellemus, et quia negocium eis comissum ad felicem exitum celeriter, prout eis injunctum fuerat, bona fide ducere nitebantur, condescenderunt ad tractandum de isto secundo matrimonio cum nostris tractatoribus antedictis; et cum ab eis peterent quantum et que darent Ludovico predicto in matrimonium cum Beatrice filia nostra predicta, tractatores nostri noluerunt aliquid nominare, requirentes eos pluries et cum instancia quod si quid eis injunctum extiterat requirendum vel petendum cum dicta Beatrice pro dicto Ludovico, exponerent eisdem, et ipsi qui ad accelerandum dictum negocium hanelabant juxta posse, pecierunt porcionem hereditatis dicto Ludovico dari cum dicta Beatrice usque ad sexaginta milia librarum turonensium in redditibus et quod pro isto redditu daretur [terra]... fuit de regno Navarre et si id non sufficeret ad perficiendum dicta sexaginta milia librarum annui reddítus, quod residuum assignaretur in terra utiliori et propinquiori dicte terre petite ; ad quod responderunt nostri tractatores predicti quod de ista peticione mirabantur..... ibus regis Francie memorati[s], videlicet magistro Geraldo, archidiacono Brabantino et domino Guillelmo domino de Granciaco, qui istud nuper tractaverant nobiscum totaliter denegaveramus tum quia isti idem procuratores predicti multum minora hiis pecierunt [in hereditate] ....eis similiter...... constanti haberent quod nec palmus hereditatis eis daretur, assignando ad hoc multas raciones quibus asserebamus quod nec fieri poterat nec decebat, tum eciam quia domino suo regi Francie et·consilio suo Parisius nostri procuratores predicti simpliciter dixerant ex parte nostra..... tur hereditas filie nostre predicte et quod super hoc nullo modo suos ad nos nuncios destinaret; et cum ipsi dicerent quod istud fuerat eis injunctum instanter petendum et quod timebant diminute petisse, nostris vero tractatoribus et repellentibus et detestan....... cum racionibus suis quas longum esset narrare, asserentibus quod nunquam intenderunt nisi de summa peccunie tractare et quod de hac fuerat tractatum Parisius, post responsiones ab eis factas ad responsiones eorum, dixerunt nostris tractatoribus quod vi[derent] et cogita[rent] si possent ad hoc aliquam bonam viam mediam invenire ex quo nostri et eorum ritus omnino contrarii videbantur. Super quo nostri tractatores super predicta peticione nobiscum deliberare voluerunt ac ipsam nobis referre, quod predicti regis Francie tractatores pacienter sustinentes, dum die crastina coram nostra essent presencia constituti, diximus eis quod mirabamur nimium de peticione quam fecerant et quod nullam hereditatem poteramus dare cum aliqua filia nostra, et hoc eis per plures raciones ostendimus eleganter quas, ad presens, cum responsionibus a dictis procuratoribus ad eas factis, causa brevitatis tacemus. Quibus factis predictis, regis Francie procuratoribus injunximus quod dicerent nobis si istud eis erat injunctum ex parte regis Francie, ad quod responderunt nobis quod sic, et hoc aliquantum........... ete tulimus, et cum ipsi motum nostrum sentirent, tunc supersederunt; et sequenti vero die, nostris tractatoribus cum ipsis convenientibus ac requentibus ab eis si aliud facerent, dixerunt eis quod si aliquid equivalens dicte hereditati vel prope loco ipsius hereditatis .... vellent, audirent eosdem et facerent quod possent secundum ea que injuncta eis erant; ad quod responderunt tractatores nostri quod certe sciebant quod moleste ferremus si istam eorum peticionem audiremus et quod hoc erat incidere (incidere) in id ipsum gravam...... eandem sicut de facto hereditatis licet par aliam viam, ad quod responderunt eis satis rationabiliter ut eis videbatur et adjecerunt quod si quid indecens pecierant, quod parati erant temperamentum apponere ubi viderent opportunum; et tunc tractatores nostri quesiverunt ....si habebant potestatem tractandi de pecunia; ad quod dixerunt quod habebant potestatem generalem tractandi, concordandi et alia faciendi ut in suo procuratorio continebatur, et finaliter post aliquas raciones super hoc habitas, responderunt quod si procuratores [nostri of]ferrent aliquid quod eis videretur acceptandum secundum equivalenciam petitorum vel prope, vel prout eis videretur secundum eis injuncta faciendum, id acceptarent sin autem quod audirent que nostri dicerent et refferrent; et cum nostri tractatores vellent et requirerent quod...... aliquam summam peccunie, responderunt de certa peccunie quantitate nichil erat eis injunctum, quare eam petere non poterant, set dixerunt quod cum ipsi jam nominassent sexaginta milia librarum in redditibus, scire satis poterant tractatores nostri quan...........re debebant in peccunia secundum communem patrie estimacionem et secundum hoc summam peccunie nominare decentem; ad quod nostri tunc tractatores responderunt quod Parisius tractaverant de viginti milibus librarum quod ipsi reputaverunt quasi nichil; tunc nostri tractatores obtulerunt gradatim usque ad summam quinquaginta milium librarum quod adhuc fuit valde modicum eis visum; et cum ab eis nichil reportare possemus, sequenti die post istos tractatus predictos, ad nostram eos presenciam fecimus convocari et cum magna[instan]cia ab eis petivimus ut summam quam petere proponebant nobis dicerent vel causam quare eam nominare differebant, asserentes quod voluntatem eorum divinare minime poteramus ; tunc responderunt quod injunctum erat eis a nobis hereditatem seu[redditum in] terra et non peccunie quantitatem, et iterum similiter responderunt nobis quia cum ipsi predictam peciissent hereditatem et sciebamus quantum valere poterat secundum communem patrie estimacionem ex quo petebant valorem vel prope satis....... debantur........ [tract]oribus nostris suam intencionem declarasse et summam certam nominasse eisdem ; tercio nostris tractatoribus responderunt quod si summam quam secundum consuetudinem et ritus Francie, considerata magnificencia personarum de quibus agebatur, dicerent....... bant........ timebant nos aliquantulum provocare seu movere sicut nos moti fueramus quando quantitatem hereditatis seu annui redditus vel terre nobis nominarunt ; et si minorem summam dicerent, hoc esset contra intencionem eorum qui eos miserant et eciam con[tra con]suetudines et ritus Francie. Super quibus, cum diu cum nostro deliberaremus consilio, respondimus eis valde benigne exponendo eis tenerrimam quam ad prefatum regem Francie affectionem gerimus et ex causis pluribus quas clementer eis enumeravimus, eis gratanter diximus quasi pro nostra ultima voluntate in hoc casu quod daremus centum milia librarum turonensium dicto Ludovico in matrimonium cum Beatrice filia nostra predicta et non plus ; et quia magis confidebamus de liberalitate dicti regis Francie quam de eis, considerantes eciam quod si omnia essent cum eis concordata per nos et secundum tenorem sui procuratorii firmata adhuc opportebat ea vinculo juramenti firmare, ad quod data eis potestas per dictum procuratorium suum se extendere non valebat, et quod opportebat eciam determinari cum dicto rege Francie de caucione solucionis et de terminis et de donacione propter nupcias facienda et eciam assignanda dicte Beatrici, super quibus omnibus nostras deliberaverimus nuncios et procura[tores ad] regem Francie destinare cum potestate juramento firmandi concordata et eciam concordanda et recipiendi juramentum prestitum in animam dicti regis Francie per procuratores suos ; quam deliberacionem et remissionem predicti nuncii pa...... ac eam laudantes, placidam habuerunt. In cujus rei testimonium, presentes sigilli nostri pendentis apposicione fecimus sigillari. — Actum apud Vallemoleti, die mercurii post festum Omnium Sanctorum, anno Domini M° CC° nonagesimo quarto.

Original en partie détruit, scellé sur lacs de soie verte du sceau de Sanche IV *(Collection de sceaux*, t. III, n° 11250).

XXV

Valladolid, 15 novembre 1302.

D. Diego Lopez de Haro[1], *seigneur de Biscaye, s'engage à servir le roi de France avec* 1.200 *hommes d'armes moyennant une pension de* 30.000 *livres tournois.*

(J. 601, n° 28)

Universis presentes litteras inspecturis, Didacus Luppi de Haro, dominus de Viscaya, salutem in Domino. Notum facimus quod inter excellentissimum principem dominum nostrum carissimum dominum Philippum Dei gracia Franco-

1. D. Diego Lopez de Haro, V[e] du nom, XVIIe seigneur de Biscaye, second fils de D. Diego Lopez de Haro, IIIe du nom, et de Constance de Béarn, était le frère du célèbre comte D. Lope Diaz de Haro, assassiné à Alfaro en 1288. Lorsque son neveu D. Diego Lopez de Haro, IVe du nom, mourut sans postérité, il essaya de s'emparer de la Biscaye et n'y réussit point tant que vécut le roi Sanche IV ; après la mort de celui-ci, la reine régente Marie de Molina admit ses prétentions pour s'en faire un allié contre le prétendant Alphonse de la Cerda. Il avait épousé Yolande, fille d'Alphonse X, et mourut en 1309. (Cf. Llorente, *Noticias históricas de las tres provincias vascongadas*. Madrid, 1806-1808, in-4°, t. v, p. 474)

rum regem illustrem ex parte una et nos ex alia, in modum qui sequitur conventum extitit et eciam concordatum : videlicet quod nos eidem domino regi promisimus et promitimus servire per tres menses cujuslibet anni cum mille et ducentis hominibus armorum nobilibus, cum nostris sumptibus et expensis, contra quoscumque homines quicumque sint et cujuscumque conditionis existant, excepto magnifico principe domino Ferrando illustri rege Castelle, in quocumque loco voluerit et quocienscumque nos super hoc duxerit requirendum ; pro quibus tribus mensibus, nobis debet reddere idem dominus rex tringinta (*sic*) milia librarum turonensium parvorum terminis qui secuntur, videlicet prima die mensis marcii decem milia, prima die mensis julii sequentis decem milia et prima die mensis novembris sequentis alia decem milia. Et est sciendum quod si contingeret quod nos, ad requisicionem predicti domini regis, ultra predictos tres menses serviremus, nobis reddere et solvere tenebitur pro quolibet predictorum mille et ducentorum hominum vadia que secuntur : videlicet pro quolibet armigero quinque, pro quolibet milite decem et pro quolibet vexilario seu banerario viginti solidos turonensium per diem, quamdiu ultra predictos tres menses eidem domino regi servierimus, prout superius est expressum. Si vero contingeret nos eidem domino regi servire in Flandria vel quod ibidem aut alibi eidem non servierimus vel serviremus, nos de expensis et missiis quas pro preparatione nostri facere nos contingeret, omnino nos sue supponimus voluntati. Et premissa omnia et singula, prout superius sunt expressa, promittimus, juramento interposito, eidem domino regi facere, complere et inviolabiliter observare, nos et bona nostra omnia quantum ad he[c] specialiter obligando ubicumque poterunt inveniri. In cujus rei testimonium et munimen, sigillum nostrum presentibus litteris duximus apponendum. — Datum apud Vallemoliti, decima quinta die mensis novembris, anno Domini millesimo trecentesimo secundo.

Original jadis scellé.

XXVI

Valladolid, 31 mars 1306.

Ferdinand IV ratifie le traité conclu à Lyon le 3 décembre précédent par ses mandataires avec Philippe IV, roi de France.

(J. 601, n° 40 *bis*)

Fernandus Dei gracia Castelle, Legionis, Toleti, Gallecie, Sibilie, Cordube, Murcie, Gihenii et Algarbii rex atque comitatus Moline dominus, universis presentes litteras inspecturis, salutem. Notum facimus nos infrascriptas vidisse litteras, tenorem qui sequitur continentes: Notum sit omnibus scripti presentis seriem inspecturis quod cum nos Rodericus Petri de Atencia, miles et vassallus domini Ffernandi Dei gracia Castelle et Legionis regis illustrissimi, et magister Nicolaus ejusdem medicus et consilliarius, ad magnificum principem Philippum Dei gracia Ffrancorum illustrissimum regem super ponenda et firmanda amicicia inter eos et opportunis ad hoc confederacionibus contrahendis, nuncii et procuratores ad hoc specialiter a predicto domino nostro rege Ffernando fuerimus destinati, prout in instrumento procurationis nobis tradito et concesso, sigilli predicti domini regis Castelle munimine roborato, plenius continetur, cujus tenor talis est : Notum sit omnibus scripti presentis seriem inspecturis quod nos Fferrandus Dei gracia Castelle, Legionis, Toleti, Gallecie, Sibilie, Cordube, Murcie, Gihennii atque Algarbii rex et dominus comitatus Moline, cum conssilio domine Marie regine matris nostre [1] et venerabilium patrum G. archiepicsopi

1. Marie, reine de Castille, veuve de Sanche IV, fille de l'infant D. Alfonso de Molina et de Doña Mayor Alfonso de Meneses, tutrice de son fils.

Toletani[1] et A. episcopi Astoricensis[2] et Johannis infantis[3], patrui nostri et Johannis Munionis[4] et Johannis Hemanuel[5] et aliorum baronum nostrorum, constituimus nostros fideles nuncios et speciales procuratores magistrum Nicolaum, medicum et consiliarium nostrum, et nobilem virum Rodericum Petri de Atencia, militem et vassallum nostrum, quos ad karissimum consanguineum nostrum magnificum principem Philippum Dei gracia Francorum regem illustrem, pro expediendis quibusdam nostris negotiis, destinamus, dantes et commitentes eisdem plenariam potestatem tractandi, conveniendi et concordandi de amicicia, conveniencia et concordia ponenda ac firmanda inter ipsum et nos ; insuper de confederacionibus de novo contrahendis, vel prius factas vel initas renovandi, dantes eciam potestatem nunciis antedictis super premissis adimplendis et servandis, pacta, conventiones iniendi et quacumque firmitate vallandi, et juramentum in animam nostram prestandi et ex parte sua prestitum recipiendi, et omnia alia et singula faciendi que circa premissa vel aliquod premissorum viderint opportuna, ratum et firmum perpetuo habituri quicquid per jamdictos nuncios et procuratores vel alterum eorum, si alter ex aliqua necessitate interesse non poterit, actum fuerit vel firmatum. Datum apud Metinam de Campo, XI kalendas junii, Era millesima CCC^a quadragesima tercia[6]. — Tractatu igitur diligenti cum predicto domino Phi-

1. D. Gonzalo III Diaz Palomeque, archevêque de Tolède de 1299 à 1310.

2. D. Alfonso, évêque d'Astorga.

3. L'infant D. Juan, 3e fils d'Alphonse X et d'Yolande d'Aragon. Cf. *supra*, p. 171.

4. D. Juan Nuñez de Lara III, seigneur de Lara, Lerma, Aranda et autres lieux, grand majordome de Ferdinand IV, « adelantado mayor » de la frontière, gouverneur de l'alcazar de Séville, fils de D. Juan Nuñez de Lara II et de Doña Teresa Alvarez de Azagra, marié à Doña Isabel de Molina et à Doña Maria Diaz de Haro, mort en 1315 (Cf. Salazar y Castro, *op. cit.*, t. III, pp. 153 et suiv.).

5. D. Juan Manuel, fils de l'infant D. Manuel, lequel était frère d'Alphonse X. Cf. *supra*, p. 116.

6. Medina del Campo, 22 mai 1305.

lippo Dei gracia Francorum rege et suis ad hoc specialiter deputatis super hiis non solum prehabito sed ad concordiam et conventionem perducto, auctoritate procuratoria et potestate premissa sufficienti et approbata nobis tradita et concessa ex parte prenominati domini Ffernandi Dei gracia Castelle et Legionis regis illustrissimi et nomine suo, promittimus quod sit verus et fidelis amicus domini Philippi Dei gracia Francorum illustrissimi regis, karissimi consanguinei sui, et quod non recipiet nec recipi pacietur in regno suo Castelle nec in aliqua parte dominii sui inimicos regis Francie, specialiter de regno Navarre exules et bannitos, tam inffantes quam principes et barones et quoscumque ceteros, cujuscumque statusve condicionis sint. Super contentionibus autem et maleficiis et da[m]pnis illatis ab illis de frontaria regis Castelle Navarris, promittimus auctoritate et nomine supradicto, quod emendabit et emendari faciet preterita et precavebit et precaveri faciet in posterum, secundum quod continetur in instrumento compositionis et ordinationis facte apud Victoriam super hoc per dominam reginam et dominum Henrricum [1] cum procuratoribus predicti domini regis Francie et cum domino Alffonsso de Robereto [2] gubernatore Navarre. Nos autem sigilla nostra in testimonium premissorum duximus presentibus apponenda. Datum apud Lugdunum supra Rodanum, tercio nonas decenbris, Era millesima CCC[a] quadragesima tercia [3].

Nos autem omnia et singula in predictis contenta litteris, rata habentes et grata, ea volumus, laudamus et presentibus approbamus, ac ea prout per preffatos consiliarios nostros acta fuerunt, concordata et concessa, complere, tenere et servare, compleri, teneri et servari firmiter promittimus bona fide. In quorum testimonium, presentibus litteris nostrum

1. L'infant D. Enrique, 4e fils de saint Ferdinand et de Béatrice de Souabe.
2. Alphonse de Rouvray.
3. Lyon, 3 décembre 1305.

fecimus apponi sigillum. — Datum apud Valleoletum, Palentine diocesis, pridie kalendas aprilis, anno Domini millesimo trecentesimo sexto.

PETRUS LUPI
ALFONSUS RODERICI.

Original scellé sur lacs de soie verte, jaune et rouge (*Collection de sceaux*, t. III, n° 11252).

XXVII

[1309]

Lettre adressée par Philippe IV à Guillaume-Pierre Godin, évêque de Sabine, légat pontifical en Castille, pour le prier de joindre ses efforts aux siens afin d'obtenir que Ferdinand IV rende à D. Fernando de la Cerda les domaines qui lui ont été confisqués.

(JJ. 42ᴬ, n° 66)

Philippus Dei gracia Francorum rex venerabili patri P[etro] episcopo Sabinensi, amico nostro carissimo, salutem et sincere dilectionis affectum. Cum jamdudum super discordia inter carissimos consanguineos nostros, videlicet inclitum principem Sancium, illustrem regem Castelle ex parte una, nobiles viros Alfonsum et Ferrandum fratres ejus suscitata, pax et concordia, mediante pacis Actore, facta fuerit inter eos, ac per hujusmodi pacem quedam provisio certarum terrarum, castrorum et aliorum locorum per eundem regem dictis fratribus fuerit assignata, postmodumque, procurante pacis emulo zizaniam seminare, iterata discordia inter dictos regem et Ferrandum, idem rex, dicta provisione revocata, castra locaque alia et terras assignatum (*sic*) dicto Fernando per pacem predictam ad manum suam traxisse dicatur, nos qui pacem inter eos plurimum affectamus et de contrario condolemus, ad ejus reformacionem tam utilem tamque necessariam efficaciter laborare vellemus, expediens et necessarium paci et transquillitati utriusque fore conspicimus quod dicta provisio facta per dominum regem predicto F[errando], eidem debeat remanere idemque debeat contentari. Quare vestram sinceritatem rogamus quatinus dicto consanguineo nostro regi Castelle qui nostro acquiescet consilio, ut speramus, super hiis sic efficaciter scribere velitis quod utrique parti proficiat in hac parte ; nos enim utrique eorum super hiis scribimus per nuncium nostrem quem ad hoc specialiter destinamus.

XXVIII

Paris, 8 novembre 1317.

Conventions passées entre les mandataires de Philippe V, roi de France et D. Gonzalo de Hinojosa, évêque de Burgos et ambassadeur d'Alphonse XI, roi de Castille ; projet de mariage entre ce prince et une des filles de Philippe V.

(J. 601, n° 29)

In Dei nomine, amen. Cum integritas presidencium salus sit subditorum, et ad salutem et prosperum statum regnorum nichil efficacius proficere dinoscatur quam quod inter principes et ipsorum subditos pacis tranquillitas vigeat, fervor caritatis exestuet, invalescat concordie unitas et animorum ydemptitas perseveret : ex hoc siquidem fidelis populus, a malignorum protectus incursibus, in tranquillitate sedet, sedendo quiescit in pulcritudine pacis, in tabernaculis fiducie, in temporalium requie oppulenta. Idciro nos Guillelmus, permissionne divina Mimatensis episcopus comesque Guabalitani [1], Henrricus, dominus Soliaci, buticularius Francie [2] et Petrus Bertrandi, juris utriusque professor, archidiaconus Billiomii [3] in Ecclesia Claromontensi, inclite domine Johanne [4] divina providencia Francorum et Navarre regine cancellarius, excellentissimique et illustris principis domini Philippi Dei gracia Francorum et Navarre regis consiliarii, ab ipso domino nostro rege, et nos Gundissalvus miseracione divina Burgensis episcopus [5], ab excellentissimo et illustri principe domino Alffonso [6] eadem gracia rege Castelle, Legionis, Toleti, Gallicie, Cordube, Murcie, Gihenni et Algarbii atque comitatus Moline domino, necnon ab illustri domina Maria [7] eadem gracia regina Castelle, avia dicti domini Alffonsi, et a nobilibus et potentibus viris domino Johanne [8] et domino Petro [9] infantibus, patruis et tutoribus ejusdem domini Alffonsi regis impuberis et gubernatoribus regni ejusdem, ad tractandum super infrascriptis specialiter deputati, affectantes inter prefatos principes dominos nostros pacis inhire consilia, attendentesque quod non nisi pacis in tempore

---

1. Guillaume II Durand, évêque de Mende et comte de Gévaudan, de 1297 à 1328.

2. Henri IV de Sully, bouteiller de France, de 1317 à 1334.

3. Pierre Bertrand, archidiacre de Billom (Puy-de-Dôme, arrondissement de Clermont).

4. Jeanne de Bourgogne, femme de Philippe V, roi de France et de Navarre.

5. D. Gonzalo de Hinojosa, évêque de Burgos.

6. Alphonse XI, roi de Castille.

7. Doña Maria de Molina, veuve de Sanche IV, roi de Castille, grand'-mère d'Alphonse XI.

8. L'infant D. Juan, 3e fils d'Alphonse X et d'Yolande d'Aragon; cf. *supra*, p. 171.

9. L'infant D. Pedro, 4e fils de Sanche IV et de Marie de Molina, né à Valladolid en 1290; seigneur de los Cameros, Almazan, Berlanga, Monteagudo, etc... il épousa en 1311 Marie, fille aînée de Jaime II, roi d'Aragon, fut un des tuteurs d'Alphonse XI, son neveu; tué en même temps que son oncle l'infant D. Juan, en combattant les Maures dans la Véga de Grenade, au mois de juin 1319.

bene colitur pacis Auctor, volumus esse notum omnibus presentem litteram inspecturis per nos tractatum et concordatum fuisse quod inter predictos dominos reges vera amicicia et pura dilectio vigeat, et inter eos et subditos suos pax et concordia perseveret, et quod ipsi et dicti tutores et gubernatores mutuos honores et comoda sibi invicem procurent fideliter, regnorum suorum dispendia et turbaciones evitent et eis pro viribus secundum status eorum decenciam et potenciam occurrant remediis opportunis. Item, quod pacta et convenciones inhita inter progenitores eorumdem dominorum regum, quathenus ipsos contingunt et se extendere poterant ad eos, innovent, ratificent et confirment. Item, quod banniti per eosdem reges seu tutores eorum vel expulsi a regno seu dominio unius regis aut inimici unius regis, in alterius regno, jurisdictione, dominio seu potestate nullatenus receptentur nec foveantur, nec exinde equos, arma, victualia aut gentes armorum extrahere permittantur aut ibidem quomodolibet deffendantur. Item, quod dampna ipsorum tempore data et illata ab eorum gentibus, subditis et regnicolis ad invicem que commode emendari poterunt proborum virorum ex utraque parte, per majorinum majorem regni Castelle et per gubernatorem regni Navarre qui nunc sunt vel qui pro tempore fuerint assumendorum arbitris, de plano et sine strepitu et figura judicii emendantur. Item, quod adhibeatur cautela diligens et remedium oportunum per officiales predictos, majorinum et gubernatorem vel eorem loca tenentes, ne de cetero consimilia perpetrentur. Item, cum ad dictam pacem, concordiam et amiciciam conservandam, multi hactenus inter dictorum dominorum regum predecessores tractatus habiti fuerint et per matrimoniorum hinc inde suis temporibus contractorum federa diligencius conservati, fuit inter nos tractatores predictos tractatum et concordatum quod tercia ex filiabus predicti domini Philippi Francie et Navarre regis[1] et dicte

1. Philippe V dit le Long.

domine Johanne consortis ejusdem[1], scilicet domina Ysabellis[2], prefato domino Alffonso regi, quamprimum ad etatem nubilem pervenerit, sollempniter in matrimonium copuletur, et si necessaria fuerit dispensacio Sedis Apostolice, per utramque partem fideliter et concorditer procuretur. Ceterum si ante contractum matrimonium inter eos contingeret dissolvi sponsalia contracta et firmata inter ducem Burgondie et dominam Johannam primogenitam [3] dominorum regis et regine Francie et Navarre predictorum, dicta primogenita eo casu predicto, domino regi Castelle matrimonialiter copuletur ; et si necessaria fuerit dispensacio Sedis Apostolice, impetretur communiter a dominis regibus supradictis ; et cuicumque ex ipsis que dicto domino regi Castelle matrimonialiter copulata fuerit, constituatur dos per dictum dominum regem Francie et Navarre, prout ejus placuerit voluntati, sic tamen quod ipsa dos ascendat usque ad quinquaginta milia librarum bonorum turonensium, de quibus emantur in Francia vel in Hispania, prout inter partes concordatum fuerit, in melioribus et magis accomodis locis que reperiri poterunt possessiones et redditus quos recipiat dicta domina quamdiu vixerit, et post ejus obitum liberi ejus legittimi ex dicto matrimonio, si Deo placuerit, procreandi; et si, quod absit, ex dicto matrimonio liberi non extarent, dicta dos post ejus obitum redeat ad dictum dominum regem Francie seu ad illos de quibus ipse duxerit ordinandum ; si vero de dicta dote possessiones et redditus in Hispania emerentur, sit in opcione domini regis Castelle predicti retinere pro precio quod constituerit possessiones et redditus supradictos, reddito prius dicto precio

1. Jeanne, fille d'Othon IV, duc de Bourgogne, femme de Philippe V, reine de France.

2. Isabelle, 3e fille de Philippe V, épousa en 1323 Guigues VIII, dauphin de Viennois. D'après l'*Art de vérifier les dates*, elle aurait été fiancée à ce prince dès 1316. Le texte que nous publions ici prouve, semble-t-il, que ce renseignement est inexact.

3. Jeanne, fille aînée de Philippe V, épousa en 1318, Eudes IV, duc de Bourgogne.

integraliter domino regi Francie et Navarre predicto ; si autem dicti redditus et possessiones in Francia emerentur, et liberi extarent ex matrimonio supradicto, perveniant ad heredes ejusdem. A prefato eciam rege Castelle detur et assignetur in bonis et competentibus locis Navarre, si comode possit fieri, propinquis, dicte domine que in matrimonium copulabitur eidem dotalicium sive donacio propter nupcias, prout placuerit eidem domino regi Castelle, dum tamen transcendat summa sex milium librarum bonorum turonensium reddituallium, juxta patrie consuetudinem estimandarum, cum omni juridictione, mero et mixto imperio, superioritate, districtu, fidelitatibus, homagiis et honore, dictis jurisdictione, mero et mixto imperio, fidelitate, homagiis et honoribus absque aliqua compensacione vel diminucione seu deductione eorum que in dotalicium assignabuntur eidem liberaliter pervenientibus ad eandem, quas percipiat et pacificam possessionem habeat earumdem, immediate cum ad partes Hispanie traducta fuerit supradictas, esto quod nondum ad etatem nubilem pervenisset, et extunc in tota vita sua, acto insuper et concordato expresse quod filius masculus primogenitus superstes ex dicto matrimonio succedat dicto domino Alphonso in omnibus regnis et comitatibus ejusdem et reliquis filiis et filiabus, si qui extarent, juxta dicte domus Castelle consuetudinem et honorem, provideatur secundum decenciam eorumdem et si, quod absit, non superessent filii masculi ex matrimonio supradicto vel ex filiis nepos vel nepotes masculi ac legittimi, quod filia prim[o]genita si qua superfuerit ex matrimonio memorato et ejus proles legittima succedat eidem domino Alffonso in regnis et comitatibus memoratis, si ex ipso et alia ejus uxore legittima filius masculus, naturalis et legittimus non extaret. Sane tractatus predictos inter nos habitos et concordatos, salvo dominorum deliberacione et consilio, promittimus nos tractatores predicti nos facturos ac procuraturos bona fide ad effectum perduci, approbari et ratificari cum omnibus clausulis opportunis a supradictis dominis qui nos ad tractatus hujusmodi deputarunt. — Acti et habiti fuerunt tractatus predicti Parisius, anno Domini millesimo trescentesimo decimo septimo, die VIII[a] mensis novembris. In quorum testimonium, sigillorum nostrorum figuras cereas presentibus duximus appendendas, nos Mimatensis et Burgensis episcopi memorati.

Original jadis scellé sur double queue de parchemin de trois sceaux.

XXIX

Paris, 4 octobre [1319].

Lettre de Philippe V, roi de France, à D. Gonzalo de Hinojosa évêque de Burgos par laquelle il lui explique la cause du retard qu'il apporte à répondre aux propositions qu'il a reçues de la cour de Castille ; il annonce le retour en Espagne de D. Fernando de la Cerda.

(JJ. 58, n° 387, fol. XXXIII recto)

Philippus Dei gracia Francorum et Navarre rex, dilecto et fideli G. [1] Burgensi episcopo, consiliario nostro, salutem et dilectionis affectum. Ad nos de partibus Castelle rediens dilectus et fidelis P. [2] episcopus Silvanectensis, consiliarius noster, quem ad illustres regem et reginam Castelle miseramus pro certis negociis, ut vos nostis, predictorum regis et regine nobis litteras presentavit quarum inspecto tenore et audito predicto episcopo super omnibus negocia hujusmodi tangentibus ac visis quibusdam litteris super tractatu inde habito inter eundem episcopum nostro et vos predictorum regis et regine

---

1. D. Gonzalo de Hinojosa, évêque de Burgos.
2. Pierre III Barrière, évêque de Senlis de 1313 à 1334.

nomine confectis et ipsius episcopi et vestro sigillatis sigillis, scire vos volumus quod super predictis plenarie deliberare nequivimus in presenti, presertim quia carissimus K. Valesii patruus[2], ac K. Marchie comites germanus[3] nostri et alii de genere nostro qui tractatu habito super predictis videlicet per dilectum et fidelem G., episcopum Mimatensem[4] et alios certos consiliarios nostros pro nobis ac vos pro parte predicta, prout in litteris inde factis plenius continetur, nobiscum non erant modo presentes, et tractatus ultimus factus per vos quo supra nomine cum predicto Silvanectensi episcopo in certis punctis discrepat, sicut scitis, a predicto primo tractatu habito coram nobis et eciam concordato. Unde prefatis regine et regi displicere non debet si distulimus respondere, quoniam nostre est intentionis vocare illos de genere nostro, cum quorum consilio primus tractatus vobiscum habitus extitit concordatus, et habita plena deliberacione cum eis, predictis regi et regine intencionem et voluntatem omnimodam nostram quamtocius rescribemus ; verumtamen si predicto primo tractatui vobiscum habito rex et regina predicti suum vellent prebere consensum, presertim cum pro utraque parte utile et racionabile videatur et cum deliberacione provida concordatus, nobis placeret quod procederetur ad alia circa dictum negocium facienda et quod certam vel certas deputarent et ad nos personas mittent, plenam habentes ad agenda premissa omnia potestatem, pro firmo tenentes quod hoc diffugii causa non dicimus, sed sic pro utraque parte credimus expedire. Placet enim nobis quod prima declaracio facta per regem eundem ubi dicebatur quod filia nostra haberet dotalicium sive doarium cum esset introducta in Hyspania, quod intelligeretur de terris existentibus in dominio dicti regis remaneat, causa esse videatur consona racioni. Verum super eo quod dictus

2. Charles de Valois.
3. Charles, comte de la Marche, le futur roi Charles IV.
4. Guillaume II Durand, évêque de Mende.

episcopus Silvanectensis nobis de statu regni Castelle et eciam frontarie Granate plene locutus est, predictos regem atque reginam et vos scire volumus quod apud Sedem Apostolicam et ubicumque expediens videatur, prefati regis quem ex corde diligimus, ut tenemur, promovere volumus commoda et honores et sibi in omni casu consilium et auxilium impertiri. Sane cum dilectus Fernandus de Castella, consanguineus noster, ad partes Castelle accesserit cum beneplacito nostro, ipsum prefatis regi et regine recommandamus per litteras nostras, rogantes eosdem ut ipsum habeant recommandatum, quia speramus quod regi et regine prefatis fideliter ac utiliter serviet ; nosque sibi per litteras nostras scribimus ut eisdem serviat fideliter et assistat auxiliis et consiliis oportunis, quoniam si in aliquo regem et reginam eosdem offenderet, quod nullo modo credimus, nos valde reputaremus offensos, cum prefati regis negocia nostra in omnibus reputemus. Circa hec autem et alia que predictis regi et regine scribimus, nobis rescribatis ipsorum beneplacita voluntatis. — Datum Parisius, IIII[a] die octobris [1319].

XXX

[Octobre 1319.]

Lettre de Philippe V à Marie, reine de Castille, sur le même sujet.

(JJ. 58. n° 388, fol. XXXIII, verso)

Excellenti nobisque carissime Marie Dei gracia regine Castelle et Legionis illustri, Philippus eadem gracia Francorum et Navarre rex, salutem et sincere dilectionis affectum. Ad nos de partibus Castelle rediens dilectus et fidelis P. episcopus Silvanectensis, consiliarius noster, quem ad vestram ac illustris regis Castelle, nepotis vestri, presenciam pro certis negociis miseramus, vestras nobis litteras presentavit, quorum inspecto tenore, et audito predicto episcopo super omnibus negocia hujusmodi tangentibus ac visis quibusdam litteris super tractatu inde habito inter eundem episcopum nostro et dilectum nostrum Burgensem episcopum vestro et predicti regis nepotis vestri nomine confectis, et ipsorum episcoporum sigillatis sigillis, vestram volumus scire magnificenciam quod super predictis plenarie deliberare nequivimus in presenti, presertim quia carissimi K. Valesii, patruus, ac K. Marchie comites germanus nostri et alii de genere nostro qui, tractatu habito super predictis, videlicet per dilectos et fideles G. episcopum Mimatensem et alios certos consiliarios nostros pro nobis ac prefatum Burgensem episcopum pro parte vestra ac predicti regis prout in litteris ipsorum episcoporum plenius continetur etc.... Residuum sicut in precedenti, solummodo nominibus mutatis.

Sub eadem forma scribitur regi Castelle.

XXXI

Paris, 18 octobre [1320.]

Philippe V, roi de France, envoie à D. Gonzalo de Hinojosa, évêque de Burgos, la lettre qu'il a écrite à Marie, reine de Castille, pour s'excuser de ne pouvoir marier sa fille Marguerite à Alphonse XI.

(JJ. 58, n° 483, fol. LXVI, verso)

Littera missa episcopo Burgensi in qua eciam continetur forma littere misse regine Castelle super matrimonio etc.....

Philippus Dei gracia Francorum et Navarre rex dilecto et fideli G. Burgensi episcopo consiliario nostro, salutem et dilectionis affectum. Carissime consanguinee nostre M., regine Castelle [et] Legionis illustri, litteras nostras dirigimus et committimus sub hiis verbis.

Excellentissime et consanguinee nostre M. Dei gracia regine Castelle et Legionis illustri, Philippus eadem gracia Francorum et Navarre rex, salutem et sincere dilectionis affectum. Carissima consanguinea, vos non immemorem esse tenemus qualiter ad tractatum matrimonii inter nepotem vestrum magnificum principem regem Castelle, consanguineum nostrum carissimum, et nostram que nunc erat lege soluta conjugii filiam contrahendi, jampridem inter vos et nos per nuncios et litteras adeo processum extitit quod tandem hinc inde consummari matrimonium hujusmodi non ambigitur placuisse, nobis precipue pro eo peramplius gratum erat quoniam domum sicut semper eam dominus progenitus noster, dum viveret, dilexit interne, ita et nos diligimus et certe ex afflictione quam non immerito habebamus, ad ipsum sicuti habemus adhuc et habere semper intendimus specialem nostris non modicum gerebamus in votis et illius eramus quantum erat in nobis sicut et vos credimus, tunc fuisse propositi quod secundum habitum hinc inde tractatum perduceretur negotium ad effectum. Sed proponit homo, Deus vero disponit: cum itaque guerram contra Flandrenses asperrimam jamque a longis agitatam temporibus haberemur (*sic*), Summus Pontifex, mala considerans infinita que jam ex ipsa guerra provenerant et timebantur verissimiliter evenire pejora, ad tractandum de pace inter nos et Flandrenses eosdem, tam in Francia quam in Flandria curavit specialem destinare legatum per quem et quosdam magnos viros pacis hujusmodi curiosissimos tractatores, inter alia puncta tractatuum per eos super hoc habitorum, ad illud deventum extitit quod filiam nostram predictam filio comitis Nivernensis [1] dare per matrimonium deberemus, alioquin

1. Louis de Nevers épousa en 1320 Marguerite, fille de Philippe V.

ipsi guerre nequaquam finis ad presens poterat oportunus imponi, nec ad pacem et bonam concordiam deveniri; cumque regni nostri Francie tam prelati quam principes et proceres fere omnes et eciam civitatum et villarum insignium comunitates aperte sentirent quod in hujusmodi facienda concessione de dicta filia nostra filio predicti comitis Nivernensis, qui filius in toto comitatu Flandrensi ex certis pactis debet succedere, tota predicte pacis reformatio consistebat, suum in hoc unanimiter omnes firmantes consilium nunquam ex tunc apud nos super hoc cessaverunt instare quousque nostrum ad id, continuis eorum devicti quas vitare nequivimus instanciis et consiliis inclinati, de expressa eciam dicti Summi Pontificis voluntate, quasi necesse habuimus prebere consensum, rei publice utilitate pensata; preterea diligenti meditacione pensavimus ut quamdiu eadem pestifera guerra duraret, predicto Castelle et aliis regibus fidei cultoribus ortodoxe qui in Sarracenorum fronteriis terras habent, oportunum exhibere juvamen vel ut esset conveniens opem dare seu etiam circa passagium Terre Sancte ad quod precipue totis desideriis inhiamus, nullatenus comode vacare possemus; quamobrem mutato ex predictis causis urgentibus quod vobiscum, ut premittitur, habueramus proposito et Altissimo ad sedacionem guerre predicte sicut confidimus disponente, ad consenciendum de filia nostra cum filio nubere comitis antedicti post prefati Summi Pontificis voluntatem ac prelatorum principumque et procerum predictorum consilia et instancias quibus ut soli contradiceremus, reputavimus indecens, animus noster finaliter condescendit ut sic pace habita, pacis Actore favente, quod de predicto cordi nobis insidet passagio liberius exequi et predictis opem regibus in fronteriis exhibere commodius valeamus. Has igitur causas mutacionis propositi nostri predicti etiam rei alia sicut nerravimus (*sic*) modo geste quas excellencie vestre per presentes dignum duximus explicandas, velitis, consanguinea carissima, gratanter admittere, non molestum gerendo vel grave quod causis subeuntibus legitimis de premissis expedit esse factum. Absit eciam quod credat vel quod vobis aliquatenus cadat in mente ut ita ob hoc fecerimus quod ab amicicia dicte domus Castelle voluerimus causam querere recedendi vel quod inhitam jamdudum proinde inter dominum progenitorem nostrum et inclite memorie Sancium ac Fernandum Castelle reges, quorum anime in pace quiescant, confederacionem rompere quomodolibet intendamus, sed potius eam sicut nos ad id per eumdem progenitorem nostrum cognoscimus obligatos tenere firmiter et servare volumus, imo et nos ad ipsius renovacionem in melius offerimus quatenus et quandocumque vobis et vestratibus videbitur expedire; et ut nostrum in hac parte plenius cognoscatis affectum, ecce quod carissimus et fidelis Karolus Valesii et Andegavie comes, patruus noster, habet filias [1] maritandas, quas non minus quam nostras proprias diligimus nec minorem de illis sollicitudinem quam de nostris gerimus sive curam, ipsum nanque patruum nostrum cum sit idem nobiscum, ita ut nostrum proprium sanguinem reputamus et reputare debemus et sicut vosmet ipsos carum habemus, qui pridem certas habens pactiones cum dicto comite Nivernensi de suarum altera filiarum cum predicto ipsius comitis primogenito matrimonialiter copulanda, juri quod ei super hoc competebat renunciare decrevit, ut pretacto de nostra filia dictoque primogenito comitis matrimonio nostrum preberemus assensum, nos inde requirendo suppliciter et instanter; unde si de suarum altera filiarum fieret quod de nostra commode complere nequivit, summe gratissimum nobis esset et utique gauderemus predictum inquam nepotem vestrum regem Castelle nec alciorem nec de sanguine nostro propinquiorem in uxorem hiis diebus posse ducere non putamus quam alteram earumdem. Quapropter

1. Il s'agit d'une des filles issues du mariage de Charles de Valois avec sa 3e femme Mahaut de Châtillon : Marie, qui épousa en 1324 Charles de Sicile, duc de Calabre ; Isabelle, mariée en 1336 à Pierre Ier, duc de Bourbon ; Blanche ou Marguerite, mariée en 1325 à l'empereur Charles IV.

ducere fiducialiter et requirere vos audemus quatinus si de dicto rege nepote vestro quod alteram ducat ex istis vobis et vestratibus placuerit nobiscum inire tractatum, nobis per portitorem istarum litterarum significare velitis ut proinde nostros usque in Navarram vel ubi opus fuerit, juxta quod rescribere vobis placuerit, solennes nuncios destinemus vel vos ad nos si placet vestros destinetis nuncios circa hec tractanda, ordinanda et etiam perficienda congrua potestate munitos ; nos autem paratos offerimus ad omnia que sint vobis et regi utilia et ad nos potestis in omnibus recurrere confidenter. — Scriptum Parisius XVIII[a] die octobris.

Cum igitur hujusmodi negocium valde nobis cordi insistat, vos attente rogamus quatinus ipsi regine nostram hostendentes et declarantes intencionem, apud eam totis viribus procuretis quod super predictis intentum hujusmodi (*sic*) quia vere regem ipsum ex corde diligimus, sed ex quadam necessitate rei publice tangente comodum, de filia nostra opportuit fieri quod est factum ; vos etenim considerare debetis quanta si intencio nostra effectum habeat in predictis comoda poterunt provenire, et quia firmiter credimus quod operatio vestra circa hoc multum potest proficere, ymo etiam pro firmo tenemus quod omnia per vos profici poterunt juxta votum, vestram sinceritatem totaliter oneramus exinde quia nil per vos pro nobis et genere nostro potest fieri magis gratum nec eciam utilius et honorabilius pro rege prefato quem sicut et tenemus valde carum habemus. — Datum ut supra.

XXXII

Paris, 18 octobre [1320.]

Lettre de Philippe V à Alphonse XI.

(JJ. 58, n° 484, fol. LXVII recto)

Magnifico principi consanguineo nostro carissimo A. Dei gracia Castelle et Legionis regi illustri, Philippus eadem gracia Francorum et Navarre rex, salutem et sincere dilectionis affectum. Litteras nostras excellenti et carissime consanguinee nostre regine Castelle, avie vestre, per presentium latorem transmittimus, nos et vos et cujuslibet statum tangentes, sicut per eandem reginam vestra poterit magnificencia informari; vos ex corde rogantes quatinus de statu vestro nos per litteras velitis certificare frequenter et si aliqua pro vobis et vestris volueritis nos facturos, ecce quod nos paratos offerimus ad omnia que vobis grata existant. — Datum Parisius, XVIII[a] die octobris.

FIN

INDEX ALPHABÉTIQUE

A

B

C

D

E

F

G

H

I

J

L

M

N

O

P

R

S

T

U

V

Z

TABLE DES CHAPITRES

Tours, imp. Deslis Frères et Cie, 6, rue Gambetta.

www.ingramcontent.com/pod-product-compliance
Ingram Content Group UK Ltd.
Pitfield, Milton Keynes, MK11 3LW, UK
UKHW020441200726
13857UKWH00002B/516